落語横丁

ご隠居さんの労務の知恵袋

まえがき

この本は、落語調を交えた会話を通して、労務運営に必要な法ルールについて学べる内容になっています。

与太郎の就職や棟梁の政五郎の労働時間管理の悩み、洛京漬物本舗社長の従業員処遇の相談に、落語横丁の元社労士のご隠居が次々と答えていきます。ダジャレも多くありますが、法令や通達の根拠、労務運営の実態を知ることができる各種の調査データをところどころに配し、実務に活かせるようになっています。

内容は、労働基準法、労働契約法、男女雇用機会均等法、育児・介護休業法、パートタイム・有期雇用労働法等の労働関連法令、行政通達および多くの裁判例等に基づいた法ルールの全般です。

具体的には、採用、労働契約から、テレワーク、均等・均衡待遇、育児・介護およびハラスメントを含み、労働関係の終了まで、ご隠居（著者）が、企業勤務中に携わった人事労務の経験、退職後に10年間ほど務めた「東京労働局総合労働相談員」としての相談業務、また、労務コンサルタント（社会保険労務士）として企業の労務相談を通して得た知識・経験と、その間に蓄えた資料に基づいて、実務の見地から少し詳しく説明しています。

お時間のあるときに少しずつでもお読み通しいただき、労務運営にご活用いただければ幸いです。

令和5年2月

木村　良正

目　次

3　労働時間、休憩の巻

6 休暇、休業、休職の巻

7 賃金の巻

11 労働関係の 終了の巻

採用、労働契約の巻

採用編

横丁の住人で世話好きの『のり屋』の婆さん、小さな店を閉めると、今日もそそくさと出かけます。まずは、つい最近まで社会保険労務士をしていたご隠居のところへ。若いのに失業したまま遊んでる与太郎の就職の世話をしようとして、引っ掛かった問題の苦情を持ち込みます。

婆さん「ご隠居、居る？　あれ、居ないのかな」
元社労士のご隠居「居るよ、ここに。隠居だから、隠れて居るんだ。婆さんが来たから、いないいないないいババーって出てきた」
婆さん「何、冗談言ってんだね。あたしゃ、真剣に相談に来たんだから」
隠居「まあ、怒るな。どうした」
婆さん「どうしたもこうしたもないよ。こうしたことがあるのかね。遠縁の与太郎が失業して、若いのに家でぶらぶらしてるから、ほら、あたしと『なが屋』の先代平兵衛社長とは馴染みだったでしょ。だから、スーパー『なが屋』には与太郎にできる仕事が何かあるんじゃないかと思って、息子の今の源兵衛社長に就職を頼みに行ったんだよ」

隠居「そうか。婆さんと先代の平兵衛さんとは、結婚するのかと思ってたぐらい仲が良かったからな」

婆さん「やだね〜、その話はよしてよ。でも、断られたの」

隠居「断られた？　婆さんの方から振ったんじゃないのか」

婆さん「断られたのは、与太郎の就職よ」

隠居「そうか。なんでだって」

婆さん「『パートを一人、二人欲しいと思っているところだけど、男は採らない』って言うの。

そこで、言ってやったのよ。『女を差別するのは駄目と分かってるけど、男を差別するのは構わないのか』って。そしたら、社長に『女性の採用を積極的にしてるんだから、褒められてもいいことだ』と言われてしまったわ。くやしいじゃあないか。どう言い返したらいいのかね」

隠居「原則としては、女性も男性も関係なく性別で差別することは認められない。だが、婆さんは、のり屋。世話も焼きすぎるのはよくない。あぶる程度がいい。源兵衛社長に、事情を聴きたいので、わたしのところに来るように伝えてみたらどうかね」

◇◇◇男女雇用機会均等◇◇◇

数日後、スーパー『なが屋』源兵衛社長がご隠居のもとにしぶしぶやって来ました。

源兵衛社長「のり屋の婆さんが、『与太郎を雇わないのはおかしい。ご隠居もそうだと言っている』と、うるさいから確かめに来ましたけど、誰を採用するかは自由なはずです。しかも、正社員は全員男だから、人数の多いパートは女性に限って採用して、男女のバランスを取っています。何か問題がありますか」

隠居「確かに、企業は契約自由の原則があるから、誰を採用するかは原則的に自由に行うことが認められてます。だが、採用の自由が独り歩きすると、求職者の基本的人権を侵し、あるいはハンディのある人たちの就職の道を閉ざしてしまうことがあります。そこで、憲法の定める基本的人権の尊重や労働の権利と義務の実現に国は力を注ぐ義務を負ってるから、募集・採用の方法について、いくつかの制約を設けてます。その一つが、男女差別の禁止ってわけです。男女雇用機会均等法はご存知でしょ」

社長「ええ、少しは知っているつもりです」

隠居「そこに定められてます（同法第5条）。募集・採用だけでなく、配置・昇進・降格、教育訓練、一定範囲の福利厚生、職種・雇用形態の変更、退職の勧奨・定年・解雇・労働契約の更新、まあ一言で言えば、労働関係の入口から出口までのすべてにおいて、性別を理由にして差別することを禁止してます（同法第6条）。

こと募集・採用についていうと、その対象を男女のどちらか一方にすることや、どちらか一方を優先することはできない。これは、性別の差なく均等に応募の機会を与えることが目的であって、適性、能力を基準に合理的、公正に選考した結果、男性ばかり、女性ばかり採用することになったとしても、それは差し支えありませんが」

社長「そう、うちの正社員がそうなのです。いつも男女の別なく募集しているのですが、選考の結果として男性だけになっているだけです。差別してそうしたわけではありません」

隠居「でも、正社員が男性ばかりになってるということは、募集は男女としておいても、選考の際に、長く勤めてもらえるのは男性だとか女性は体力がないとか、決めつけていなかったですかな。身長、体重又は体力や全国転勤に応じることを要件とすることは、『間接差別』といって、合理的な理由がある場合でなければ均等法違反になります（同法第7条、均等則第2条）。この他、性別以外の事由であっても実質的に性別による差別につながる『間接差別』は、民事上違法になるおそれがあります。

これらの差別の禁止は、募集・採用の対象、採用条件にとどまらず、採用選考の方法、選考基準、それに求人内容の説明等情報の提供まで、すべての段階で求められてるんです」

社長「では今度、正社員を採用するときに女性にすると決めるのは、男女差別に当たるのですか」

隠居「職場に事実上存在している男女間の格差を是正して、男女の均等な機会、待遇を実質的に確保するために、女性のみを対象とする又は女性を有利に取扱うことは、『ポジティブ・アクション』といって法違反になりません（同法第8条）。これに募集・採用が含まれます。義務ではないが好ましいことなので、そうしたらどうですか。

なお、その改善すべき格差は、女性従業員の割合が4割を下回っていることとされてますが、これは全従業員での割合ではなく、募集・採用では、雇用管理区分ごとの割合によります（平18雇児発1011002号）。『なが屋』でいえば、正社員とパートタイム従業員とは別々に割合を出すことになるんです。

パートタイム従業員の中に希望者がいれば、正社員に昇格させるのもいい方法ですよ」

社長　「分かりました。だけど、うちの店には関係ないけれども、男性だとか女性でなければならない仕事はどうするのですか」

隠居　「もちろん、法律は例外を設けてます（「性別を理由とする差別の禁止等に関する指針」）。分かり易いのは、映画の男性役、女性役を必要とする場合です。女性役に男性を募集したって仕方がないし。他に、警備員で防犯上の要請から男性に従事させることが必要な場合などいくつかあります」

社長　「ちょっと待ってください。男性だって女性よりきれいな人がいますよ。駅裏の一杯横丁にある『ムーラン・ローズ』、あそこのお玉さんなんて、本当に女と間違えますよ」

隠居　「それでもいいんですが、リアルな演出をする場合なら、女性に限って募集しても許されると言ってるまでです。で、社長は、あの店に通ってるんですか。確かにきれいな人がいましたね」

社長　「ご隠居もご存じなのですか」

隠居　「ええ。ママから、外国人女性をアルバイトに雇いたいと言われたので、相談に乗った流れで行ったことがありますが。そのときの話では、その人が留学生だというので、答えはノーでした。留学生は、風俗営業関係の仕事には雇えないのでね」

◇◇◇外国人雇用◇◇◇

社長　「実は、うちでも、外国人留学生でアルバイトをしたいという人がいるという話を聞いたので、雇ってみようと思っているのですが」

隠居　「そうですか。

外国人を雇うには、入管法違反にならないように、雇い入れる前に、在留カード又は旅券（パスポート）の顔写真による本人確認はもとより、在留資格、在留許可期限、就労制限の有無、資格外活動許可の有無を確認することが不可欠です。外国人を雇用した場合、ハローワークへの届け出が必要で、その前に確認する義務を負ってます（労働施策総合推進法第28条第1項）。

日本人と同じに扱われる永住者、定住者、日本人の配偶者等、永住者の配偶者等以外は、従事させる仕事と在留資格とが一致してなければ駄目です。一方、在留資格が短期滞在、文化活動、留学、研修、家族滞在では、原則、就労活動ができません。

大学、専門学校等の外国人留学生のアルバイトは、風俗営業やその関係でないことを条件とする『資格外活動』の許可を受けていれば雇えます。

しかし、働く時間は週28時間以内に制限されます。この上限時間は、どの曜日から1週を起算しても常に1週28時間以内であること、そして1企業当たりの上限が28時間ではないことに注意が必要です。他企業と掛け持ちでアルバイトをしている留学生を、他企業と通算して週28時間を超えて働かせると、不法就労させることになってしまうおそれがあるんです。ただし、学校が夏休みや春休みで長期に休校している期間には、1日8時間以内に広げられます。

だから、外国人留学生の採用は、資格外活動許可を得ていることと、現に在学していることを確認できればオーケーです。

労働条件（社会保険、労働保険を含む）は、日本人と同じにすればいいのですが、気を付けなければならないことは、労働条件や安全衛生に関し、日本人と同じ説明では実際に伝わってないことが多いことです。特に、念入りな説明が必要とされ、日本語の理解力が劣る人に対しては、できれば母国語又は英語を用いて説明することが好ましいですね。

『なが屋』には関係ないと思いますが、通常の雇用と別に、在留資格『技能実習』の技能実習生制度があります。この制度は、開発途上国等の外国人を一定期間に限り受け入れて、ＯＪＴ（実習訓練）を通じて技能を移転する制度です。しかし、受け入れ期間は最長5年なので、5年を経過すると帰国しなければならず、日本で継続的に雇用することができません。

それで、専門的・技術的分野の外国人を積極的に雇用するために、従来からある在留資格に加えて、現場で働ける人材を受け入れる特定技能1号、同2号の在留資格が設けられました。特定技能1号は、特定産業分野に属する相当程度の知識又は経験を必要とする技能を要する業務に従事する外国人向けであり、特定技能2号は、特定産業分野に属する熟練した技能を要する業務に従事する外国人向けです。

特定産業分野は、日本人の労働力が不足するとされる次の14分野です。

介護、ビルクリーニング、素形材産業、産業機械製造業、電気・電子情報関連産業、建設、造船・舶用工業、自動車整備、航空、宿泊、農業、漁業、飲食料品製造業、外食業

ただし、特定技能2号については、このうち建設、造船・舶用工業に限られてます。

日本には、現在、外国人の就労者が182万人ほどいます。一番多い国はベトナム（全体の25・4％）で、中国（同21・2％）、フィリッピン、ブラジル、ネパールと

続きます。在留資格別では、身分に基づく在留資格（全体の32・7％）、専門的・技術的分野の在留資格（同26・3％）、技能実習（同18・8％）、資格外活動（同18・2％）の順になってます（厚生労働省「外国人雇用状況」令和4年10月末現在）」

社長「詳しく有難うございます。留学生の採用を考えてみます」

隠居「ただし、求人募集をするなら、国籍を問わないように」

◇◇◇年齢差別の禁止◇◇◇

隠居「性別に関する募集・採用のルールを話しましたが、年齢についてもルールがあるんですよ。労働者がその有する能力を有効に発揮するために必要であると認められるときには、年齢に関わりなく均等な機会を与えることが義務付けられてます（労施法第9条）。だが例外として、年齢制限が認められる場合があります。

これは、六つの事由に特定されてます。例えば、定年60歳の会社が、無期労働契約で定年制の適用のある60歳未満の人を募集・採用する場合や、長期間の雇用によってキャリアの形成を図る観点から、おおむね45歳未満の年齢層（年齢に下限を付してはいけない）の人を正規従業員として募集・採用する場合、国の施策を活用して、その対象となる60歳以上（年齢に上限を付してはいけない）の高年齢者を募集・採用する場合などです（労施則第1条の3第1項）。

次に、採用のルールの一つとして欠かせない障害者の雇用促進について話します」

◇◇◇障害者雇用◇◇◇

社長　「うちには、まだ身体障害者を雇用する義務はないはずです」

隠居　「それはそのとおりです。民間企業の障害者雇用率は、今、従業員数の2・3％ですから、従業員43・5人以上でない企業には、障害者、つまり身体障害者、知的障害者および精神障害者を雇用する義務はありません（障害者雇用促進法第43条第1項）。しかし、従業員の募集・採用について、障害者に対して障害者でない者と均等な機会を与える義務が定められてます（同法第34条）。また、募集・採用に当たり、障害者からの申出により、その障害者の特性に配慮した必要な措置を講じることが義務付けられていて（同法第36条の2）、企業側の障害者への合理的な配慮が欠かせないことを知っていて欲しいのです。付言すれば、障害者を採用した後の、賃金、教育訓練の実施、福利厚生施設の利用その他の待遇について、障害者であることを理由に、障害者でない者との不当な差別的取扱いが禁じられてます（同法第35条）。

障害者を採用することは、障害者の自立、社会参加のために重要なことで、社会の調和した発展につながります。民間企業における障害者雇用の状況は、実雇用率２・２５％で、法定雇用率達成企業の割合は４８・３％です（厚生労働省「令和４年障害者雇用状況の集計結果」）。

　また、常用労働者１００人超で雇用率未達成の企業は納付金を徴収され、達成した企業には調整金（一定数を超える障害者を雇用する１００人以下の企業には、報奨金）が支給される制度があります」

◇◇◇派遣労働の労働契約申込みみなし制度◇◇◇

社長　「まだ、お話は続きますか」
隠居　「『労働契約申込みみなし制度』が採用の自由を制約するので、これについても簡単に触れておきたいのです。
　労働契約申込みみなし制度は労働者派遣法に定められてて、派遣先が違法派遣を受けた時点で、派遣先が派遣労働者に対し、その派遣労働者の雇用主（派遣元事業主）との労働条件と同じ内容の労働契約を申し込んだとみなす制度です（同法第４０条の６）。なお、派遣先が違法派遣に該当することを知らず、かつ知らなかったことに過失がなかったときには適用されません。

派遣先が労働契約の申込みをしたものとみなされた場合、みなされた日から1年以内に派遣労働者がこの申込みに対して承諾する旨の意思表示をすることにより、派遣労働者と派遣先との間の労働契約が成立します」

社長「うちは派遣労働者を使っていないので、派遣のことは分からないのですが、違法派遣とはどんなものなのですか」

隠居「いわゆる偽装請負など、五つの類型があります。詳しいことが知りたければ、この書き物を読んでください」

違法派遣

■ 派遣労働者を次の禁止業務に従事させること
　◉ 港湾運送業務　◉ 建設業務　◉ 警備業務
　◉ 病院等における医療関連業務（紹介予定派遣の場合や産前・産後休業、育児・介護休業等を取得する労働者の代替の場合等は派遣が可能）

■ 無許可事業主から労働者派遣の役務の提供を受けること

■ 事業所単位の期間制限に違反して労働者派遣を受けること（派遣可能期間（同一の事

業所において3年）は延長できるが、そのために必要な意見聴取の手続き（派遣法第40条の2第4項）を定められたとおり行わない場合（厚生労働省令で定める手続きが行われないことにより、派遣可能期間を超える期間継続して労働者派遣を受ける場合を除く）

■ 個人単位の期間制限に違反して労働者派遣を受けること（同一の派遣労働者を、3年を超えて派遣先の同一の組織単位に従事させる場合）

■ 偽装請負等

労働者派遣法等の規定の適用を免れる目的で、請負やその他労働者派遣以外の名目で契約を締結し、必要とされる事項を定めずに労働者派遣を受けることをいう。

◇◇◇個人情報の保護◇◇◇

隠居　「最後に、これも大事なことなので、採用選考時に配慮しないといけないことについて少しだけ話しておきましょう。

使用者には、採否の判断資料を得るために応募者を調査する自由がありますが、応募者の人権を保護する点から個人情報の取扱いについて制約があります。従業員を募集する企業は、その業務の目的の達成に必要な範囲内で、求職者等の個人情報を収集、保管および使用しなければならないとされてます（本人の同意がある場合、その他正当な事由がある場合は、この限りでない）（職安法第5条の5）。

従って、本人の適性・能力と関係のない、社会的差別の原因となるおそれのある事項（本籍・出生地、家族の状況（学歴・職業・収入等）、住宅状況、生活・家庭環境等）、本来自由であるべき思想・信条（宗教、購読新聞・雑誌、支持政党、尊敬する人物等）、労働組合への加入状況に関する事項の情報の収集はできず、これらの情報を応募用紙、面接、作文又は身元調査で把握することはできないんです（「求職者等の個人情報の取扱い指針」）（特別な職業上の必要性が存在すること、その他業務の目的達成に必要不可欠であって、収集目的を示して本人から収集する場合は、この限りでない）。

また、採用選考を目的とした、合理的・客観的に必要性が認められない画一的な健康診断も、してはいけません。使用者は、常時使用する従業員を雇入れるとき、医師による健康診断を行わなければならない旨の定めがありますが（安衛則第43条）、これは、雇い入れた際における適正配置、入職後の健康管理の基礎資料とするためであって、採用選考時に実施することを義務付けた定めではありません。

採用面接においても、結婚の予定の有無、子供が生まれても勤務を継続するか否かなどの事項について、女性のみに質問することは禁止されてます（「性別を理由とする差別の禁止等に関する指針」）。

採用内定者の戸籍謄（抄）本を求めて本籍を把握することについては、通常、合理的な必要性はないとされてて、行政は、戸籍謄（抄）本および住民票の写しは、画一的に提出又は提示を求めないようにし、それが必要な場合には、可能な限り『住民票記載事項証明書』によって処理することを指導してます。

満18歳未満の者を雇用するときには、労働基準法により、年齢を証明する戸籍証明書の備え付けが義務となってますが（同法第57条第1項）、これも、氏名、出生の年月日の証明がなされている住民票記載事項証明書で足りるとされます（平11基発168号）。

そして、不採用者の応募書類については、速やかに返却することです。返却が難しい場合には、あらかじめ応募書類は返却しない旨明示しておき、不採用者の応募書類については、収集目的に照らして保管する必要がなくなった個人情報ですから、責任をもって速やかに破棄しなければなりません。

採用後の従業員の個人情報収集については、その利用目的について、単に抽象的、一般的に特定するのではなく、取得された従業員本人が利用結果を合理的に想定できる程度に具体的、個別的に特定すべきことが要求されます（「雇用管理に関する個人情報の取扱い指針」）」

社長　「分かっています。ご隠居ときたら、いつまでもわたしを若造と思っているのですから」

隠居　「そう、若造といえば、のり屋の婆さんの話で、与太郎君をどうしますか。採用は公募によらなければならないという義務はなく、縁故採用は自由ですよ」

社長　「うーん」

隠居　「パートなら1、2名採ってもいいと言ったのではないですか」

社長　「そう、面接してみますか」

隠居　「わたしも与太郎君のことはある程度知ってます。素直で、悪い男ではないですよ。源兵衛社長の使い方次第でしょうかね」

労働契約編

与太郎は、なんとか、スーパー『なが屋』にパートタイム従業員として採用されました。そこで、のり屋の婆さんはご隠居にお礼しに。

のり屋の婆さん「ご隠居。どうも有難う。与太郎が『なが屋』にパートとして雇ってもらえたのよ」

隠居「それは良かった。いつからかな」

婆さん「来月の初めからのようで。これは、ほんのつまらない物なんだけど、お礼に」

隠居「おお、昆布か。有難う。婆さんは、昔、洗い張りの糊屋だったが、うまく海苔屋に商売替えしたな」

婆さん「ええ、お陰様で」

隠居「でも、昆布はもらえない。返そう」

婆さん「どうして」

隠居「昆布は海藻だ」

婆さん「あら、まあ」
隠居「まあ、与太郎君を、勤め出す前に寄こしなさい。わたしも、ほんの少し口を添えたので、責任あるからね」

◇◇◇働く意味◇◇◇

のり屋の婆さんにうるさく言われて、与太郎が顔を見せます。

与太郎「こんにちは」
隠居「ああ、与太郎君か。入れ、入れ。まずは、おめでとう。勤めは、来月の初めからだったかな？」
与太「3日からです」
隠居「前にも働いてたから分かってると思うが、働く意味は何かな」
与太「んー、お金をもらうためです。親の世話にならずに、自分で生活できるように」
隠居「その気持ちは大事だ。しかし、別の意味がある。ある学者先生から聞いた話だが、『働く』とは『傍(はた)を楽にする』、つまり、周りにいる人を楽にすることなんだ」
与太「ダジャレですか。ここに来る前に、お母さんが言ってました。『ご隠居はダジャレが好きだから、適当に笑ってあげなさい』って」

隠居　「正直に言うな。しかし、いい年して『お母さん』はいけない。『母』と言いなさい。それはともかく、『広辞苑』（第二版補訂版・新村出編／岩波書店）によると、『働く』の意味の一つに『他人のために奔走する』がある。だから、あながちダジャレではない。人を楽にしてこそ、つまり、お店に来るお客様に喜ばれ、職場の仲間に喜ばれてこそ、本当の働きをしていることになるんだ。

　ところで、採用されたとき、労働条件通知書をもらうか労働契約を書面で結んだかな」

与太　「それはまだです」

◇◇◇労働契約の義務・権利◇◇◇

隠居　「労働契約は口頭だけで成立するけど、会社は、それを結ぶとき、労働条件を書面で渡さなければならないんだ。これは、与太郎君に言ってもしょうがない。後で、社長に言っておく」

与太　「はい」

隠居　「労働契約を結ぶと、どんな義務や権利が生じるか分かってるかな」

与太　「はい。働く義務があり、えーと、権利は給料をもらうことですか」

隠居　「分かってるじゃないか。そのとおりだ。労働契約とは、難しいことをいうと、労働者が使用者の指揮命令の下で労務を提供することを約し、使用者がこれに対して賃金を支払うことを約する契約だ。だから、与太郎君には『労務提供義務』という働く義務が生じ、働いた分だけ給料がもらえる権利を得る。会社はその反対で、君を指揮命令して働かせる権利（指揮命令権）を得て、その分『賃金支払い義務』が生じる。これが基本で、このことは誰でも分かってる。だが、それだけじゃあない。付随する義務がある。

使用者には、『安全配慮義務』といって、従業員が仕事をする過程で生命および身体を危険から守るように配慮する義務がある。この義務は労働契約法に明文化されてる（同法第5条）。生命・身体等の安全には、心の健康・メンタルヘルスも含まれる。

使用者が安全配慮義務を怠った場合には、民法の不法行為責任（同法第709条）、使用者責任（同法第715条）、債務不履行（同法第415条）等を根拠に、損害賠償を命じられることになる。

今から20年ほど前のことだが、長時間残業、深夜勤務、休日出勤などの過労が続いて、うつ病になって自殺した従業員の遺族から裁判が起こされ（電通事件　平12・3・24最高裁二小判決　労判779・13）、その結果、使用者側が謝罪し、社内の再発防止策の徹底と合計約1億6，800万円の賠償額を支払うことで和解した事件があり、当時、有名になった（「日本経済新聞」2000（平成12）年6月23日夕刊）」

与太「すごい額ですね」

隠居「労働契約に付随する従業員の義務には、労務の提供を誠実に履行する義務がある。これには、『職務専念義務』と『誠実義務（忠実義務）』があるとされる。

職務専念義務とは、仕事に適した身なりで、心身ともによいコンディションで仕事に集中して取り組み、自分の能力を発揮する義務だ。ただ職場に来て仕事に触れてればよいということではない。

誠実義務とは、労働時間から外れても守らなければならない義務で、労働契約によって使用者と従業員とは人的・継続的な『労働関係』に入ることになり、従業員として企業の名誉・信用を損なうなど企業の利益を不当に害してはならないという信義則上負う義務だ（労契法第3条第4項）。その中には、企業の秘密を保持する義務や使用者と競合する業務を行わないとする競業避止義務が含まれる。

今、行政は労働者の副業・兼業を促進していて、裁判例に沿って、労働者が労働時間以外の時間をどのように利用するかは基本的には労働者の自由であるが、『◉労務提供上の支障がある場合　◉業務上の秘密が漏洩する場合　◉競業により自社の利益が害される場合　◉自社の名誉・信用を損なう行為や信頼関係を破壊する行為がある場合』には、副業・兼業を禁止又は制限することができるとしてる（厚生労働省「副業・兼業の促進に関するガイドライン」平成30年1月策定）。従業員は企業に対して職務専念義務、誠実義務を負っていることがこれからも分かる。

それに、企業の管理する施設内において労務を提供するのだから、必要かつ合理的な範囲内で企業秩序を遵守する義務がある（富士重工事件　昭52・12・13最高裁三小判決　労判287・7）。ただし、これについては、違反行為が実際上企業秩序を乱すおそれがない又は極めて少ないと認められるような場合には、形式的違反者に対する懲戒処分は、権利の濫用と判断されるものとする裁判例がある（明治乳業事件　昭58・11・1最高裁三小判決　労判417・21）」

与太「従業員には働く義務はあるが、働く権利はないんですか」

隠居「それはない。労働契約等に特別の定めがある場合又は特別の合理的な利益を有する場合を除いて、一般的には、従業員は就労請求権（労務請求権）がないものとされる（読売新聞社事件　昭33・8・2東京高裁決定）。

労務の性質上、特別の合理的な利益があるとして、労務請求権を認めた裁判例が一つあるので、教えておこう（レストラン・スイス事件　昭45・9・7名古屋地裁判決　労判110・42）。

出向拒否を理由に解雇された調理人が解雇の効力を争ったものだ。一般的な労務請求権は否定した上で、調理人は、単に労務を提供するというだけでなく、調理長等の指導の下で腕を磨き、調理から離れると技量が著しく低下するという仕事の性質上、例外的に労務請求権を肯定したのだ」

与太「そうですか。でも、誠実義務は会社の外にまであるなんて、厳しいですね」

隠居「従業員が社外で悪事を働いて会社の名が表に出たり、SNSを使って会社の悪口を言いふらしたりしたら企業のイメージが落ちるだろうし、仕事で得た機密を勝手に外部に持ち出されると、企業の資産が失われることになる。特に厳しいことはない。普通に、まじめに仕事し、生活してればいいだけだ」

◇◇◇公益通報者の保護◇◇◇

与太「会社が悪いことをすれば、『お前は、あの会社に勤めているんだ』と俺たち従業員のイメージが悪くなる。会社には『誠実義務』はないんですか」

隠居　「従業員に対しての義務としてはない。

企業が不正行為をし、又はまさにしようとしているとき、それを知ったその企業の従業員・派遣労働者は、不正な目的でないならば、正当な行為としてこれを通報する途が公益通報者保護法によって設けられてる。

まずは、企業の中で通報し、事実の調査、発生の防止・中止をする方法があるが、特定の刑罰、行政罰の対象になる個人の生命・身体の保護、消費者利益の保護、環境の保全、公正な競争の確保その他の国民の生命、身体、財産等に関わる不正行為については、企業の外部に通報することができる。

その方法は、法律に定められてる。どんな方法か例をあげておこう。
○不正行為が生じ又はまさに生じようとしていると信ずるに足りる相当な理由がある場合に、その不正行為について処分又は勧告等をする権限のある行政機関への通報
○不正行為が生じ又はまさに生じようとしていると信ずるに足りる相当な理由があり、かつ、企業内部に書面により通報しても正当な理由なく調査が行われない場合又は個人の生命・身体への危害が発生し、もしくは発生する急迫した危険があ

ると信じるに足りる相当な理由がある場合、被害の拡大を防止するに必要であると認められる者（報道機関・消費者団体等）への通報

また、企業内での通報も含め、公益通報をしたことを理由にして行った解雇、労働者派遣契約の解除を無効とし、また、その他の不利益な取り扱いを禁止してる（同法第3～5条）。

さらに、企業に対し、内部通報に適切に対応するために必要な体制の整備等（公益通報受付窓口の設置、調査、是正措置等）を義務付け（常時使用する従業員数が300人以下の企業については努力義務）、受付窓口従事者の情報守秘義務を課している（同法第11条、12条）。また、公益通報によって損害を受けたことを理由にして、その通報者に対して賠償を請求することができないとしてる（同法第7条）。

なお、公益通報者には、従業員・派遣労働者の他に、退職者・派遣労働終了者（退職・終了から1年以内）、取引業者、役員等が含まれる。

内部告発によって不正が暴かれ、社会問題になった不祥事は、食品偽装事件などいくつもある。また、労働基準法・最低賃金法・安全衛生法の違反については、労働基準監督署に申告することができる（労基法第104条第1項、安衛法第97条第1項）。

皆の目や耳には入ってないと思うが、申告によって違反が明らかになる事例は少なくない」

与太「でも、会社に不正を訴えることは、勇気がいるなあ」

隠居「何言ってるんだ。不正は火事と同じだ。小火（ぼや）をぼやぼやして放っておくと大火事になる。大火とならない前に消火するのは、会社のためだ。君はパートで、有期（勇気）契約じゃないか」

与太「僕は、ご隠居のように向き（無期）になれません」

隠居「ハハハ、そうか。まあ、周りの人を楽にするように、しっかり働くんだな」

ご隠居は、すぐにスーパー『なが屋』源兵衛社長に電話します。

源兵衛社長「お待たせいたしました。社長の源兵衛です」

隠居「与太郎君の件ですが、どうも有難うございます。それでですが、労働条件の通知をまだ書面で受け取ってないと言ってましたが」

社長「そうですか。一般募集のときに使う労働条件を示した書面を見せて、勤務日や賃金の額について説明して了解を得ていますが。労働条件通知書は、最初の出勤日に渡す手配をしています」

隠居「ついては、労働契約についていろいろ説明したいことがあるのですけれど、時間取れますか」
社長「はい、大丈夫です」

◇◇◇労働条件の明示◇◇◇

源兵衛社長、またまたご隠居に呼び出された格好になり、時間を作って訪れました。

源兵衛社長「お邪魔します」

隠居「お呼び立てして申し訳ありません。労働条件の明示の説明をしたいんですが、電話だとうまく通じないといけないので。

従業員を募集するときには、従事すべき業務の内容、契約期間、賃金および労働時間その他の労働条件を書面の交付又は電子メールによって示さなければなりません（職安法第5条の3、職安則第4条の2）。それには、健康保険等の適用に関する事項が含まれてます。

だからといって、労働契約締結の際に労働条件を示さなくていいというわけにはいかないのです。示すべき事項は募集のときと若干異なる別物だからです。

労働契約を結ぶ際、定められた事項について労働条件をはっきり伝えなければならず、その内、書面で渡さなければならない事項があります。いろいろありますので、書き物を差し上げます。知ってれば、ここで読まれなくて結構です。

労働条件を明示・書面交付する事項

■ 労働基準法によるもの（労基法第15条第1項、労基則第5条）

《明示し、かつ書面での交付が必要な事項》

◉ 契約期間…無期労働契約の場合、その旨記載する。
◉ 有期労働契約を更新する場合の基準に関すること
◉ 就業の場所、従事すべき業務の内容…採用直後の場所、業務を示せばよい
◉ 始業・終業時刻、休憩時間…2組以上に分けて就業させる場合、就業時転換に関することを明示する。
◉ 所定労働時間を超える労働の有無
◉ 休日、休暇
◉ 賃金の決定・計算・支払い方法、賃金の締切り・支払い時期
◉ 退職に関すること（解雇の事由を含む）

原則的、重要なもののみ記載し、『詳細は、就業規則第○条』とすることができる。

《明示する事項》

◉ 昇給に関すること

《制度がある場合、明示する　事項》

◉ 退職手当（適用対象者の範囲、同手当の決定・計算・支払いの方法、支払いの時期）

◉ 臨時の賃金、賞与、各種手当、最低賃金

◉ 従業員に負担させる食事、作業用品その他

◉ 安全衛生

◉ 職業訓練

◉ 災害補償、業務外の傷病扶助

◉ 表彰、制裁

◉ 休職

■ パートタイム・有期雇用労働法によるもの（パート有期法第6条第1項、パート有期則第2条第1項）…パートタイム・有期雇用労働者に対して

《明示し、かつ書面での交付が必要な事項》

◉ 昇給の有無
◉ 退職手当の有無…有りの場合、金額、支払い時期等も書面の交付が好ましいとされている。
◉ 賞与の有無
◉ 相談窓口…パートタイム・有期雇用労働者の雇用管理の改善に係わる窓口

書面での交付が必要なもの以外の事項を書面に加えることは任意です。

この他にも、有期労働契約の無期転換制度に関するものに書面で交付する事項がありますが、それは、後でその制度についてお話しするときにします。

書面での交付に代えて、労働者が希望した場合には、ＦＡＸ、電子メール等で明示することができます。ただし、出力して書面を作成することができるものに限られます。また、第三者に閲覧させることを目的としている労働者のブログや個人のホームページへの書き込みによる明示は認められません（労基則第5条第4項、平３０基発１２２８第１５号、パート有期則第2条第3項）。

書面の交付には、事業主から労働者に通知する『労働条件通知書』にする方法と、事業主と労働者双方で署名又は記名押印して締結する『労働契約書（雇用契約書）』にする方法とがあります」

社長　「それは分かっていますが、募集のときと、会社の都合で採用のときに労働条件を変えざるを得なくなったときにはどうなるのですか」

隠居　「求人は労働契約申込の誘引であり、募集時の労働条件がそのまま採用後の個別的な労働条件となるものではなく、採用時の労働条件が優先するとの裁判例がありま す（八州（旧八州測量）事件　昭58・12・19東京高裁判決 労判421・33。日新火災海上事件　平12・4・19東京高裁判決　労判787・35）。ただし、中途採用者の事案（同・日新火災海上事件）では、労働契約を締結する過程で信義誠実の原則に反するとして、慰謝料の支払いを命じてます。

とにかく、労働契約の際に書面を交付すべきものですから、最初の出勤日じゃ少し遅い。今までもそうしてるのならば、今後は改めてください」

社長　「じゃあ、内定の場合は、どうなるのですか」

隠居　「採用内定とは、採用が決定してから入社するまでにある程度以上の期間がある場合の関係をいいます。

その法律関係は当事者の意思と合意内容によるものですが、求職者の申込みに対し、使用者の採用通知が労働契約締結を承諾する意思表示としてなされたものであれば、それにより労働契約は成立します。特に、赴任又は出社の日が特定されていれば、労働契約が成立したと認められる要素が強くなります（昭27基監発15号）。会社の採用内定通知に対して応募者の学生が入社誓約書を入れたケースで、裁判例は、その法律関係は、始期付き解約権留保付き労働契約としてます（大日本印刷事件　昭54・7・20最高裁二小判決　労判323・19）。

従って、厳しくいえば、採用内定時に労働条件を明示する必要があります。しかし、採用内定日から入社日までに長い期間があり、就業の場所や従事すべき業務等具体的に明示することが困難な事項については、想定する内容を包括的に示すと共に、具体的に示す時期を書面で明示し、決定次第改めて書面で明示することになります（平29基監発1220第1号）。

でも、与太郎君の場合、内定と言えないのではないですか」

社長「そう言われると」

隠居「ところで、与太郎君はパートだと言ってたから有期契約だと思いますが、契約期間は何か月ですか」

社長「3か月です」

隠居「パートはみんな3か月契約?」

社長「いいえ。慣れてくると、更新の際に契約期間を伸ばしていきます。3年勤めた人は1年としています」

隠居「それはいいですね。契約期間については、その労働者を使用する目的に照らして、必要以上に短くならないように配慮する義務があるし(労契法第17条第2項)、また、1回以上更新し、かつ雇入れ日から起算して1年を超えて継続勤務している有期労働契約を更新する場合には、契約の実態および従業員の希望に応じ、契約期間をできる限り長くしなさいとの努力義務があります(「有期労働契約の締結、更新、雇止めの基準」)」

社長「従業員のために、努力のしっぱなしです」

◇◇◇労働契約の期間◇◇◇

隠居「それでは、有期契約の契約期間は何年までいいかご存知ですかな」

社長「1年まで…じゃなかったんでしたっけ」

隠居「今は原則3年です。だが例外があります。

〇　3年を超えて契約することが認められるもの
・　土木工事などの有期事業で、一定の事業の完了に必要な期間を定めるもの
・　労働基準法第70条による職業訓練のために長期の訓練期間を要するもの
〇　5年まで認められるもの
・　60歳以上の者
・　高度の専門的知識を有するものとして厚生労働大臣が定める基準に該当する者がその専門的知識を必要とする業務につく場合です。例えば、博士、公認会計士、医師、弁護士、一級建築士、社会保険労務士、ITストラジスト・システムアナリスト・アクチュアリーの資格のある人などです」

社長「アクチュアリーって、何をする人ですか」

隠居「確率や数理統計の手法を使って、保険料率の算定や配当水準の決定、保険商品の開発および企業年金の設計等を行う人です」

社長「初めて知りました」

◇◇◇有期労働契約の無期転換◇◇◇

隠居「次に、有期労働契約が通算5年を超えて反復更新された場合、従業員の申込み

によって無期契約に転換する制度について説明しましょう。これも労働契約の期間に関する義務で、省くことはできません。

この制度は、非正規雇用者が雇用者全体に占める割合で36・9%、特に女性のみでは53・4%であることを踏まえて（総務省「労働力調査（基本集計）2022年（令和4年）平均」）、非正規雇用者の雇用の安定を図るために設けられました。

従業員は、労働契約の期間中に、同じ使用者との間で通算契約期間が5年を超えることになる場合、その契約期間の初日から末日までの間に、無期契約への転換を申込むことができます（労契法第18条）。この権利を『無期転換申込権』といいます。通算5年を超えて契約更新した従業員が、その契約期間中に無期転換の申込みをしなかったときには、次の更新以降でも無期転換の申込みができます。

申込みにより無期契約に転換されるのは、申込み時の有期労働契約が終了する日の翌日からです。

労働契約の期間は通算で5年ですから、途中に契約の切れている空白期間（無契約期間）がある程度あってもいいのです。しかし、空白期間が長いと、前の通算契約期間が通算されなくなります。このリセットされる空白期間を『クーリング期間』といいます。空白期間の前の通算契約期間が1年以上の場合、空白期間が6か月以上あると、その期間は通算されません。空白期間の前の通算契約期間が1年未満の場合には、その期間の2分の1以上（月単位の端数は繰上げ）の空白期間があるときには、前の有期労働契約は通算期間に含まれません。例えば、1か月契約を更新して通算契約期間3か月であれば、クーリング期間は2か月になります」

社長「無期転換申込ができるのは通算5年ですから、1年契約の人は6年目に入り、そこで申し込めば、7年目から無期労働契約になるのですね。3年契約の人はどうなるのですか」

隠居「3年契約の人は、最初の更新で契約期間が6年となって通算5年を超えるので、4年目の初日から無期転換申込権が発生します。そこで申込みをすると、次回更新の際、つまり7年目から無期契約になります」

社長「分かりました」

隠居「無期転換の申込みをされると、使用者はそれを承諾したものとみなされ、無期労働契約が成立します」

社長「経営が苦しいときにも拒めないのですか」

隠居　「拒めません」
社長　「そりゃあ、無期転換というより無理転換といいたいですよ」
隠居　「気持ちは分かりますが。
　無期転換の申込みをされると無期労働契約が成立するので、転換の時点で使用者が雇用を終了させようとすると、無期労働契約を解約する、すなわち解雇することになります。そして解雇は、客観的に合理的な理由を欠き、社会通念上相当と認められないと、権利の濫用に該当するものとして無効になります（労契法第１６条）。
　また、無期転換を申し込まないことを契約更新の条件とするなど、あらかじめ従業員に無期転換申込権を放棄させることはできません。そのような意思表示は無効です。
　無期労働契約の労働条件については、別段の定めがない限り、申込時点の有期労働契約と同じになります」
社長　「別段の定めをするには」
隠居　「『別段の定め』には、労働協約、就業規則および個々の労働契約（無期転換に当たって労働条件を変更することについての、使用者と従業員との個別の合意）が該当します。ただし、無期転換に当たり、職務の内容などが変更されないにもかかわらず、労働条件を低下させることは、労働条件の不利益変更として無効になるおそれがあります」

社長　「定年退職者を再雇用して5年を超えて働いてもらうとき、無期転換の申し出があると、また無期契約になるのですか」

隠居　「それを避けるため、無期転換の適用を除外する特例を定めた有期雇用特別措置法があって、次の特例対象者に対しては、定められた手続きを取ることにより、契約期間が通算5年を超えても無期転換申込権を発生させないことができます。

○　定年後の継続雇用者

○　特定の高度の専門的知識を有して、その高度の専門的知識等を必要とする、5年を超える一定期間（上限10年）内に完了する業務（プロジェクト）に従事し、高収入（支払われることが確実に見込まれる1年当たりの賃金1，075万円以上）の者。ただし、プロジェクト終了後、引き続き有期契約を更新する場合には、通常の無期転換ルールが適用されます。

この手続きについて、定年後の継続雇用者の場合を説明すると、適切な雇用管理に関する計画を作成し、『第二種計画認定・変更申請書』によって都道府県労働局長に申請、その認定を受けることが要件です。

定年をすでに迎えている人を雇用する事業主が認定を受けたときには、そうした人も特例の対象になりますが、無期転換申込権をすでに行使している従業員は、当然のことながら対象から除かれます。また、定年後に継続雇用され、その後引き続いて、高年齢者雇用安定法に規定する特殊関係事業主、いわゆるグループ会社に雇用される場合には、特例の対象になります。

なお、特例対象者には、有期労働契約の締結・更新のとき、無期転換申込権が発生しないことを書面で明示する必要があります（高度専門職者には、これに特例の対象となるプロジェクトの具体的な範囲が加わる）。なお、労働者が希望した場合には、書面に代えてＦＡＸ、電子メール等で明示することができます（「特定有期雇用労働者に係る省令」）」

社長　「無期転換制度について就業規則を改正し、そのとき、皆に説明したのですが、勤続５年を超えて申込権があるパートがいるのに、まだ誰からも申し出がないのです」

隠居　「無期転換申込権を行使した労働者の統計がありますが、企業規模によって大分異なります。従業員１，０００人以上の３９・９％に比べて、同１００人～２９９人では２２・３％、同５～２９人では８・６％です（厚生労働省「令和２年有期労働契約者に関する実態調査（事業所調査）」平成３０年度・平成３１年度合算）」

社長　「やはり、そうですか」

隠居　「無期転換に関連して、パートタイム・有期雇用労働法は、パートタイム従業員と有期雇用従業員に対し、通常の労働者（正規従業員）への転換を推進するため、次の措置のいずれかを講じることを義務付けてます（同法第１３条）。

○正規従業員を募集する場合、その募集内容を雇用しているパートタイム・有期雇用従業員に周知すること

○正規従業員のポストを社内公募する場合、雇用しているパートタイム・有期雇用従業員にも応募する機会を与えること

○パートタイム・有期雇用従業員が正規従業員へ転換するための試験制度を設けること

○その他、正規従業員への転換を推進するための措置を講ずること

パートタイム従業員からいわゆる契約社員など正規従業員以外のフルタイム従業員へ転換する制度を設け、さらに、契約社員から正規従業員へ転換する制度を設ける方法によって正規従業員へ転換する道を確保することは認められます。

また、転換を推進するために、どのような措置を講じてるか、事業所内のパートタイム・有期雇用従業員にあらかじめ周知することが求められてます。

社長のところは、正規従業員への転換はどのようにしてますか」

社長「えー、あのー…。で、話は別になりますが、試用期間についてお聞きしたいのですが」

隠居「話を転換しましたな」

◇◇◇試用期間◇◇◇

隠居「試用期間については、本採用に適するか否か従業員としての適格性を判定するために、本採用と区別する期間として雇入れ時に限って設けることができます。労働基準法では、平均賃金の計算と解雇予告の適用除外で『試みの使用期間』の文言が使われてます。

試用期間は、一般的には、解雇権留保付きの契約とされます。試用期間の当初から期間の定めのない労働契約が成立したものとされ、ただ解約権が留保されてるにすぎないだけです（三菱樹脂事件　昭48・12・12最高裁大判決　労判189・16）。

従って、会社が本採用を拒否することは留保解約権の行使、つまり解雇ですが、通常の解雇の場合よりも広い範囲での解雇の自由が認められます。例えば、出勤率や従業員としての能力・適格性を少し厳しく見ることができます。しかし、解雇である限り、採用時には知ることができなかった行為・事実が試用期間中に判明し、引き続き雇用しておくことが適当でないと判断することに客観的合理性が認められるような場合になります。

有期契約においても試用期間を設けることができますが、その期間での評価によって契約を解約することは解雇になり、やむを得ない事由がある場合にのみ認められるものです（労契法第17条第1項）。

試用期間を設けるメリットは、少し広い範囲での解雇の自由が認められることの他に、採用の日から14日以内に解雇するとき、解雇予告手当を支払う必要がないことにあります」

社長　「それでは、試用期間を定めていない従業員に対しては、採用後14日以内に解雇する場合にも解雇予告手当は必要になるのですか。うちでは、有期雇用は当初3か月契約なので、試用期間を定めていないのですが」

隠居　「そのとおりです。当初の3か月契約が試用期間だと認められる事情があれば別ですが、普通には難しい。試用期間がないのだからしょうがないでしょう。

試用期間には長さの定めはありません。正規従業員についての試用期間の実態は、ほとんどが6か月程度より短く、3か月程度であることが最も多いようですが、試用期間の趣旨から見て、合理的な範囲で設けることになります。期間の定めのない試用期間はもちろんのこと、合理的範囲を超えている試用期間の定めは、公序良俗（民法第90条）に反して無効になります（ブラザー工業事件　昭59・3・23名古屋地裁判決労判439・64）。

試用期間で見落としてはいけないことは、その期間は指導、教育の期間でもあるということです。企業として、業務遂行に必要な知識・技能や就業規律について適切な指導、教育をしてないでおいて、従業員として適さないとの判定をすることは、不当な解雇になるおそれが大きいです」

社長「試用期間の延長は認められますか」

隠居「試用期間の延長は、就業規則などで延長の可能性、延長の事由、延長の期間が設けられているか、当該従業員の合意を得るかしない限り認められません。そして、試用期間の延長が認められるのは、すぐに正規従業員として登用するには問題があるが、本人の今後の態度いかんによって登用することがありうるような特別の事情が認められる場合に限られます（大阪読売新聞社事件　昭45・7・10大阪高裁判決　労判112・35）」

社長「そう、お邪魔したついでに、もう一つ、従業員の身元保証について教えてください」

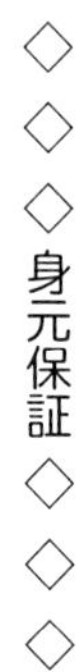

隠居「従業員を雇い入れるに当たって、その身元保証を行わせたいとき、身元保証人を立ててもらい、その人と身元保証契約を結ぶことは普通にあります。

身元保証契約とは、従業員の故意又は過失によって使用者の受けた一切の損害を担保する契約ですが、身元保証法によって身元保証人の保護が図られてるし、また、保証契約についての民法の定めが適用されるので、これらの規定に違反しないように内容を定めることになります。

保証契約は、書面又は電磁的記録によらなければ効力がありません（民法第446条第2、3項）。

契約期間は5年を超えることができず、これより長い期間の契約は、5年に短縮されます。また、期間の定めのない契約の有効期間は、普通3年になります（身元保証法第1、2条第1項）。

契約の更新はできますが、その期間は更新のときから5年を超えることができません（同法第2条第2項）。なお、身元保証契約を自動更新する特約はできないとされています。身元保証人に不利益な特約であると考えられるからです（同法第6条）。従って、継続する場合には、改めて更新契約を締結することになります。

それに、身元保証人の責任が重くならないようにする定めがあります。

まず、使用者は、次の事項について、身元保証人に遅滞なく通知しなければなりません（同法第3条）。

○ 従業員に業務上不適任又は不誠実な行為があって、このために身元保証人の責任となるおそれがあることを知ったとき

○ 従業員の任務を変更し、そのために身元保証人の責任を重くするとき

○ 従業員の任地を変更し、このために身元保証人の監督を困難にするとき

身元保証人は、これらの通知を受けたとき又は自らそれらの事実を知ったとき、将来に向かって契約を解除することができます（同法第4条）。

保証責任の限度の定めもあります。民法の『個人根保証契約の保証人の責任等』として、一定の範囲に属する不特定の債務を主たる債務とする保証契約（根保証契約）であり、法人でない保証人は、違約金又は損害賠償の額について極度額を限度として、その履行する責任を負うと定められてます。これにより、保証責任の極度額を契約で定めることになり、この極度額の定めのない契約は効力を生じません（同法第４６５条の2第1、2項）。

実際には、裁判所は身元保証人の責任およびその金額を定めるに当たって、現に生じた損害の範囲内において一切の事情を斟酌します。しかも、その金額は、保証責任の極度額の範囲内に入ることになります。

『一切の事情』とは、従業員の監督に関する使用者の過失の有無、身元保証人が身元保証をするに至った事由およびこれをするに当たり用いた注意の程度、従業員の任務又は身上の変化その他一切の事情をいいます（身元保証法第5条）。

なお、労働契約の不履行について違約金を定め、又は実損害のいかんにかかわらず一定額の損害賠償を定めることは、禁止されてます（労基法第１６条）」

社長　「提出を求めた身元保証書を提出しない者を解雇できますか」

隠居　「身元保証書を兼ねた誓約書等の書類を提出しなかった試用従業員を解雇した事案があります。裁判所は、誓約書は同時に身元保証書を兼ねており、これらの書類は従業員を採用するについて必要な書類であり、書類が提出されない場合、会社と従業員との雇用関係につき重大な支障をきたすものとして、書類の不提出を理由としてなされた解雇は理由があり、有効であるとしてます（名古屋タクシー事件　昭40・6・7名古屋地裁判決　労民集16・3・459）」

◇◇◇未成年者との労働契約◇◇◇

隠居　「これで最後にしますが、労働契約の締結において、注意することを一つ加えます。それは、アルバイトなどに高校生など未成年者（18歳未満の者）を雇うときです。

労働契約は、未成年者に代わって親が締結することはできません（労基法第58条第1項）。未成年者本人と契約しなければなりません。それで契約は成立し、親権者等がその契約が不利であると認める場合には、将来に向かって解除できますが（同条第2項）、民法では、未成年者の契約は、単に権利を得、義務を免れるもの以外、法定代理人、親の同意を必要とするとされていて、同意のないものは取り消すことができます（同法第5条）。ですから、できれば同意を得ておくとよいでしょう。

そして、使用する間、その未成年者の年齢を証明する『住民票記載事項証明書』を備え付けなければなりません（労基法第57条）。また、労働時間や危険有害業務の就業制限があるから（同法第60～63条）、使用するときには、年齢を本人の申告や見た目に頼らずに確認しておく必要があります。

これで、労働契約の話を結びましょう」

2 就業規則の巻

就業規則編

◇◇◇作成と記載事項◇◇◇

代々続く『一眼（いちがん）穀物店』の幸兵衛社長は、初めて出店を設けることにしました。それに伴い従業員が増えるので、就業規則の作成が必要になると思い、ご隠居に相談します。

幸兵衛社長「ご隠居さんは、いらっしゃいますかな」
隠居「はい、いますよ」
社長「お邪魔します。今日は、ご相談に参りました」
隠居「ああ、幸兵衛さん。わざわざ狭いところにお越しいただいて」
社長「従業員が増えるので、就業規則を作りたいと思いまして」
隠居「それは結構。何名になります？」
社長「今8人ですが、永く1店舗で通してきた殻を破り、店を1か所増やすことにしたので、人数が10人を超すことになります。それで、就業規則の作成が必要になるのではないかと気がついて」

隠居　「そうですか、とうとう殻を破って。穀物商だから、正に『脱穀』ですな。

さて、労働基準法は、常時10人以上の従業員を使用する使用者に対して、就業規則の作成と事業場を管轄する労働基準監督署（署長宛）への届出を義務付けていて（同法第89、90条）、就業規則を変更したときも同様です。

『使用者に対して』というと、人数は一企業全体でと思いがちですが、10人という人数は事業場の単位で計算します。従って、届出についても、従業員が10人以上いる事業場ごとに行うことになります。その常時10人以上の意味ですが、常態として10人以上使用している場合には、時として10人未満となっても該当しますし、常態として10人未満である場合には、繁忙期に一時的に10人以上となることがあっても該当しません。

ただし、場所的に分散してても、規模が極めて小さく、組織的にも一つの事業としての独立性がないものについては、直近上位の組織として取扱われます（平11基発168号）」

社長　「その意味では、店長を置き、事務処理等の管理も独立させます」

隠居　「新店舗は、何人に」

社長　「5人ほどです」

隠居　「それなら、御社の事業場は、今のところが常態で8人、新しい店が常態で5人であれば、両方とも未だ就業規則を作成して届出る義務はありません。そうそう、従業員数には、正規従業員のみでなく、パートタイム従業員、アルバイト等のすべての従業員が含まれますが、含めてますね」

社長　「はい。入れてます」

隠居　「人数が少なくても、就業規則は労働契約で定める労働条件の基になるものですから、届出はともかく、作っておくことに越したことはありません。お勧めします」

社長　「一応、休日、就業時間と賃金については文書にしていますが、この際、義務でなくても、きちんとしたものを用意したいと思います」

隠居　「就業規則は、使用者がその経営権に基づいて定めるものですが、記載しなければならない事項が労働基準法に定められてます。これに沿って整えることになります。記載事項が多いので、書き物を差し上げます。会社に戻られてから、じっくりお読みいただき、今は流し読みしてください。

就業規則に記載する事項

■ 労働基準法によるもの（同法第89条）

《必ず就業規則に記載しなければならない事項》

◉ 始業・終業時刻、休憩時間、休日、休暇、従業員を2組以上に分けて交替に就業させる場合、就業時転換に関すること
◉ 賃金の決定・計算・支払い方法、賃金の締切り・支払い時期、昇給に関すること
◉ 退職（解雇の事由を含む）に関すること

《定めをする場合には、就業規則に記載しなければならない事項》

◉ 退職手当（適用される従業員の範囲、手当の決定・計算・支払いの方法、支払いの時期）に関ること
◉ 臨時の賃金等、最低賃金額の定めに関すること
◉ 従業員の食費、作業用品その他の負担に関すること
◉ 安全衛生に関すること
◉ 職業訓練に関すること

◉ 災害補償、業務外の傷病扶助に関すること
◉ 表彰、制裁に関すること
制裁の種類、事由、手続き、程度について、具体的に記載することが求められる。
◉ 以上のほか、事業場の従業員のすべてに適用される定めに関すること
育児・介護休業等に関する規定は、これに当たる。

■ハラスメントに関する法律（男女雇用機会均等法、育児・介護休業法および労働施策総合推進法）によるもの
事業主に対して職場におけるハラスメント（セクシャルハラスメント、マタニティ等ハラスメント、パワーハラスメント）の防止のために雇用管理上の必要な措置を講じることを義務化しており、その措置に関する指針で、就業規則等においてハラスメントを行った者に対する懲戒規定を定めることを挙げていることによる。

就業規則には、従業員のすべてに適用する定めとして、従業員が遵守すべき服務規律、就業上必要な時間外・休日労働、人事上必要な配置転換・職種の変更・出向、休職などを定めることができます。というより、定めてないと、特段の事情がない限り

命令することができません。従業員の個別の同意が必要になります」

社長　「ちょっと見たところ、労働時間はなく、始業・終業時刻となっていますが」

隠居　「始業時刻から終業時刻までを一般に『就業時間』又は『拘束時間』といいますが、そこから休憩時間を引くと、所定労働時間になります」

社長　「うちは、シフト勤務制を敷いていて、従業員の始業時刻も終業時刻も何種類かあるのですが、全部書かなければいけませんか」

隠居　「それについては、『パートタイム労働者等のうち本人の希望等により勤務態様、職種等の別ごとに始業及び終業の時刻を画一的に定めないこととする者については、就業規則には、基本となる始業及び終業の時刻を定めるとともに、具体的には個別の労働契約等で定める旨の委任規定を設けることと差し支えない』との通達があり（平11基発168号）、休憩時間や休日についても同様であるとしているので、これに沿って規定することになります」

社長　「そうですか。別のことですが、就業規則と別に賃金規則を作っているところがありますが、どういう関係になるのですか」

隠居　「就業規則とは、従業員の労働条件、服務規律その他の就業に関することを定める規則の総称で、労働基準法上の就業規則とは、その事業場に適用されるすべての規則を指します。実際には、一つの就業規則に、賃金のこと、育児・介護のことなどすべてを詰め込むと、とても複雑になって運用が不便になるので、基本となる就業規則に、他の規則に委任する条項（委任規定）を設け、別の規則（規程）とすることができます。育児・介護休業規程がそうですし、最近では、テレワークが推奨されてますが、その規定を別規程として作成するところが多いです」

社長　「うちは店中心なので、今は、テレワークは難しいと思いますが、取引先でテレワークを実施しているところがあります。今後のため、テレワークについても教えていただけますか」

隠居　「別の機会にお話ししましょう。就業規則の話を続けますが、作成で注意するポイントは、どの規程であっても適用する対象者を明確にすることです。

そして、基本となる就業規則の適用対象者から除外する従業員については、必ず別の就業規則を設けることです。設けてないと、『就業規則で定める基準に達しない労働条件を定める労働契約は、その部分については、無効とする。この場合において、無効となった部分は、就業規則で定める基準による』（労契法第１２条）との定めが適用されることになります。

従って、パートタイム従業員について、正規従業員の就業規則の適用から除外して基準を下回る労働条件で労働契約を結んでいても、別に『パートタイム従業員就業規則』を作成してないと、正規従業員の就業規則を適用せざるを得なくなるおそれがあります。

また、就業規則が合理的な労働条件で定められ、かつ従業員に周知されている場合には、就業規則で定める労働条件が労働契約の内容を補充し、労働契約の内容は、その就業規則で定める労働条件によることになります。

ただし、就業規則の内容と異なる労働条件で合意していた部分については、就業規則の基準を下回る労働条件でない限り、そのまま労働契約の内容になります（同法第7条）。例えば、就業規則で『転勤を命じることがある』との定めがあっても、労働契約で『転勤させることはない』との合意があれば、転勤を命じることができません」

社長　「分かりました。さて、ご隠居に説明いただいたことで、就業規則の案を作りたいのですが、われわれのような小規模事業に合った見本はありますか。あれば、いただきたいのですが」

隠居　「社会保険労務士に頼む方法が一番いいのですが、自分で作りたいというのであれば、ありますよ。厚生労働省からモデル就業規則が出されていて、パソコンでダウンロードできます。形式と表現はそれを参考にすればいいのですが、内容は、あくまでも自分の会社の運営の実態に合わせて作らなければなりません。就業規則は法令又は労働協約に違反してはならないことはもちろんのこと（労基法第９２条第1項）、就業規則を作るからこの機会にといって、今までの労働条件を引き下げることはできません」

◇◇◇届出と効力の発生◇◇◇

一か月ちょっと経ち、『一眼穀物店』幸兵衛社長、鞄を大事そうに抱えて、作成したばかりの就業規則（正社員用）と別規程にした賃金規則、それにパートタイム従業員就業規則を持参しました。

幸兵衛社長「就業規則ができました。従業員もみな喜んでくれて、会社の格が一段と上がったような気がします」

隠居　「それはよかった。ほほー」

社長　「どうして、持ち上げて見ているのですか。紙に透かしなど入っていませんよ」

隠居「すばらしい出来なので、見上げたものだと…」

社長「ふふ、シャレですか」

隠居「お恥ずかしい。

ところで、作成義務のない事業場が作成した就業規則であっても、要件を満たしていれば、届け出ると受理されますが、どうします」

社長「そこまでは考えていませんでした。届け出ないと効力がないのでしょうか」

隠居「就業規則の届出は、効力と関係ありません。就業規則が拘束力を生ずるのは、内容を従業員に周知する手続きがとられていることなんです（フジ興産事件　平15・10・10最高裁二小判決　労判861・5）」

社長「もし届け出るとしたら、制定した就業規則を監督署に持っていけばいいのですか」

隠居「届け出る事業場の労働者代表の意見書を添付してないと、受け付けてもらえません。意見を記し、代表者の署名又は記名押印のある書面を付して、事業場ごとに管轄する労働基準監督署に届け出ます。その際、コピーを用意し、それに受理印を受けて届出の記録として保管しておきます。

制定・変更の内容が法令に違反するものでなければ、労働者代表の意見が制定・変更に反対であっても、労働基準監督署は受理します。また、事業主は、この意見に拘束されませんが、民事上の争いは残ります。

届出書を窓口へ持参する他、郵送、電子申請によっても行えます」

社長　「届出の時期は、いつまでに」

隠居　「就業規則の届出義務がある事業場が届出をしないと法違反になりますが、届出の時期については、いつまでとの定めはありません。就業規則の制定・変更の発効日の後でもよく、速やかに行うことです。何らかの事情で届出が遅れても受理されます。変更の場合は、就業規則全部を用意しなくても、変更箇所のみ、新旧対照して届け出れば足ります。就業規則全体を届けるのであれば、変更箇所が分かるようにしておきます。

注意が必要なのは、意見書を書く労働者代表の選出方法です。

それは、事業場の労働者の過半数で組織する労働組合があれば、その労働組合の代表者、そのような労働組合がなければ、労働者の過半数を代表する者がなり、かつ、次の条件を満たしていることが必要です。

○　管理監督者（労基法第４１条第２号）でない者

○　選出の目的を明らかにして、投票、挙手等の方法により選出された者

よく、福祉・懇親を目的とする従業員組織の代表がいる企業がありますが、その代表者が自動的になったり、事業主の意向により選出されたりした者でないことが必要です。

この労働者の代表の民主的な選出手続きは、就業規則の意見書に限らず、時間外・休日労働に関する協定等の労働基準法の定めるすべての労使協定に当てはまります。

特に最近、労働基準監督署は、就業規則と各種労使協定書の労働者代表が正しく選出されているかどうかに目を光らせているようです」

社長　「パートの就業規則は、パートの代表でなくていいのですか」

隠居　「はい。パートの就業規則は、パートタイム従業員用就業規則でも、労働者代表とは、その事業場の全従業員を代表する者です。パートタイム従業員の代表の意見を聞くことは努力義務とされてます（パート有期法第7条）。

就業規則を制定・変更したとき、それに効力を持たせるために従業員に周知することが欠かせませんが、そのために、従業員に就業規則の制定・変更の内容を説明した後継続して、次のいずれかの方法を採ることが定められてます（労基法第１０６条第１

項、労基則第52条の2，平11基発45号)。

○ 常時、各作業場（事業場内の1か所には限られません）の見やすい場所に掲示し又は備付ける。

○ 書面を交付する。

○ 各作業場に設置されたパソコン等を使用して、労働者が随時閲覧できるようにする」

社長「従業員が就業規則の内容をすぐに知ることができる状態にしておくことですね」

◇◇◇労使慣行◇◇◇

隠居「もう少しお時間をいただいて宜しいですか。就業規則に関して知っておいた方がいい『労使慣行（労働慣行）』について、お話しますよ」

社長「お願いします」

隠居「明文の定めはないものの、労使間において次のように事実上の取扱いが行われている場合、事実たる慣習として法的効力が成立します（民法第92条）。これを労使慣行というのです（商大八戸ノ里ドライビングスクール事件　平7・3・9最高裁一小判決　労判679・30）。

○ 同種の行為又は事実が一定の範囲において長期間反復継続して行われていたこと

○ 労使双方がそのことを認識していること（明示的にこれによることを排除・排斥していない）
○ その慣行が労使双方の規範意識によって支えられていること

労使慣行は労働契約の内容になり、また就業規則と同じ効力をもつことになります。就業規則の定めと異なる、ある職場のみの慣行は、就業規則の制定権を持つ使用者の規範意識に欠ける場合には、労使慣行になりません。しかし、そのような慣行を是正するとき、直ちに就業規則違反として懲戒処分をすることは行き過ぎとなり、是正には一定の猶予期間が必要になります」

社長 「ちょっと待ってください。終業時刻後10分までは、仕事をしても労働時間と認めないことが会社全体で行われているときは」

隠居 「所定労働時間が1日8時間であれば、その10分間の時間は法定時間外労働に当たり、割増賃金を支払うことは強行規定ですから、それは単に、法違反をして賃金未払いの状態が続いてるだけにすぎません。賃金の支払いは免れません。労使慣行は、強行規定に反するもの、就業規則の定める基準を下回るものには認められないのです（民法第92条、労契法第12条）。

ただし、その10分間が1日の法定労働時間の中に入るのであれば、就業規則での定め方によっては、労使慣行として認められる可能性はあるかもしれません」

社長「労使慣行として認められた例を聞かせてください」

隠居「退職金の支払いを請求した事案があります。

退職者のほとんど全員に退職金が支払われ、しかも、勤続2年6か月で退職した者にも同様に支払われてたことから、退職金は賃金の後払いと認めるのが相当であり、退職金の規定はないが、定められた算式により算出した額の退職金を支給する慣行が成立してたとして、退職金の支払いを命じました（宍戸商会事件　昭48・2・27東京地裁判決　労判169・5）」

社長「ほう、そうですか」

隠居「労使慣行が就業規則の適用基準や作業基準に留まらず、実質的に労働契約の内容になってると、就業規則の改正により是正又は廃止することは正攻法ですが、労働条件の不利益変更の問題をクリアする必要があります。また、全従業員の合意を取る方法がありますが、多くの場合難しいです。労使慣行が就業規則の解釈の補充としてのものですと、改廃の意思表示を明示し、従業員の自粛を求めて改廃を進める方法があります。

従って、個々の労務運営において、悪い慣行を成立させないことが肝要で、労使慣行を成立させないために次の方法が考えられます。

○　規則と異なる取扱いをするときには、今回限りの臨時措置、特例という旨を明白にすること

○　慣行とならないように、その都度異議を主張すること

○　慣行化する前に取扱いの是正を行うこと

その際、予告や経過措置を行うことが必要となる場合があります」

社長　「労使慣行については、知りませんでした」

◇◇◇帳票と記録の保存◇◇◇

隠居　「最後に、事業主が揃えなければならない従業員に関する帳票についてお話したいのですが、細かいので書き物をお渡しすることに留めておきます。後で、御社の帳票の調整や保存が適正に行われているか確認してください」

帳票の作成と保存義務

■『労働者名簿』（労基法第107条）

事業場ごとに各従業員について作成し、次の事項を記入する（労基則第53条）。

◉ 従業員の氏名 ◉ 生年月日 ◉ 履歴 ◉ 性別 ◉ 住所

◉ 従事する業務の種類 ◉ 雇入れの年月日 ◉ 退職の年月日およびその事由（解雇の場合、その理由を含む） ◉ 死亡年月日およびその原因

＊ 従業員数が常時30人未満の事業は、従事する業務の種類は記入しなくてよい。

■『賃金台帳』（同法第108条）

事業場ごとに各従業員について作成し、次の事項を賃金支払いの度に記入する（同則第54条）。

◉ 賃金計算の基礎となる事項 ◉ 賃金の額 ◉ 氏名 ◉ 性別

◉ 賃金計算期間

◉ 労働日数労働時間 ◉ 時間外労働、休日労働と深夜労働の時間数

◉ 基本給、手当その他賃金の種類ごとにその金額 ◉ 賃金から控除した額

＊日々雇入れられる者（1か月を超えて引き続き使用される者を除く）については賃金計算期間を、労働時間、休憩および休日に関する規定の適用除外者については、労働時間数および時間外・休日・深夜労働時間数を記入しなくてよい。

■『年次有給休暇の管理簿』（労基則第24条の7）
取得日、日数および基準日を従業員ごとに記録します。労働者名簿、賃金台帳と併せて作成できます。必要な時にすぐに出力できるシステム上で管理することで差支えない。

■帳票については、保存する義務がある。
労働者名簿、賃金台帳、年次有給休暇の管理簿の他に、雇入れ（契約書、労働条件通知書等）、解雇（解雇決定関係書類、予告手当の領収書等）、災害補償（診断書、補償の支払い等）および賃金（賃金決定・昇給関係書類等）に関する書類、その他労働関係に関する重要な書類については、5年間（経過措置として、当分の間は3年間）保存する（労基法第109条、第143条第1項）。

『その他労働関係に関する重要な書類』には、出勤簿、タイムカード等の記録、労使協定の協定書、各種許認可書、始業・終業時刻など労働時間の記録に関する書類等が含まれる。

■記録を保存する期間の起算日もそれぞれ定められている（労基則第56条）。

労働条件の変更編

◇◇◇労働条件の変更◇◇◇

幸兵衛社長「就業規則の話に戻りますが、賃金制度を変更する場合、就業規則を変更することでできると思いますが、それで賃金が下がる人が出てくるとき、どのように対応するのがいいのでしょうか」

隠居「使用者は、企業の業績や経営環境の変化に適応するため、全部又は一部の従業員の労働条件を引き下げなければならないことがあります。

労働条件の変更は、労使の合意によることが原則ですから（労契法第8条）、変更の事由を説明して合意が得られればいいのですが、得られなければ原則として変更できません。就業規則を変更して行うにも同じです（同法第9条本文）。

それでは、就業規則の変更は一切認められないかというとそうではなく、ある要件を満たしてると変更することが認められます（同条但し書き、同法第10条本文）。

その要件は、次の事情に照らして内容が合理的であり、かつ変更後の就業規則を従業員に周知しているときです。

○ 従業員の受ける不利益の程度

○ 労働条件の変更の必要性

月例賃金、退職金など重要な権利、労働条件に関して実質的な不利益を及ぼす就業規則の作成・変更については、高度の必要性が求められます（大曲市農業協同組合事件　昭63・2・16最高裁三小判決　労判512・7）。

○ 変更後の就業規則の内容の相当性

○ 労働組合等との交渉の状況

『労働組合等』には、労働者の過半数で組織する労働組合や事業場の従業員の過半数を代表する者のほか、少数労働組合や、従業員で構成され、その意思を代表する親睦団体等従業員の意思を代表するものが広く含まれるとされます。

○ その他の就業規則の変更に係る事情

これには、制度変更に係る一般の状況が広く含まれ、最高裁判決（第四銀行事件　平9・2・28二小判決　労判710・12）で列挙されている考慮要素である『代償措置その他関連する他の労働条件の改善状況』および『同種事項に関する我が国社会における一般的状況』も含まれます。

就業規則変更の場合の合理性の判断に際しては、就業規則の作成・変更、届出がなされているかどうかは、判断要素の一つになります（「労働契約法の施行について」平24基発0810第2号）。

これらの要件を満たすとき、前に述べた就業規則と労働契約の関係により、労働契約の内容である労働条件は、変更後の就業規則の定めるところによるものとされます。そしてこの場合においても、労働契約において、就業規則の変更によっては変更されない労働条件として合意していた部分については、就業規則で定める基準に達しない部分を除き、そのまま労働契約の内容になります（労契法第10条但し書き）。

ここで、給与規程、退職金規程が変更され、争われた裁判例について紹介します。

給与については、年功部分が80％である旧規定から職能部分を80％とする新規定に変更された事案です。

新給与規定への変更は不利益変更に当たるものの、次の理由により、高度の必要性に基づく合理的なものであったと判示されました（ハクスイテック事件　平12・2・28大阪地裁判決　労判781・43）。

○ 不利益の程度はさほど大きくないこと
・賃金減額分の補償措置等を実施している。
・新給与規定により、8割程度の従業員の賃金が増額している。
○ 高度の必要性があること
・会社は赤字経営であり、収支改善のための措置が必要となっている。
・近時の我が国の企業においては、国際的な競争力を要求され、年功賃金制度は合理性を失いつつあり、労働生産性を重視し、能力・成果に基づく賃金制度を導入する必要性が高くなっている。
○ 労働組合との交渉経緯等
・労働組合（2名）との交渉は合意には至らなかったものの、十数回に及ぶ団体交渉を行っている。
・労働組合に属さない従業員は、いずれも新給与規定を受け入れている。
なお、変更前の退職金規程の有効性の確認を求めた訴えについては、退職金債権は、退職してはじめて具体的に発生するものであり、即時確定の利益を欠くものとして却下されました。

原告は、判決を不服として控訴しましたが、二審（平13・8・30大阪高裁判決　労判816・23）は一審の判断を維持し、この事案は確定しました。

変更することに高度の必要性があるとしても、それに加えて、極端な不利益がなかったこと、経過措置を設けていること、交渉を粘り強く行っていたことがよかったと思います。

一方、一般論として能力主義的賃金制度の合理性は否定できないものの、不利益の程度が大きく、代償措置その他関連する労働条件の改善がされておらず、適切な経過措置がとられてるともいえず、労使間の利益調整がなされた結果としての合理的な内容と認められないこと、業績悪化によって新賃金制度を導入しなければ企業存亡の危機にあるなどの高度の必要性も認められないとして、就業規則の変更の合理性が否定された裁判例があります（アーク証券事件　平12・1・31東京地裁判決　労判785・45）」

◇◇◇配置転換◇◇◇

社長　「賃金制度の変更は、経過措置が大切なことは分かりました。もう一つ、就業規則の変更ではないのですが、店を増やしたとき、転勤させることが出てくると思うので、転勤させるときの具体的な注意点があれば教えてください。就業規則には、すでに転勤させることがある旨規定しています」

隠居「複数の事業所を持つ企業では、転勤があり得ます。

就業規則に、業務上必要がある場合、就業場所又は従事する業務の変更を命ずることがある旨の定めを設けていることにより、原則として従業員の同意なく配置転換を命じることができます。配転のうち、就業場所の変更に居住地の移転を伴うものを『転勤』といいます。

しかし、業務上の理由に基づく配転命令でも、無制限に許されるものではありません。権限を行使するには、労働関係上要請される信義則に照らして合理的な制約に服すべきもので、その制約は具体的事案において業務上の理由の程度と労働者の生活関係への影響の程度とを比較衡量して判断されなければならないとされます（秋田相互銀行事件　昭43・7・30秋田地裁判決　労判61・8）。

裁判例等から考えると、使用者の人事権の裁量の範囲として配転が認められるには、次の要件が必要になります。

○　就業規則等に配転を命じる根拠規定があること

手続きの定めがあれば、それに基づいて行うことが必要です。

○業務上の必要性があること

○人選が合理的であること

余人をもって代えがたいというほど限定されません。

○勤務地や職種を限定した特約がないこと

職種の限定については、職種の範囲の社会的変化や会社の慣行等を加味して総合的に判断する必要があります。

○不当な動機、目的がないこと

○不当労働行為に該当しないこと（労組法第7条第1号）

○就業の場所の変更を伴うものには、育児又は介護の状況に配慮していること（育介法第26条）

○当該労働者の配転に伴う私生活上の不利益が通常甘受すべき限度を著しく超えていないこと

もう一つ、過去の事例があれば、それとの整合性が取れてることです。

出向についても説明しますか」

社長　「当面ありませんので、出向は、しゅっこぅし（少し）にしてください」
隠居　「私より先にダジャレが飛び出しましたね」
社長　「ご隠居の、いつものダジャレが出てこないので、ついこちらから」
隠居　「たいしたものです。感嘆したので簡単にします」

◇◇◇出向◇◇◇

隠居　「出向の法律上の定義はありませんが、一般的にいえば、企業の命令によって従業員が雇用されている企業（出向元）に在籍したまま関係する企業（出向先）に雇用され、その指揮命令下で労務を提供することです。出向先で役員になるときには、委任契約を結ぶことになりますが、ここでは従業員になることで話を進めます。

関係する企業（出向先）に雇用されることを条件に企業を退職する場合を、その条件や経緯によって移籍出向又は転籍といいますが、これは退職を前提とするもので、必ず本人の同意が必要です。

従業員が在籍出向するとき、出向元と出向先、同時に二つの企業の従業員になります。このとき、労働基準法の適用関係がどうなるかが問題になります。

この点、行政通達は、出向者（在籍型）については、出向元、出向先双方とそれぞれ労働契約関係があるので、出向元、出向先に対して、それぞれ労働契約関係が存する限度で労働基準法の適用があるとしてます（昭61基発333号）。そして、出向元、出向先および出向者の三者間の取り決めによって定められた権限と責任に応じて出向元の使用者又は出向先の使用者が出向者について労働基準法等における使用者としての責任を負うものであるとして（同通達）、具体的な関係条項の運用について、次のように示してます（平11基発168号）。

○ 賃金関係については、賃金支払い者（出向元又は出向先）

○ 労働時間、休憩、休日、休暇関係、安全衛生関係（労働安全衛生法の適用関係）及び災害補償関係（労働者災害補償保険法の適用関係）については出向先

○ 就業規則関係については、それぞれが権限を有する限度で出向元又は出向先

○ 労働者名簿、賃金台帳関係についてその調製等の義務は出向先及び出向元の会社の双方」

社長「出向元と出向先の関係は分かりました。出向は配置転換と同じに、就業規則の定めがあれば命じることができるのでしょうか」

隠居「就業規則の定め方により、個別の同意が必要とされることがあります。

出向は、従業員に対する指揮命令権を出向先に譲るのですから、民法により従業員の承諾がなければできない定めになってます（同法第625条第1項）。では、従業員から個別に承諾を得なければならないかというと、裁判例では、出向の諸条件が制度として明確に定めてあれば、個別の同意がなくても、就業規則の定めによる包括的合意があるものとして出向を命じられるとしてます（森実運輸事件　昭55・4・21松山地裁判決　労判346・55）。出向の諸条件とは、出向先の範囲、出向事由、出向中の身分、労働条件、出向期間等です。

ただし、出向先での業務が労働契約で定めている内容の範囲外の場合や労働条件が低下する場合には包括的合意として認められず、出向命令は無効とされるとする裁判例があります（神戸高速鉄道事件　昭62・9・7神戸地裁判決　労判503・23）。このような場合、個別の同意が必要になります。この事案は、駅務員の業務からオートテニス場の管理を命じたもので、しかも労働時間増と賃金の減額を伴う出向であり、労働条件の低下が明らかな事案です。労働契約の内容の範囲内の業務であって個々の労働条件を総合的に見ると低下の程度が僅少である場合には、判断が難しくなると思われます。

また、労働契約法に、『使用者が労働者に出向を命ずることができる場合において、当該出向の命令が、その必要性、対象労働者の選定に係る事情その他の事情に照らして、その権利を濫用したものと認められる場合には、当該命令は、無効とする』（同法第１４条）との定めがあり、出向命令が権利の濫用とならないように、配転で示した諸要件を満たしていることも必要です。

出向についてはこの程度にして、前に来られてときにご質問いただいたテレワークの説明をしましょう」

社長　「はい。導入の検討に必要な程度でお願いします」

テレワーク編

隠居　「テレワークとは、情報通信技術を用いて、自宅など事業場外の場所でオフィスワークを行う働き方です。

新型コロナの感染拡大の抑止から、人との直接的交わりのないテレワークの導入が促進されてますが、他にいくつものメリットがあります。広くは、従業員の通勤の負担を軽減してワークライフバランスを高める効果があります」

社長「生産性の向上や時間外労働の削減になると聞いていますが」

隠居「テレワークを導入すれば必ず業務の効率が上がるものではありません。しかし、情報通信技術を利用して仕事の進め方を改善すれば、生産性の向上に繋がることは間違いないでしょう。そして大幅に取り入れれば、オフィススペースの縮減等のオフィスコストの削減につながるということです。情報通信技術の発展する将来には、一般化するものと思われます。

個々の事情では、災害や防疫によって事業場での活動が困難になるときにも、事業活動を継続できるし、通勤の困難な人、育児・介護中の人たちにとっては働きやすくなります。配偶者の一時的な転勤によって遠隔地に移転し、退職せざるを得なくなった女性従業員を継続して雇用できた例、足を骨折して通勤できなくなった従業員に重要な仕事を期限内にまとめさせることができた例もあります。

一方、テレワークには、企業の保有する情報と情報通信機器を事業場外に持ち出すので、情報が漏洩するリスクが高まること、それに勤務の直接的な管理が難しくなること、従業員同士のコミュニケーションをとる機会が減ることなど、新たに対応すべき点があります。

これからが、導入に当たっての検討事項です。就業規則、例えば、『テレワーク勤務規程』によってその内容を定めます。

○ 就業場所

テレワークは、行う場所によって次の3つの勤務に分けられます。

・自宅…『在宅勤務』といいます。

・サテライトオフィス…自宅に近いサテライトオフィス（自社所有又は契約によるもの）で勤務するもので、『サテライトオフィス勤務』といいます。

・任意の場所…自宅はもとより、カフェ、ホテルなど勤務する場所を自由に選択できるもので、『モバイル勤務』といいます。

○ 対象業務、対象者の範囲

・業務の内容によってはテレワークではできないものがあるので、対象業務を特定します。

・対象業務の範囲内で、適用対象者をなるべく広い範囲で定めます。非正規従業員を雇用の形態のみを理由として対象者から除外することのないように留意します。

・従業員の申請により、セキュリティ環境（在宅勤務の場合、併せて執務環境、家族の理解）を確認したうえで許可し、実施することになります。

・当番制をとる場合や企業としてテレワークが避けられない場合のため、使用者から指定できるようにしておくことが考えられます。

・仕事の効率が著しく低下した従業員およびテレワーク勤務における就業規律を遵守できない従業員について、テレワークを中止できる定めを設けておく必要があります。

○テレワーク勤務の頻度

・テレワークを原則として事業場への出勤日を定める方法と、出勤を原則としてテレワーク勤務日を定める方法があります。

・全日、全国どこでも居住地を問わない在宅勤務又はサテライトオフィス勤務として、出社は通勤ではなく出張として取扱い、航空運賃も支給するという企業まで現れてます。

・テレワークのできる期間を定めることが必要な場合があります。

・一日の労働時間の一部のテレワークを認めることもできます。

○セキュリティのチェック

・情報漏洩の防止の観点から、セキュリティ対策のなされた情報通信機器、ソフトウエア等を貸与するなどの工夫が必要です。

・従業員所有のパソコン等情報機器を使用させる場合には、セキュリティ対策が適切に行われているか確認することが不可欠です」

社長「セキュリティ対策について調べるには…」

隠居「総務省から資料が出されてます。詳しく知るには『テレワークセキュリティガイドライン第5版（令和3年5月）』がありますが、もう一つ、『中小企業等担当者向けテレワークセキュリティの手引き（チェックリスト）第3版（令和4年5月）』があり、中小企業等においても実現可能性が高く、優先的に実施すべきセキュリティ対策を具体的に示してるので、利用できます。また、総務省は厚生労働省と一体となって地域ごとにテレワーク相談センターを設け、制度導入に伴う情報セキュリティ等の相談に乗ってます」

社長「そうですか」

隠居「では、検討事項を続けます。

○ 費用の負担

・テレワークで使用する情報通信機器等は企業が貸与する例が多いのですが、従業員個人の機器を使用させる場合の費用および業務上必要とする通信費、消耗品購入費、在宅勤務の光熱費等の費用の負担についてどちらか一方が負担するのか、又は按分して負担するのか決める必要があります。

○ 賃金

・テレワーク勤務をすることを理由に、賃金を減額することはできません。

・通信回線の使用料、光熱費等、業務上の使用と私的使用との使用料の区別が困難であるものについては、企業が月額又はテレワーク勤務日ごとに一定額を手当として支給する方法があります。この手当は、割増賃金計算の算定基礎に算入しなければなりません。

・通勤手当として通勤定期券相当額を支給している従業員については、出勤日数が少ない場合、その支給の仕方を変更することがあり得ます。

○ 労働時間の管理

管理方法は3通りあります。

・通常の労働時間管理

一定の就業時間帯の中で、従業員が日々の始業・終業時刻を任意に決めて、1日の所定労働時間働く方法を認めることができます。同時に、休憩時間の任意取得、分割取得を認めることができますが、この場合、休憩の一斉付与の適用を受ける事業場では、労働者の代表と労使協定を結び、その適用除外にします（労基法第34条第2項）。

長時間労働を防ぐために、時間外・休日労働を行う際の手続きを明確に定めることは欠かせません。

・フレックスタイム制（同法第32条の3）

・みなし労働時間制

次の2要件を満たすことにより、事業場外みなし労働時間制（同法第38条の2）を採用することができます（「テレワークの適切な導入及び実施の推進のためのガイドライン」平3基発0325第2号）。

① 従業員の使用する情報通信機器が、使用者の指示により常時通信可能な状

態におくこととされていないこと

次の場合、この要件を満たしているものと認められます。

○ 勤務時間中に、従業員が自分の意思で通信回線自体を切断することができる場合

○ 勤務時間中は通信回線自体の切断はできず、使用者の指示は情報通信機器を用いて行われるが、従業員が情報通信機器から自分の意思で離れることができ、応答のタイミングを従業員が判断することができる場合

○ 企業支給の携帯電話等を所持していても、その応答を行うか否か、又は折り返しのタイミングについて従業員において判断できる場合

② 随時、使用者の具体的な指示に基づいて業務を行っていないこと

使用者の指示が、業務の目的、目標、期限等の基本的事項にとどまり、一日のスケジュール（作業内容とそれを行う時間等）をあらかじめ決めるなど作業量や作業の時期、方法等を具体的に特定するものではない場合、この要件を満たすものと認められます。

業務によっては専門業務型又は企画業務型の裁量労働制（同法第38条の3、第38

条の4）を採用できます」

社長「まだありますか」

隠居「ええ、もう少しです。

○就業規律

情報のセキュリティ、業務の連絡・報告等に関するルールを定めます。例えば、次のような事項が考えられます。

・定められた場所以外での勤務および情報通信機器等の使用を禁止します。

・企業の情報、従業員の作成した成果物について、紛失・毀損しないように保管・管理し、第三者が閲覧・コピー等しないように最大の注意を払うことを義務付けます。

・企業の貸与するパソコン等に企業の許可なくソフトウエアをインストールすることを禁じます。

・就業や業務遂行に関する連絡・報告の方法を定めます。

・体調不良等により業務に精励できない健康状態で就業することを禁じます。

・この他、人事異動、退職等によりテレワーク勤務を終了する際に発生するおそれのある問題を防止するための定めを設けておくとよいでしょう。

○ 安全衛生

・テレワーク勤務の環境に応じて、使用者は、従業員の安全と健康の確保のための措置を講ずる必要があります。

・従業員が長時間連続してディスプレイを注視しないように、1連続作業が1時間を超えないようにして、次の連続作業の間に他の作業を挟むとか休止時間（10~15分。休憩時間ではない）を入れ、また、1連続作業の途中に1、2回程度、1、2分の小休止を取るように指導することが求められています（「情報機器作業における労働衛生管理のためのガイドライン」令元基発0712第3号）。

・連日のテレワークのときには、コミュニケーション不足から不安にならないように、時には電話で連絡したり、オンライン会議等を利用したりして交流を図ることが有効です。

・厚生労働省からテレワークを行う際の安全衛生（作業環境）に関するチェックリスト（事業者用、労働者用）が出されてるので利用できます。

○ その他

・　在宅勤務であっても、業務中の傷病は労災の対象になります。
・　テレワーク勤務を前提とした人事評価の公正さの維持や自律的に業務を遂行できる人材育成についての配慮が必要です」

社長　「検討すべきことは、多面にわたりますね」

隠居　「ですから、テレワークをまず限定した業務又は人数の従業員に試験的に導入し、問題点を整理・解消したうえで、本格的に導入してもよいですね。中小企業で導入する際には、国や自治体で設けている助成金制度を利用することが得策です」

社長　「検討することはいろいろありますが、導入に取り組んでみます。それで、ご相談のお礼は、いかほどで」

隠居　「いりません、いりません。社会保険労務士を退いて、今は、ただの隠居ですから」

労働時間、休憩の巻

労働時間編

◇◇◇法定労働時間◇◇◇

大工から転職して一人前の板前になっている熊五郎が、ご隠居のところへ飛び込むように入ってきました。

熊五郎「ご隠居、いるか」

隠居「いるかとは何だ。イルカじゃない。少しは、しゃちほこばって入ってこい。今日はどうした。熊さんにしては珍しく早い」

熊「昨晩は、眠りが深く、朝早く目が覚めちゃったんだ。今、何時だ」

隠居「9時ら」

熊「ハハハ。仕事の時間がおかしいので聞きにきた。労働時間は1日8時間、週40時間だと思っていたら、週44時間だって言うんだ。今度の店は」

隠居「また、店変わるのか。かい性が足りないんじゃないのか」

熊「腕がいい上、顔がいかすから、引っ張りだこだ。で、44時間でいいのか」

隠居「労働時間の原則は、熊さんの言うとおり、1日8時間以内、週40時間以内だ（労基法第32条)。

企業は、この時間の範囲内で、所定労働時間を決めることになる。1時間外労働にするから、1日の所定労働時間を9時間にできるかというとできない。ただし、この原則にはいくつかの例外がある。週40時間の例外の一つが、『特例措置事業場』だ。従業員数が常時10人未満で、特定の事業に該当するものは、週44時間になる(同法第40条、労基則第25条の2第1項)。

特定の事業とは、これを見ろ。

・物品の販売、配給、保管もしくは賃貸又は理容の事業
・映画の映写、演劇その他興業の事業
・病者又は虚弱者の治療、看護その他保健衛生の事業
・旅館、料理店、飲食店、接客業又は娯楽場の事業

当てはまるものがあるだろ」

熊「あるある。料理店だ」

隠居「18歳未満の未成年者(年少者)には適用できないが、熊さんは、頭は年少者だが、年はとっくの昔に超えてるだろ」

熊　「分かったから、帰る」

隠居「おいおい。折角来たんだから、ちょっと待て。労働時間の原則の例外には、他にも『変形労働時間制』というのがあることだけは知っておけ。細かい話は、しても分からないだろうから、しないが」

熊　「それがいい。こちとら料理人だから、働いて、腕が上がって、客に喜ばれて、きちんと給料がもらえればよい」

隠居「本当か。週44時間は、おかしいと言ってきたのは誰だ」

熊　「そりゃあ、きちんと給料をもらうには残業代が関係する。とにかく、今日は帰る」

◇◇◇一日、週の取り方◇◇◇

この日は、ご隠居にしては珍しく、2件目の相談がありました。大工の吉五郎です。

吉五郎「ご隠居。相談があります」

隠居「よう、吉五郎君。結婚の相談かな」

吉　「とんでもない。仕事についての相談です」

隠居「それは残念。つまらない」

吉　「つまらない方がいいですよ。こっちは工期が詰まっちゃって、昨日の仕事は夜明かしもいいとこ、今日の昼近くまで掛かっちゃったんです。それで、棟梁が言うには、残業代をどう払うのか、ご隠居に聞いて来いってんです。そのとおり払うから、自分で調べれば納得がいくだろうと」

隠居「そうか。それなら、少し丁寧に話そうか。

法定労働時間の1日とは、民法の一般原則に従って暦日で、午前0時~午後12時の24時間で捉える。ただし、継続勤務が2暦日にわたる場合には1勤務として、始業時刻の属する日の1日の労働として取扱われる（平11基発168号）。問題の時間外だが、時間外労働が長時間となって翌日の始業時刻を超えるときには、その始業時刻以降については、翌日の労働になるんだ。始業時刻は何時だ」

吉「8時です」

隠居「すると、今日の午前8時までの時間（休憩時間を除く）が昨日の時間外労働になる」

吉「午前8時からは、今日の所定労働時間ということですね。」

隠居「そのとおりだ。

1日の取り方のついでに、1週間の取り方について話しておこう。1週間を何曜日からとるかは、企業の都合により任意に定められるが、就業規則に特別の定めがないときは、日曜日から土曜日までの暦週とされる。

その他、ついでに聞きたいことはないかな」

吉　「朝が雨のとき、その日の始業時刻を遅らせ、その分、終業時刻も遅らせることがあるんですが、それはいいんですか」

隠居「始業時刻および終業時刻の時間帯を前後にずらすことは、1日の所定労働時間を変えない限り、就業規則等の定めがあればできる。権利の濫用でなければな」

吉　「親方に雇われているのは、俺と留吉だけだから、就業規則などないですよ」

隠居「それに準じた決まりか仕事の慣行があるだろう。大工仕事は雨ではできない場合があるから、その場合に時間帯をずらすのは権利の濫用にはならない。ただし、時間帯をずらすだけでなく、1日の労働時間を延長することは、その分、他の日の労働時間を短くするとしても、その延長した労働時間は時間外労働になる」

◇◇◇労働時間の意義◇◇◇

そして後日、今度は、吉五郎の棟梁・政五郎が作業着のまま訪ねて来ました。

棟梁・政五郎「政五郎です。ご無沙汰してます。先日は、吉五郎がお世話になり、有難うございました。別の件ですが、ご相談させてください」

隠居「どうぞ、どうぞ。でも、棟梁は、今でもいつも法被（はっぴ）を着ている。粋だね」

棟梁「下町で大工ということもありますが、いつも幸せに包まれていたいからで」

隠居「そうか。Ｈａｐｐｙか。いいね。昔、法被はハッピー・コートとして、来日する外国人に喜ばれてて、当時、世界を風靡していたロックバンド『ビートルズ』が初来日したときにも、法被を着て飛行機から降りてきて話題になった」

棟梁「あれは、航空会社が宣伝のために仕向けたのですよ」

隠居「ええっ、棟梁は知ってるのか。ところで、どんな相談かな」

棟梁「近く、二つの作業場を掛け持ちすることになりそうで、その際、その間の移動時間が労働時間になるのかならないのか分からないので、教えていただきたくて」

隠居「労働時間かそうでないかは、結構難しい問題だ。

労働基準法には、労働時間の定義は定められてない。裁判例および労働基準法の趣旨に沿った行政解釈によることになる。

それによると、『労働時間』とは、従業員が労務を提供して事業主の指揮監督下に置かれている時間とされる（三菱重工長崎造船所事件　平12・3・9最高裁一小判決　労判778・14)。

また、『労働時間適正把握ガイドライン』では、労働時間とは、使用者の指揮命令下に置かれてる時間のことをいい、使用者の明示又は黙示の指示により労働者が業務に従事する時間は労働時間に当たるとし、そのため、次のような時間は、労働時間として扱わなければならないとしてる。そして、これら以外の時間についても、使用者の指揮命令下に置かれていると評価される時間については労働時間として取扱うことにされてる。

○ 使用者の指示により、就業を命じられた業務に必要な準備行為(着用を義務付けられた所定の服装への着替え等)や業務終了後の業務に関連した後始末(清掃等)を事業場内において行った時間

○ 使用者の指示があった場合には即時に業務に従事することを求められており、労働から離れることが保障されていない状態で待機等している時間(手待ち時間)休憩時間と手待ち時間の相違は、使用者の指揮命令から離れ、自由に利用することが保障されているか否かにある。

○ 参加することが業務上義務づけられている研修・教育訓練の受講や、使用者の指

示により業務に必要な学習等を行っていた時間

事業主の指揮命令は、具体的なものでなくても明示されてなくても、社会通念上指揮命令があり、従業員の行動が拘束されてると認められる時間は労働時間とされるのだ。

実際には、具体的な状況ごとに判断されることになる」

◇◇◇移動時間◇◇◇

棟梁「硬い説明を受けてもよく分からない。仕事の途中の移動時間は、どうなるのか、ポンポーンと答えがでないものですかね」

隠居「剣道の竹刀で面！　胴！　と叩くのとは違う。面倒で簡単ではない。一口に移動時間というが、いろいろな場合がある。

まず、自宅と業務に従事する場所（仕事場）の間の移動は通勤時間であり、労働時間と関わりない。

従業員が事業場外の仕事場に出向くとき、会社事務所に立ち寄ってから行くとしても、使用者の指示によるものでなく、任意に立ち寄るのであれば、自宅から仕事場までの移動は通勤時間だ（阿由葉工務店事件　平１４・１１・１５東京地裁判決　労判

836・148)。これが、使用者の実質的な指示によるのであれば、自宅から会社事務所（集合場所）までの移動が通勤であり、そこから先が移動時間になる（総設事件 平20・2・22東京地裁判決　労判966・51）。

復路においても同様であり、仕事場から一旦帰社して作業等することが実質的に義務付けられているときには、仕事場から会社までは移動時間であり、会社から自宅までが通勤時間になる（同・総設事件）。

事業場外の、仕事場間の移動を伴う労働で労働時間が把握できない場合には、事業場外のみなし労働時間制を採ることができるので（労基法第38条の2）、問題は、これ以外の場合だ。

休日の移動について行政から取扱いが示されてる。

『出張中の休日に移動する場合、物品等の監視等別段の指示のある場合の外は、休日労働として取り扱わなくても差し支えない』（昭33基発90号）とするもので、労働義務のない日、すなわち労働義務のない時間の移動については、特段の指示がない限り使用者の指揮命令下にあるとはいえず、原則として労働時間ではないことを示し、この通達に沿って、『出張中の交通機関に乗車して自由に休息している時間』を休息時間として、労働時間ではないとしてる（厚生労働省労働基準局監督課編「人事・労務の基礎知識　改訂版２００３」社団法人全国労働基準関係団体連合会）。

一方、訪問介護労働者の訪問先間の移動時間に関して、次の通達がある。

事業場、集合場所、利用者宅の相互間を移動する時間については、『使用者が、業務に従事するために必要な移動を命じ、当該時間の自由利用が労働者に保障されていないと認められる場合には、労働時間に該当するものであること。具体的には、使用者の指揮監督の実態により判断するものであり、例えば、訪問介護の業務に従事するため、事業場から利用者宅への移動に要した時間や一の利用者宅から次の利用者宅への移動時間であって、その時間が通常の移動に要する時間程度である場合には労働時間に該当するものと考えられること』としてる（「訪問介護労働者の法定労働条件の確保について」平１６基発０８２７００１号）。

これらの通達等から考えられることを、わたしなりに、この書き物にまとめてある。棟梁が無理に読むことはないが、相談の回答の根拠として一応渡しておきたい。

移動時間

■移動時間は、原則として労働時間ではない。

労働義務のない時間、つまり休憩時間および就業時間（拘束時間）前後の移動については、特段の指示によって使用者の指揮命令下に置かれない限り、労働時間ではない。

特段の指示に当たる例は、次のような場合である。

◉移動中において使用者から物品等の監視、報告書の作成等別段の用務を命じられている場合

◉複数人で一緒に移動するために、使用者から集合場所・時刻、移動手段が指示されていている場合

◉昼の休憩時間中の移動時間であっても、食事をとることができない場合

休憩時間とはいえないので、それに相応する時間は労働時間になり、その時間分、別に休憩を与える必要がある。

■始業・終業時刻間の所定労働時間内における移動は、労働時間になる。

業務を遂行させるため、使用者が移動に所定労働時間を当てることを認めているもので

あり、通常要する時間については労働時間になる。

■就業時間（拘束時間）外の短時間の移動において自由利用がし難い場合には、通常必要とされる移動時間は、労働時間になるものと考えられる。これは訪問介護労働者の移動時間の取扱いに沿うものであり、自由利用が労働者に保障されていないと認められるか否かは、個々の実態により判断されることになる。

長時間の移動の場合の、自由利用が保障されると認められる時間については、特段の指示がない限り、労働時間に含めなくてもよいと考えられる。しかし、自由利用が認められるとしても、出張中の休日の長時間に及ぶ移動や早朝、深夜にかかる出張（自宅との往復路を含む）については、出張者の負担も無視できないので、日当のような手当を相応に支給することが適切とされる。

棟梁のところの、材料、道具を積んで仕事場の間を車で移動する時間については、所定労働時間内なら労働時間。休憩時間の一部であれば、運転させずに助手席で自由にさせてれば、労働時間にしなくてよいと考える。終業時刻後の移動では、自由な時間が保障されてると言えるか言えないかで労働時間か否かになる。移動の実態によるので、あらかじめこうだとは言い難い。労働時間といえないにしても、就業時間を超えて時間を拘束するのだから、移動時間の長さによっては何らかの手当を与えることが好ましいと思う」

棟梁　「我々は体力仕事なので、休憩時間はしっかり休むようにしています。そうでないと、事故につながったり能率の低下につながったりしますので。ですから、移動は、なるべく所定労働時間内で行うようにしますが、時間外になって判断できないときには、また相談に伺います」

隠居　「それがいい」

棟梁　「今日はこれで…。もう頭のてっぺんが凹(へこ)みそうです」

隠居　「後、これだけ。自動車運転手の労働時間に関してだが、『自動車運転者の労働時間等の改善のための基準』（平元労働省告示第7号）が定められていて、この基準は、運送業者に限られず、自動車運転者を使用する全事業に適用される。運転者とは、労働基準法の定める労働者であって、４輪以上の自動車の運転の業務に主として従事する者をいう。

この基準には、労働時間と休憩時間から成る拘束時間と、勤務と次の勤務の間の休息時間というものが入ってくる。そして、事業ごとに多少異なるが、1か月の拘束時間、1日の拘束時間と休息時間、運転時間、それに時間外・休日労働等に限度を設けて制約している。運送業者等は熟知しているが、運転者に該当する従業員がいる企業では、基準の内容を調べておいた方がよい。これで終わりだ」

棟梁「あー、お蔭さまで、大工仕事の方がよっぽど楽で、楽しいと思い直しました」

隠居「変な役にも立ったな。棟梁は大工だ。とにかく、吉つぁんや留さんが歓喜するように使うんだな。」

棟梁「師走だからのシャレですね」

隠居「おお、棟梁がベートーベンの第9を知ってるとは」

棟梁「ベートーベンのシンフォニーは大好きですよ。でも、シューベルトのは苦手です」

隠居「仕事柄、『未完成』はね」

休憩時間編

ご隠居が書類を整理している最中に、『五光（ごこう）金属工業』金兵衛社長が現れました。

金兵衛社長「ご隠居、おじゃましします」
隠居「ああ、金兵衛さん」
社長「今、宜しいでしょうか。休憩時間について教えてもらいたくて、伺いましたが」
隠居「ご覧のとおり散らかしてますが、まったく構いません。こちらも、そろそろ休憩にしようと思ってたところです。で、どうして、休憩時間が問題に?」
社長「うちは精密加工一本でやってきましたけれど、ちょっとしたアイデアから『マイはし・セット』を作ってネット販売したら、少しばかりヒットして、電話や事務所に来る客が増えて休憩時間中にも来るんですよ。、事務所で休んでいる従業員が対応してきたのですけれど、皆嫌がって。もちろん、その分はずらして休憩するように言ってはいるんですが、昼休みになると、皆、事務所にいなくなっちゃうんです。これから当番制にしようかと思いますが、何か問題ありませんか」
隠居「マイハシ・セット? 金兵衛さんは前橋出身だから、日本酒『かかあ天下』と焼きまんじゅうの夫婦円満セットの販売かな」
社長「とんでもない。前橋とは全然関係ないですよ。省資源で、外食のときにマイはしを用意する人が増え、プラスチック製品が出回っていますが、廃プラでしょ。木製品がありますが、軽い金属製で、はしとスプーン、フォークのセットにしゃれたデザインを施してネット販売したら、これが好評で」

隠居「それは良かった。じゃあ、休憩時間の話に入りますよ。

休憩時間とは、従業員が労働から離れることを保障されてる時間です。与える時間は、労働時間が6時間を超える場合には少なくとも45分、労働時間が8時間を超える場合には少なくとも1時間です（労基法第34条第1項）。ですから、1勤務の労働時間が丁度8時間のときには、休憩時間は45分与えれば足りますが、残業で8時間を超えるような場合には、後15分間の休憩時間を労働時間の途中に与え、合わせて1時間与えなければなりません。ここまでが原則で、金兵衛さん、ご存じでしょう」

社長「8時間労働で1時間だと思っていました」

隠居「ここから休憩時間の与え方について、少し詳しく話します。

休憩時間は、労働時間の途中に与えなければならないのですが、労働時間が1日8時間を超えて、それが何時間に及んでも、義務としての休憩時間は1時間で足り、それも、1勤務の労働時間の途中であれば、休憩をどの時間帯におくこともできます。そうはいっても、従業員の健康面への配慮から、長時間労働のときに休憩時間を適切に設けることは必要です。

休憩時間は分割して与えることが可能です。しかし、休憩時間を細分して1回の休憩時間を短くすることは、休憩時間を定める趣旨にそぐわず、また、労働者の健康への配慮に欠けるものとして、合理性を欠くおそれがあります。通常の場合、労働時間内に食事を取る時間帯を含むので、1回は、少なくとも食事をすることのできる長さの時間を与えることになります。

休憩時間の規定は休日労働にも適用がありますので、休日労働を6時間超えてさせる場合には、早く帰りたい従業員が休憩時間を取らないで仕事をすることがないように、休憩時間を決めておく必要があります」

社長「料理店などでは、休憩時間を2時間以上取っているところがあるようですが、休憩時間の上限はないのですか」

隠居「休憩時間の長さに上限の定めはありませんが、不必要に長い休憩時間を置くことは、従業員をそれだけ長時間、事業場に拘束しておくことになり、合理性を欠くものとして、民事上認められないおそれがあります。

休憩時間は、自由に利用させなければなりません（同条第3項）。しかし、就業時間の中にあるので、休憩の目的を害わない限り、事業場の規律保持上、必要な制限を加えることはできます。また、休憩時間中の外出について所属長の許可を受けさせることは、事業場内において自由に休憩できる場合、必ずしも違法にはなりません。ただし、使用者は正当な理由なく許可しないことはできません」

社長「休憩時間のことは分かりましたが、従業員を順番制にして、それをずらして与えるときに注意する点は？」

隠居「これからがその話で、休憩については、もう一つ、事業場単位で一斉に与えなければならないとの原則があるんです（同条第2項本文）。

昼休みに当番制で電話や来客の対応させる状態は、待機時間（手待ち時間）といって、電話や来客がなかったとしても仕事から完全に開放されてないので、労働時間になります。従って、休憩時間をずらして与えることにすると、一斉休憩の原則に反することになります。しかし、この原則の適用を除外する手続きが用意されてますので（同項但し書き）、当番を決めて窓口や電話の対応をさせるには、その手続きを踏んで行うことになります。

それは、事業場ごとに労働者の代表と、次の事項を含む『休憩時間一斉取得の適用除外に関する労使協定』を結ぶことです（労基則第15条第1項）。

○　一斉に休憩を与えない従業員の範囲

○　当該従業員に対する休憩の与え方

この協定は労働基準監督署への届け出は不要ですが、法令の求める労使協定については、届出が不要であっても必ず書面で結んでください。

金兵衛社長は知らなくてもよいのですが、もともと一斉休憩の原則の適用除外となる業種があります（同則第31条）。それは、運輸交通業、商業、金融・広告業、映画・演劇業、通信業、保健衛生業、旅館・飲食店・接客娯楽業で、労使協定を締結しなくても、交替で休憩を付与することができます。この他、休憩規定そのものが適用除外になる、運輸交通業、郵便・電話電信の業務に従事する一定の者がいますが、説明を省略します。

休憩に関連して、情報機器作業を連続して行うとき、途中に作業休止時間を設けることになっていますが、この作業休止時間は休憩時間ではありません。作業から離れますが、体調を整えるための作業管理上必要な手待ち時間であって、就業に不可欠な時間で労働時間です」

社長　「情報機器作業って、ディスプレイを見ながらパソコンを操作して行う仕事ですね。それなら、一息入れている時間も労働時間にしています。でも、ご隠居はいろいろご存知ですね」
隠居　「金兵衛さんだって金属加工のことなら、るるご存じでしょう」
社長　「まあ」
隠居　「餅屋は餅屋ってとこですか」
社長　「道理で、ご隠居の話はよくのびる」
隠居　「でも、休憩は長い方がいいでしょう」
社長　「それはおかしい。ご隠居は、休憩時間は長い方がいいとはいえないと、さっき言われたでしょ。ご隠居から、面と向かって一本取りましたかな」
隠居　「いやいや、これは、金兵衛さんが覚えてるかと、小手調べをしたまでで」
社長　「それは、月並みな弁解」
隠居　「それじゃ、どう言っても駄目そうですな。こりゃあ参った」
社長　「でも、わたしの方が先に参っています。ここに」

変形労働時間編

◇◇◇変形労働時間制◇◇◇

普段、昼間はあまり外に出ないご隠居ですが、この日は、風に乗って流れてきた祭囃子の稽古の音に誘われて、町内にぶらりと出かけました。そして、『十徳屋』の前で足が止まります。

『十徳屋』徳兵衛社長「やあ、ご隠居。いらっしゃい。中にお入りください」

隠居「近くに来たので、店をしばらく覗いてたんですが、少し暇そうなのでお時間いただけるかと思い、寄らせていただきました」

社長「ええ。お見通しのとおりで。商売に繁閑があり、いつも今時はお客様が少ないのです」

隠居「就業時間は、どうなってますか」

社長「午前9時半から午後9時半までの間でシフト勤務にして、勤務時間は、正社員は1日8時間ですが、パートは1日5時間を基準として、本人の希望によって若干増減して決めています」

隠居「1年間での仕事の増減はないのですか」

社長「それもあります。季節初めと年末・年始は忙しく、ニッパチ（2月、8月）は売り上げが落ちます。その中で月の中での増減があり、シフト勤務制で調整しています」

隠居「それでは、変形労働時間制を採ったらいかがでしょう。

所定労働時間を繁忙期には長く閑散期には短く調整できて、業務の実態に合わせた就業時間とする制度で、従業員の総労働時間を減らすことができます。

検討する価値はあると思います。ご興味があれば、総務担当者を寄こしなさいよ。詳しく説明します」

社長「そうですか。総務担当部長で、番頭みたいな役割をしている治兵衛を行かせます。いろいろ教えてやってください」

◇◇◇一か月単位の変形労働時間制◇◇◇

徳兵衛社長の命を受けた総務担当・治兵衛部長は、緊張した面持ちでご隠居を訪れます。

治兵衛部長「失礼します。十徳屋の治兵衛です。今日は、宜しくお願いいたします」

隠居「やあ、いらっしゃい。どのくらいお勤めで」

部長「この会社で20年目です。しかし、総務、経理、労務、雑用と店の裏方の仕事を一手に引き受けているものですから、何もかもその場しのぎで、先のことを勉強する時間がありません」

隠居「中小企業の総務担当者は皆そうですよ。さて、時間が大切ですから、早速、変形労働時間制の説明に入ります。

一定の期間を平均して週40時間以内であれば、特定の週に40時間を超え、特定の日に8時間を超えて所定労働時間として労働させることができる制度で、4種類あります。一か月単位の変形労働時間制、一年単位の変形労働時間制、一週間単位の非定型的変形労働時間制、もう一つは、店には向きませんが、従業員に始業・終業の時刻を委ね、3か月以内の一定の期間で、従業員自らが労働時間を調整するフレックスタイム制です。

約半数の労働者が変形労働時間制の適用を受けています。その調査データがあります（厚生労働省「令和4年就労条件総合調査」）。

○　変形労働時間制の適用を受ける労働者の割合

全体　52・1%（規模1，000人以上：50・2%、同30～99人：53・2%）
○一年単位の変形労働時間制
全体：19・0%（規模1，000人以上：7・5%、同30～99人：32・3%）
○一か月単位の変形労働時間制
全体：22・7%（規模1，000人以上：24・5%、同30～99人：16・4%）
○フレックスタイム制
全体：10・3%（規模1，000人以上：18・0%、同30～99人：4・0%）」

部長「随分実施してますね」

隠居「そうですね。では、一か月単位の変形労働時間制から入ります。
　この制度の導入には、労使協定又は就業規則等によって1か月以内の期間を定め、その期間を平均して1週間当たりの所定労働時間が法定労働時間を超えない定めをしたときには、特定された日は8時間を超えて、特定された週は40時間（特例措置事業場44時間）を超えて所定労働時間を定めることができる制度です（労基法第32条の2第1項、労基則第25条の2第2項）。もちろん、その超える時間は時間外労働でありませんし、特定する日や週の所定労働時間に上限の定めはありません」

部長　「24時間でもいいのですか」

隠居　「ええ。対象者は、特定の職場、特定の個人でも差支えなく、名称は「一か月単位」となってますが、1か月以内の任意の期間において定めることができます。

労使協定の締結は望ましいとされてますが、必ず必要なものでなく、就業規則に定めることで導入できます。ただし、労使協定を締結したときは、その協定を管轄する労働基準監督署にあらかじめ届け出なければなりません（労基法第32条の2第2項）。

従業員数が常時10人未満の企業には、就業規則の作成、届出義務がありませんので、就業規則に準ずるものとして定めればよいのですが、従業員に周知しなければ効力が生じません（労基則第12条）」

部長　「就業規則に定めるだけでできるのならば、すぐに導入できそうですね」

隠居　「一か月単位の変形労働時間制を設けるには、変形労働時間制を採用する旨の定めをし、次の事項について具体的に定めます。これを差し上げますので、導入を検討するときにお使いください。今は項目のみ目を通してください」

一か月単位の変形労働時間制に必要な決定事項

■ 対象となる従業員の範囲

■ 対象期間および起算日（労基則第１２条の２）

■ 労働日および労働日ごとの労働時間

対象期間の所定の総労働時間を法定労働時間の範囲内で定め、各日、各週の労働日、労働時間（始業・終業時刻、休憩時間）を特定する必要がある（平１１基発１６８号）。

対象期間の法定労働時間（上限時間）は、次の算式による。

《「上限時間」＝「対象期間の暦日数」／７日×「週の法定労働時間（４０時間。特例措置事業場４４時間）」》

＊ 範囲内に収めるため、算出された時間の端数（分単位）は切捨てる。

＊ 対象期間が１か月の場合、月の歴日数によって上限時間は異なることになる。

＊ 《「月の所定労働日」×８時間》で計算すると、定められた算式による上限時間を超える月が生ずるので、この計算を用いることはできない。

■ 労使協定においては、その有効期間（労基則第１２条の２の２）

有効期間は、対象期間より長くすることはもとより、適切に運用するために、3年以内程度にすることが望ましいとされる（平11基発169号）。

部長　「労働日および労働日ごとの労働時間とありますが、仕事の繁閑の見極めが難しく、労働日ごとの労働時間の特定が最初からできないときには、どうするのですか」

隠居　「業務の実態から月ごとに勤務割を作成する必要がある場合には、就業規則において次の内容および方法を定め、各日ごとの勤務割を対象期間の開始前までに具体的に特定することによって認められます。

○　各直勤務の始業・終業時刻

すべてを特定することが難しい場合は、代表的、標準となる時刻によることができます。

○　各直勤務の組み合わせの考え方

○　勤務割表の作成手続及びその周知方法」

部長　「『直』とは?」

隠居　「交替勤務制の当番のことですが、これに沿って定めることになりますね」

部長　「それでも、特定した労働時間を事情によって変更したくなることが考えられますが」

隠居　「始業・終業時刻の変更は、就業規則に定めることにより、1日の所定労働時間を変えない限り、合理的な事由に基づいて繰下げ又は繰上げできます。

しかし、あらかじめ特定した1日の所定労働時間を対象期間の途中で任意に変更することはできません。任意に変更できる制度であれば、変形労働時間制に該当しないことになります（平11基発第168号）。

これについては、3交代制の臨時の番方変更の場合に、『番方転換を行う場合の事由を就業規則に規定し、その規定によって労働者に事前にその旨を明示して番方転換を行なった場合は、これにより4週間を平均し1週間の労働時間が1週間の法定労働時間をこえない限り法第32条違反ではない』との通達があり（平11基発168号）、
また、裁判例においても、就業規則に具体的変更事由を定める変更条項を置いて、当該変更条項に基づいて労働時間を変更することは、就業規則の定めによって労働時間を特定することを求める労働基準法32条の2に違反しないとしています（JR東日本（横浜土木技術センター）事件　平12・4・27東京地裁判決　労判782・6）。ただし、従業員からみて、変更の予測可能な程度に変更事由を具体的に定めることが必要とさ

れますので、就業規則の変更条項は、『業務上の必要がある場合』の類では足りません。単に『業務上の必要がある場合』との定めの下では、所定労働時間6時間の日（A）に10時間労働をさせたいとして、週の所定労働時間が変わらないように同じ週内の所定労働時間10時間の日（B）と振替えたとしても、変形労働時間制での変更はできません。従って、Aの日に増える4時間は法内時間外労働2時間、法定外労働2時間になり、Bの日に減る4時間については、Aの日に増える4時間の代償として代休にする形になります」

部長「それなら、振替えるなどしないで、端から、Aの日に4時間残業させて、Bの日にその時間分代休にするのと同じではないですか」

隠居「よくお分かりですね。取扱いは全くそのとおりです。指示の仕方が異なるだけです」

部長「別の質問ですが、対象期間の途中で入・退職した人については、どう取り扱うのでしょうか」

隠居「一か月変形労働時間制には、対象期間中に採用又は退職した従業員の取扱いについての定めはありません。対象期間の全期間を通して適用されなければ、一か月単位の変形労働時間制は適用できないのが前提で、対象期間の途中で採用する人については、直後の対象期間の起算日を待って適用するか、入社する月に限り特別の対象期間および起算日とする一か月単位の変形労働時間制を規則に定めておくことが必要になります。

清算期間を通して労働契約のある従業員が、期間途中で退職するときには、すでにこの制度が適用されてるので、対象期間の全労働時間に対する、退職までに労働した時間の割合をもって賃金を支払うことが合理的であるとされます。

法定外労働の時間数は、日、週、対象期間の３つの基準から算出します。詳しくは、導入を決める方向になったときに説明しますが、対象期間を１か月にするならば、起算日は時間外労働の計算に便利なように、賃金の計算期間の初日と合わせるとよいでしょう。

この制度を使うことにより、１勤務１６時間で2暦日にまたがる連続勤務制を採用することができます。この場合、労働時間は2暦日にまたがるものの、始業時刻の属する日の１日の労働時間として計算します。ただし、休日については、暦日単位（０時～２４時）で与えなければ法定の休日にはなりません。年次有給休暇はやはり、暦日単位で付与しなければならず、1勤務の免除を2労働日の付与として計算します。そのとき支払う通常の賃金は、1勤務16時間に相当する額です。

これが一か月単位の変形労働時間制です」

部長　「うちのように、1か月の中で仕事の繁閑の差が大きいところでは、使える制度ですね。でも、従業員は残業代が減るので、嫌がるのではないですか」

隠居　「そうですね。月の所定労働時間は同じベースですし、総労働時間を削減する趣旨で法律に則って導入するものであり、また、総労働時間の削減に伴う業績の改善を通して他の労働条件の改善にも繋がり得るところがあります。従って、他に特別な事情がない限り、就業規則の変更は合理的であるとされると考えられます。しかし、従業員には時間外労働によって所得を補っている面があることも確かなので、導入には、代替措置の検討を含め、丁寧な対応が必要です。特に、育児を行う者、老人等の介護を行う者、職業訓練又は教育を受ける者その他特別の配慮を要する者については、それらに必要な時間を確保する配慮をしなければなりません（労基則12条の6）」

部長　「分かりました」

隠居　「それでは…、そうそう、変形労働時間制とはいってませんが、満15歳に達した4月1日以後の未成年者には、週40時間以内において、1週間のうち1日の労働時間を4時間以内に短縮する場合、他の日の労働時間を10時間まで延長できる定めがあります（労基法第60条第3項第1号）。4時間以内ということは休日にすることが含まれ、他の日は1日に限られず、10時間まで所定労働時間にできることを、付け加えておきます」

◇◇◇一年単位の変形労働時間制◇◇◇

隠居「それでは、一年単位の変形労働時間制に移ります。一年ですから、一か月変形より12倍長い説明になります」

部長「そんなに？」

隠居「冗談です。そこまで長くはありませんが、一か月変形より複雑です」

部長「それなら、恐縮ですが、ちょっと一服させていただいて宜しいでしょうか」

隠居「いいですけど、まだ煙草を吸ってるんですか」

部長「左様で。午前2本、午後2本、夜2本に限ることにして節煙しているのですが。ご隠居は吸わないんですか」

隠居「わたしは、煙草と唇は吸ったことがない」

部長　「ハハハ。一本取られたので、今日の午後は1本で我慢しておきます」

隠居　「それは結構。だけどこのシャレは、わたしのオリジナルではない。遠い昔、未だ二つ目だった頃の立川談志（当時・柳家こゑん）から教わったものです。

　さて、一年単位の変形労働時間制ですが、1か月を超え1年以内の期間を定め、その期間を平均して1週間当たりの所定労働時間が40時間を超えない定めをしたときには、特定する日は8時間、特定する週は40時間を超えて所定労働時間を定めることができる制度です（労基法第32条の4第1項）。

　対象者は、事業所全体、特定の職場、特定の個人いずれでも差支えなく、対象期間は、1か月を超え1年以内で、3か月、6か月などの対象期間を採用することができます。

　この制度を行うには、必ず労働者の代表と労使協定を結ぶことが必要です。有効期間は1年程度が望ましいが、3年程度以内のものであれば受理して差し支えないとされてます（平11基発168号）。

　なお、労使協定の効力は、他の労使協定もそうですが、それによって労働させても労働基準法に違反しないという『免罰効果』であって、この制度を従業員に実際に適用するには、労使協定と同じ内容を就業規則等に定めることが必要です。

仕組みは一か月単位の変形労働時間制と同じですが、変形できる期間が最長1年と長く、所定労働時間が一時期に偏り過ぎると従業員の労働が過重になるので、それを防ぐ上でいくつかの制限があります。

○ 特定する日・週の所定労働時間数

・1日10時間、1週52時間が限度時間になります（労基則第12条の4第4項）。ただし、日をまたいで仕事をする隔日勤務のタクシー運転者については、条件は付きますが、1日16時間にできます。

・また、対象期間が3か月を超える制度では、所定労働時間が48時間を超える週を連続できるのは3週以下、対象期間を初日から3か月ごとに区分した各期間において、所定労働時間が48時間を超えることのできる週は、週の初日で数えて3回以下です（積雪地域の一定の業務従事者を除く）。

○ 連続する労働日数

連続する労働日数は6日との制限があります（同条第5項）。ただし、対象期間中の特に業務の繁忙な期間を『特定期間』として定めると、その期間中には、1週間に1日の休日を確保しさえすれば、6日より長くすることができます。

○対象期間が3か月を超える制度での労働日数（同条第3項）

原則として1年間に280日に制限されます。

前1年以内に対象期間3か月超の旧協定がある場合には、新協定の内容によっては、280日より短くしなければならないことがあります。

一方、中途採用者等については、賃金の清算についての定めがあり（労基法第32条の4の2）、対象期間を通して勤務しない中途入社・退職者、異動による転入・転出者に対して、この制度の適用が認められます。

労使協定に必要な協定事項は、一か月変形と同様に書き物でお渡ししますので、今は項目のみ目を通していただき、細かくはご検討する前にお読みください」

一年単位の変形労働時間制に必要な協定事項

- ■ 対象となる従業員の範囲
- ■ 対象期間および起算日
- ■ 特定期間

特定期間を設ける必要がない場合には、『特定期間を定めない』旨定め、特定期間についての定めがない場合、特定期間を定めないものとみなされる。

対象期間の中に、特定期間を複数設けることは可能だが、対象期間の内の相当部分を特定期間として定める労使協定は、法の趣旨に反するので認められない。

■労働日および労働日ごとの労働時間

対象期間における労働日数、1日・1週間の労働時間および連続して労働させる日数の限度内、そして法定労働時間の範囲内にて、各日、各週の労働日、労働時間（始業・終業時刻、休憩時間）を特定する必要がある。

対象期間の法定労働時間（上限時間）は、次の算式による。

《「上限時間」＝「対象期間の歴日数」／7日×40時間》
＊範囲内に収めるため、算出された時間の端数（分単位）は切捨てる。四捨五入できない。
＊特例措置事業場も週平均の法定労働時間は40時間による。
全期間にわたって、あらかじめ特定することが難しい場合には、対象期間を1か月以上の期間ごとに区分し、その内容を次のとおり、定めることで足りる。

◉　最初の期間における労働日および労働日ごとの労働時間
◉　最初の期間を除く各期間における労働日数および総労働時間
この場合にも、当該事業場の労働者代表の同意を得て、最初の期間における**もの**は**当該期間の開始前までに**、最初の期間を除く各期間の労働日と労働日ごとの労働時間については、**当該期間の初日の30日前までに**、書面によって定めなければならない。
◉　対象期間が3か月を超える場合、労働日数は、1年当たり280日との限度があり、対象期間が1年未満（3か月超）であるとき、限度となる日数は、次の算式による。
《「労働日数」＝280日×「対象期間の暦日数」／365日（1年365日の場合）》
＊　端数切捨てる。
ただし、前年度に対象期間3か月超の旧協定がある場合には、1日又は1週間のそれぞれ最も長い労働時間を新協定が旧協定より長く定め、かつ、その時間が1日9時間又は1週48時間を超えるときは、280日又は旧協定の労働日数から1日差し引いた日数のいずれか少ない日数としなければならない（労基則第12条の4第3項但し書き）。
■　有効期間（同条第1項）

隠居　「一か月変形制でお話しました制度の変更と対象期間の途中入・退職した場合の賃金の清算方法についても、書き物をお渡しすることで、導入をお決めになられる方向になったときにお読みいただければいいでしょう」

一年単位の変形労働時間制の制度の変更について

■ 業務の都合による始業・終業時刻の変更については、1日の所定労働時間を変更しない限り、就業規則に定めることにより、合理的な範囲内においてその繰下げ、繰上げはできる。

■ 協定した特定期間を途中で変更することは認められない。

■ 対象期間を平均して1週間の労働時間が40時間を超えない範囲にあるからといって、に1日の所定労働時間を変更するなど、対象期間の途中で制度の一部を変更することは、労使の合意があったとしても認められない（平6基発181号）。これを受けて、対象期間の途中で協定を締結し直すこともできないと解される。

一年単位の変形労働時間制の対象期間の一部に労働させた者に対する賃金の清算方法

労働させた期間を平均して1週間当たり40時間を超えて労働させた場合、その超えた時間の労働に対して割増賃金を支払うことになる（労基法第32条の4の2）。日および週の労働時間で法定時間外労働になった時間は除かれるので、次のように計算した時間になる。

《「法定外労働時間」＝「実労働期間における実労働時間」－（「実労働期間における法定労働時間」－「日・週単位での法定外労働時間」）》

この規定があることによって、対象期間を通して勤務しない有期雇用の従業員を一年単位の変形労働時間制の対象にすることができる。

なお、全期間を通しての法定外労働の時間数は、日、週、対象期間の3つの基準から算出する。

部長　「確かに一か月変形より複雑ですね」

隠居　「ええ。後は、『経営書院』から出版している『落語横丁　ご隠居さんの労務の知恵袋』を読んで確認されるとよいと思います。

今は、どの制度が会社の現状に適し、また、導入しやすく、使い勝手がよいかを考える材料として制度の概要を捉えていただければよいでしょう」

◇◇◇一週間単位の非定型的変形労働時間制◇◇◇

隠居　「じゃあ、次は一週間単位の非定型的変形労働時間制です（労基法第32条の5、労基則第12条の5）。この制度が使えるのは、従業員数30人未満の、小売業、旅館、料理店、飲食店で、『十徳屋』はその対象に該当します。

労使協定を結ぶことにより、1週40時間の範囲内で、1日10時間まで所定労働時間として労働させることができるものです。労使協定は、労働基準監督署への届け出が必要です。

その1週間の各日の労働時間の通知は、少なくとも、その1週間の開始する前に書面によって行うことになります。各日の労働時間を決めるに当たっては、従業員の意思を尊重することが努力義務になってます。

天候の急変等の客観的事実により、当初想定した業務の繁閑に大幅な変更が生じた場合など、緊急でやむを得ない事由があるときには、あらかじめ通知した労働時間を変更することができます。この場合は、変更しようとする日の前日までに書面により通知します。この制度はどうですか」

部長　「1週間の中の日ごとの繁閑の差も多少ありますが、この制度は使わないと思います」

隠居　「一年変形で説明を少し飛ばしはしましたが、お疲れの様ですから雑談を挟みましょう。治兵衛さんは落語がお好きですか」

部長　「好きとまで言えませんが、嫌いではありません。あまり聴く機会はありませんが」

隠居　「落語に『百年目』という噺があって、三遊亭圓生（六代目）のこの噺が好きでして。

◇◇◇落語「百年目」◇◇◇

筋は、ある大店の番頭は、奉公人一同が震えあがっているほど口やかましく、堅物で通っているが、裏では芸者遊びをしていて、ある日、用事があるからと言って店を出た後に、しゃれた身なりに代え、芸者、幇間（ほうかん）を連れて花見船を出す。酔った勢いで土手に上がり、鬼ごっこをしていると、旦那とばったり出会う。番頭は気が動転して、店へ帰るなり病気のふりをして寝てしまう。翌朝、旦那に呼ばれて行くと、怒られると思いのほか、日頃の勤めぶりを褒められ、ただ、もう少し下の者をいたわってやれと、優しく諭される。そこから落ちに入るんだが、その諭すところが好きでね。旦那だって、ただ褒めたのではない。帳簿を調べると何の間違いもなく、遊びの金は全部、番頭の自分持ちであることが分かったんですよ。番頭は管理監督者に当たる。少し早く店を出たって仕事をきちんとしてれば、それでいい。部下をいたわれとは、今のパワハラ防止に繋がる。今の経営に役立つ噺だ。最後に旦那が『昨日（きのう）ばったりあったとき、お久しぶりと言ったのはどういうわけか』、番頭『あんなざまでお目にかかり、もうこれが百年目と思いました』（東大落語会編「落語事典（増補）」㈲青蛙房）」

部長　「聴いてみたい噺ですね。機会があったら、教えてください」

隠居　「すぐなら、ネットの動画で見られます。じゃあ、説明を続けましょう」

部長　「フレックスタイム制ですね」

◇◇◇フレックスタイム制◇◇◇

隠居　「フレックスタイム制は、3か月を上限とする一定の期間（清算期間）について、総労働時間（清算期間を平均して1週間当たりの所定労働時間が40時間（特例措置事業場44時間）を超えない範囲）を定めておき、従業員がその範囲内で各日の始業・終業の時刻を自ら決めて働く制度です（労基法第32条の3、労基則第25条の2第3項）。対象者は、事業所全体での適用が難しければ、特定の職務、職場などに限定して差支えありません。この制度を行うには、労働者の代表と労使協定を結ぶことが必要で、その労使協定は、清算期間が1か月であれば労働基準監督署へ届出る必要がありませんが、1か月を超えるものは届出る必要があります。

客商売のお店では使えないと思いますので、フレックスタイム制を行う要件は、書面でお渡しすることにし、ここでの説明は省きます」

フレックスタイム制を行う要件

■就業規則等により、始業、終業の時刻を労働者の決定に委ねることを定めること

■労使協定によって次の事項を定めること

◉対象となる労働者の範囲

◉清算期間

◉清算期間における総労働時間（所定労働時間）

◉標準となる1日の労働時間

年次有給休暇を取得した際に支払われる賃金の算定基礎となる労働時間になる。年次有給休暇を取得した日の標準時間は、実労働時間とみなして計算する（平31基

発0401第43号)。

◉ 勤務していなければならないコアタイムを設ける場合、その開始・終了時刻

◉ フレキシブルタイムとして労働できる時間帯に制限を設ける場合、その開始・終了時刻

■ 清算期間の所定働時間は、次の算式を満たす法定労働時間(上限時間)の範囲内でなければならない。

《「上限時間」=「清算期間の日数」/7日×「週の法定労働時間(40時間。特例措置事業場44時間)」》

ただし、完全週休2日制の対象者は、労使協定により、次の時間を所定労働時間の限度時間にすることができる。

《「法定労働時間」=8時間×「清算期間内の所定労働日数」》

部長　「フレックスタイムといっても、すべての時間をフレックスタイムにしなくていいんですね」

隠居　「そうです。労働時間の一部に必ず勤務すべきコアタイムを設けることができます。フレックスタイム制においても、6時間を超えて働くときには休憩時間を取るこ

とが求められますので、コアタイムの時間帯の中に挟んで設けることは一つの方法です。ただし、コアタイムの時間が、標準となる1日の労働時間に近いような場合には、始業・終業時刻を従業員に委ねたものとはいえず、フレックスタイム制といえなくなります。なお、休憩の一斉付与の適用がある事業では、休憩時間もフレックスにする場合、労使協定を結んでその適用を除外しておきます。

フレキシブルタイムは、施設管理上、安全上等の事由により、任意に選択できる労働時間帯に制限を設けるもので、協定で自由に定めることができます。

フレックスタイム制は、1日、週の労働時間を従業員自身で任意に決められる代わり、1日と週の単位では、何時間働いても時間外労働になりません。時間外労働になるのは、清算期間における法定労働時間の総枠を超えた時間数だけです。ただし、清算期間が1か月を超える制度では、1か月ごとの労働時間が週平均50時間を超えると、その超えた時間はその月の時間外労働になります」

部長　「すべてフレキシブルタイムとした場合、出勤日まで従業員の自由にさせるのですか」

隠居　「そのとおりですが、休日の規定は適用除外でなく、出勤日も従業員が自由に決められることにする場合にも、所定の休日は、あらかじめ定めておく必要があります」

◇◇◇変形労働時間制の適用除外者◇◇◇

隠居 「個々の変形労働時間制の説明は終わりますが、これらの制度に共通する点を付け加えます。

適用を除外しなければならない従業員がいます。4つの制度に共通なのは、未成年者（年少者）です。ただし、満15歳に達した日以後の最初の4月1日からは、1週間48時間、1日8時間を超えない範囲内において、一か月単位の変形労働時間制および一年単位の変形労働時間制の方法で、勤務に就かせることができます（労基法第60条第3項2）。

また、妊産婦が請求した場合、法定労働時間の原則である週40時間、1日8時間を超えて労働させることはできないので、フレックスタイム制を除いて、変形労働時間制を適用できません。妊産婦が請求せずに、一年単位の変形労働時間制の下で1日8時間を超える業務に従事する場合には、具体的な状況に応じ、法定以上の育児時間を与える等の配慮をすることが求められます。

一か月単位の変形労働時間制では説明しましたが、これもフレックスタイム制を除き、特別の配慮を要する者、例えば、育児を行う者、老人等の介護を行う者、教育を受ける者については、それに必要な時間を確保しなければなりません。

さあ、分かったのか分からないのか分からないけれど、説明は終わりました。大分長い話をしたので、聞く方は、さぞお疲れでしょう。どうです、治兵衛部長。少し早いけれど、今だけフレックスタイムにあやかって、これから一杯やりませんか。駅の近くに行きつけの店があります」

部長「有難いお誘いですけれど、お日様がまだ顔を出していますので失礼して、会社に戻らせていただきます。次には是非お付き合いさせてください」

ご隠居は、ひと片付けした後、いそいそと行きつけの店に足を運びます。

居酒屋『呑気（のんき）』店長「ああいらっしゃい。ご隠居、今日はずいぶん早いですね」

隠居「ちょっと話し疲れたんでね。あれ、ええっ、治兵衛さんじゃあないか。会社に戻ると言ったのに。ここ知ってたんですか？」

部長「め、面目無い。お、お久しぶりです」

隠居「百年目ですかね」

みなし労働時間編

◇◇◇事業場外みなし労働時間制◇◇◇

料亭『百川（ももかわ）』を営み、最近、高級食品製造販売に手を延ばし始めた『百川商事』の清兵衛社長が相談ごとを持ってご隠居を訪問します。

清兵衛社長「ご隠居、ご相談させてください」

隠居「おやおや、いらっしゃい。結構ですよ」

社長「食品の外販営業を始めるので、社員の一人にほとんど一日外出しての仕事をさせるのですが、労働時間をどう測ったらいいのか分からないのです」

隠居「使用者の目が届かなくて労働時間を測りがたい場合のために、労働基準法は、『事業場外労働にみなし労働時間制』を用意してます（同法第38条の2）」

社長「そうですか」

隠居「事業場外みなし労働時間制とは、自宅から直接取引先に出向いて営業活動をする外販担当者のように、従業員が事業場の外で仕事をして使用者の指揮監督が及ばず、労働時間を把握し難い場合に、従業員の実際に働いた時間に係わりなく、一定の時間働いたとみなす仕組みです。

従業員が『こんなに働きました』と言っても、また、短い時間しか働かなかったとしても、使用者が確認できないのですから、みなした時間働いたとして取り扱うことになります。

しかし、スマートフォン等により上司の具体的指示を受けながらの業務や、訪問先、帰社時刻等当日の業務の具体的指示を事業場において受けた後、事業場外で業務に従事し、また事業場に戻る業務の場合には、みなし労働時間を適用できません。また、通常、みなし労働時間を適用できる業務であっても、労働時間の管理ができる上司が同行する場合には、適用されません（昭63基発第1号）。事業場外労働であっても、実際に具体的な時間配分を従業員の裁量に委ねざるを得ない状態になければならないのです。

旅行会社の添乗員にみなし労働時間制を適用していたところ、添乗業務の内容はあらかじめ具体的に確定されており、添乗員が自ら決定できる事項の範囲およびその決定に係る選択の範囲は限られており、また、会社は旅行日程に沿った旅程の管理等の業務を具体的に指示した上、変更を要する事態には個別に指示し、旅行日程の終了後は添乗日報によって詳細な報告を受けており、みなし労働時間は適用できないとされた裁判例があります（阪急トラベルサポート事件　平26・1・24最高裁二小判決　労判1088・5）。

この事業場外みなし労働時間制を適用するには、就業規則に定めておく必要があります。

なお、事業場外労働は、常態として行われるものに限らず、労働時間が算定し難い場合には、一時的な出張に適用することができます。

社長「みなし労働時間が適用できるとして、みなす時間はどう決めるのですか」

隠居「事業場外で労働を行うのに通常必要とされる時間です。実際には、日によって、また従業員等によって違いがいろいろあるのでしょうが、平均的にみて、その仕事に必要とされる時間です。

みなす時間は就業規則によって定めることができますが、労使協定を結んで定めることが適当であるとされます（昭63基発第1号）。なお、みなす時間が法定労働時間を超える場合には、その労使協定を労働基準監督署に届出る義務があります。この場合、時間外・休日労働に関する協定届に付記して届出ることができます（労基法第

38条の2第3項、労基則第24条の2第4項)。

みなし労働時間制で注意する点は、1日の労働時間の一部を事業場内で労働した場合です。事業場内労働の時間にはみなし労働時間を適用できないので、その日の労働時間は、事業外労働でのみなし労働時間と事業場内での実労働時間とを加えた合計時間労働したものとみなされることです。

以上を踏まえ、労働時間の全部又は一部につき、労働時間を算定し難い事業場外労働をした日には、原則として所定労働時間労働したものとみなされることになります(労基法第38条の2第1項本文)。

ただし、事業場外労働に通常必要とする時間、又はその時間に事業内労働の時間を加えた合計時間が所定労働時間を超える場合には、その時間がみなし労働時間になり(労基法第38条の2第1項但し書き)、それが法定労働時間を超えるときには、時間外労働が行われたことになります」

社長　「1日の内に事業場内と事業場外の労働がある場合を、例で説明していただけないでしょうか」

隠居　「例えば、所定労働時間8時間の企業で、朝出社して事業場内で1時間勤務した後、事業場外で勤務し（この場合、みなし労働時間7時間とする）、夕刻帰社して1時間会議に出席したとすると、通算して9時間労働となり、1時間が時間外労働になります。しかし、1日中事業場外で勤務した日には、みなし労働時間の原則が適用され、所定労働時間の8時間労働したものとみなされるのです。

みなし労働時間が適用される場合にも、休憩、深夜業、休日に関する規定は適用されます（昭63基発150号）。従って、深夜業の時間については、実際に労働した時間になるので、事前の申請、事後の報告等によって把握することになります。その時間帯に働くことになる事由があるはずです。

なお、みなし労働時間制は年少者および妊産婦には適用できません」

社長「休日の事業場外労働にみなし労働時間が使えますか。休日に所定労働時間はありませんが」

隠居「使えます。休日労働の時間を所定労働時間とみなす場合には、所定労働日における所定労働時間になります」

社長「うちの営業担当者には、この制度がよさそうです」

隠居「ただし、就業規則に定めておかなければいけませんよ」

社長　「承知しました。みなし労働時間制は、条件さえ合えば都合がいい制度ですね。他にもあるのですか」

◇◇◇専門業務型裁量労働制／企画業務型裁量労働制◇◇◇

隠居　『専門業務型裁量労働制』（労基法第38条の3）と『企画業務型裁量労働制』（同法第38条の4）があります。中小企業での利用は少ないし、清兵衛社長の商売には関係ないと思いましたので、説明を飛ばそうと思ってました。

実際、厚生労働省の調査によると、採用企業は、事業場外みなし労働時間制が全体で1割強、専門業務型裁量労働制と企画業務型裁量労働制は1～2％、大企業だけでも5～10％弱です（厚生労働省「令和3年就労条件総合調査」）。

専門業務型裁量労働制は、業務を行う手段と時間配分を、大幅にその業務に従事する従業員に委ねる必要があるため、使用者が具体的な指示をすることが困難なものとして定められた19の業務について、労使協定により定めた労働時間数を実際に働いた時間数と関係なく働いたものとみなす制度です。

業務の例として、新商品・新技術の研究開発、情報処理システムの分析・設計の業務、衣服・工業製品・広告等の新たなデザインの考案の業務、公認会計士・弁護士・

建築士の業務が挙げられます。

これを行うには、みなし労働時間の他定められた事項について労使協定を結び、その協定をあらかじめ労働基準監督署に届け出ます。

企画業務型裁量労働制は、労使同数の代表で組織する労使委員会を設け、その委員の5分の4以上の多数による議決により、みなし労働時間等の法定の事項を決議します。そして、その決議をあらかじめ労働基準監督署に届け出ます。そして、決議事項の一つである『健康・福祉を確保する措置』については、その実施状況を6か月ごとに労働基準監督署に報告する必要があります。

この制度の対象にできる業務は、次の4要件のすべてを満たすことが必要です。

○ 所属する事業場の事業の運営に関する業務であること
例えば対象事業場の属する企業等に係る事業の運営に影響を及ぼすもの、事業場独自の事業戦略に関するものなど

○ 企画、立案、調査および分析の業務であること

○ 業務の性質上、これを適切に遂行するには、その遂行の方法を大幅に従業員の裁量に委ねる必要がある業務であること

○　業務遂行の手段および時間配分等について、使用者が具体的な指示をしないこと

従って、事務職で業務に企画や調査が入っていればすべて該当するというわけではありません。

また、このような企画業務は誰でも従事できるものではないので、対象業務を適切に遂行できる知識、経験等を有する者に限られ、その対象者からは、みなし労働時間を適用することについての同意を得なければなりません」

社長「確かに、うちの仕事とは関係ありませんな。でも、短なる興味からの質問ですが、裁量労働制に適用される人には、始業時刻をまったく指示できないのですか」

隠居「できません。裁量労働適用者には、使用者は業務の遂行の手段および時間配分の決定等について具体的な指示をすることは認められません。ただ、従業員の安全衛生や施設管理に必要な事項について、一定の制限を行うことはできるし、業務の遂行の手段および時間配分の決定等に係るものでも、包括的、抽象的な指示であれば差し支えありません。

裁量労働制でみなせるのは労働時間だけで、休憩時間、深夜業（午後10時から翌日午前5時の間の労働）についての定めは適用されるので注意が必要です。

それに、休日労働については、みなし労働時間の適用はなく、実際に労働した時間となります。

これで、話は終わりました。お分かりになりましたかな」

社長「大体は」

隠居「分かったと、みなしておきましょう」

4
休日の巻

しに来ました。

◇◇◇休日の原則◇◇◇

仙台生まれで、弁当屋の工場で働いている権助が、ご隠居のところに休日の暇つぶしに来ました。

権助「朝からずっと暇で、寒いから来た。家にいると暖房費がかかる」

隠居「何て挨拶だ。だけど、権助君は、東北出身だから寒さには強いんじゃあないのか」

権助「うん。でも、懐の寒さにはめっぽう弱い。それに、俺は働き者だが、休みの日は暇だらけで退屈だから、いつも暇なご隠居と同病相哀れもうと来たんだ」

隠居「わたしを仲間に引きずり込みなさんな。わたしには碁の趣味があるけど、権助君が暇なのは趣味がないからだ。それに、そんな贅沢言うのは、休みがきちんと取れてる証拠だ。

趣味のない社長は、自宅の隣が会社なので休日も出社。それに付き合わされて1年365日ほとんど出勤させられ、管理職だからといって時間外・休日労働の割増賃金も出ない。疲れ切って相談に来た男だっていた。管理職といっても法律の定める管理監督者に該当しない、違法の『名ばかり管理職』にされてるんだが」

権助「いやー大変な会社があるもんだな。いくら暇でも、休日に休日どおり休めることは有難いんだ」

隠居「そうだ。何なら暇つぶしに、少し硬い話でも聞いてくか。ちょうど、つぶし餡の饅頭があるから茶を出そう。今日は、権助君の休日だから、休日の話を聞いてけ」

権助「饅頭だされりゃ、まんじゅぅ断れねーな」

隠居「休日とは、どんな日か知ってるか」

権助「仕事がない日に決まってるじゃないか」

隠居「そうだ。労働義務がないとされる日だ。労働基準法は、少なくとも週1回、1日だな、休日を与えなければならないとしてる（同法第35条第1項）。これを『法定休日』という。これが原則で、『変形休日制』といって、4週間で4日与えればよい特例がある（同条第2項）。業務の都合に合わせて採用することができる」

権助「法律が週1日でいいといってるのに、俺のところは、週2日休みがある。ケチな社長なのに、休みは大盤振る舞いしたのかね。もっとも休みには給料出さなくていいから、社長にはそっちが得なのかな」

隠居「損得じゃぁあない。週40時間、1日8時間の所定労働時間とすると、40割る8で、所定労働日は5日にせざるを得ないので、週休2日制になってる。だから、法定の休日は週1日だけで、同じ週にある他の休日は、『法定外休日』又は『任意休日』というんだ。
どの休日を法定休日とするかは、企業の都合に合わせて就業規則で特定できる。だが、特定していない場合には、休日が週2日以上ある週において、休日労働を命じていない日が1日あるときには、その日、すべての休日に労働を命じたときには、最後に命じた日が法定休日になる。そして、法定休日と任意休日とでは、その日に労働したとき、法定休日の労働は休日労働に、任意休日の労働は時間外労働になるという大きな違いがある」

権助「だけど、休日は4週間で4日あればよいということは、休日が1日もない週が3週間続いてもいいということだ。大変だな」

隠居「うん。いいところに気がついたな。4週間の最初に休日を連続4日にして、次の4週間には、最後に休日を連続4日にすると、その間の48日間は、連続労働日となる計算だ。理屈だが、1日5時間半労働だと、それができちゃう。実際には無いだろうが」

権助「待てよ。そうすると連続48日労働日の期間に1か月契約で雇われると全部が労働日になっちゃうじゃないか」

隠居「そうはならない。休日を与えることは、従業員一人ひとりに対する義務だから、その人に対して週1日又は4週4日の休日を与えなければならない」

権助「そうか」

隠居「さて、話を戻すと、休日以外の暦日が所定労働日になる。暦日は、所定労働日と休日から成るので、休日を決めれば所定労働日が決まる。『勤務日：週4日、休日：土曜および日曜日』と記載しているパート従業員の労働契約を見かけたことがあるが、これは、『休日：週3日』と同じことで、正しくは土・日曜の他の一日の休日をどのように決めるのか定めておく必要がある。

休日、所定労働日および休暇等を含めて整理すると、一般的には次のとおりだ。

○ 労働義務のないとされる日＝休日…法定休日、任意休日

・労務の提供＝休日労働日

○ 労働義務のある日＝所定労働日

・労務の提供＝実働日

・労務の不提供＝欠勤

・労働義務の免除（日又は期間）
休暇…法定休暇（年次有給休暇、生理休暇、子の看護・介護休暇等）
任意休暇（慶弔休暇等）
休業…法定休業（産前・産後休業、育児・介護休業等）
任意休業（会社の命ずる休業）
休職…任意休職（私傷病休職、出向休職等）

従業員として在籍している限り、1年365日は、この内のどこかの日に当たる」

権助「これなら俺にも少しは分かる」

隠居「話したとおり、週1日の休日とは、起算日から1週間ずつ区切って、その1週間の中のどこかに休日が1日あればよいということだ。1週間の起算日を定めていない場合には、日曜日から土曜日までの7日間とされる。

この考え方は、休日を4週間で4日与える変形休日制の場合も同じで、起算日を決めて、その日から4週間ずつとって、それぞれの期間に4日の休日があればよい。従って、起算日を定めることが必須になる。起算日の定めがないものは、変形休日制とは認められない（労基則第12条の2第2項）」

権助　「饅頭は柔らかいが、話は硬い。茶菓子も硬い煎餅がいい」
隠居　「しょうがないな。生姜煎餅出すから続けて聞け」
権助　「せめて、俺の頭を見繕って話してくれ」
隠居　「休日については、変形労働時間制の場合を除いて、就業規則に日数を定めればよいとされてる。しかし、行政は休日を一定の日にすることを指導している（昭63基発150号）。屋外労働など天候の事情で仕事量が極端に変わる場合、休日を雨天の日とすることは、法定休日を確保する限り許されるが、これも、休日はなるべく一定の日に与え、所定労働日が雨天のときには、その日を休日にして所定の休日を労働日に振替える、つまり、『休日振替』することを規定することで対応することを指導している（昭33基発90号）」
権助　「俺は、月曜と火曜が休日と決まっている。だけど、子供の日なんか、休みじゃなくていいのか」
隠居　「権助は幾つになっても子供みたいだから、休みたいのは分かる。国民の祝日については、祝日法で『国民の祝日は休日とする』と定められてる。民間企業にあっては休日にすることが望まれ、多くの企業がそうしてるが、必ずしも休日にしなくていいんだ。
次の話は大切だから良く聞いとけ。
1日の法定休日とは、暦日（午前0時から継続した24時間）とされる（昭23基発535号）。これを『暦日休日制』という。例えば、午前8時から翌日の午前8時までの労働をした後、24時間労働から離れる非番を繰り返す昼夜交替勤務制の場合には、非番の24時間は法定休日とは認められない。非番の翌日に暦日丸1日の休日を与えなければ、法定休日を与えたことにならない。
暦日休日制については、事業の事情に配慮して、それぞれ要件はあるが、番方編成による3交替制の場合と旅館の事業におけるフロント係、調理係、仲番および客室係に例外が設けられている（昭26基収3962号、平11基発168号）」

権助「『番方』って何だ」

隠居「交替勤務をする人たちの班のことだ」

権助「時間もそろそろ晩方、俺も交替の時間だ。余ってる煎餅、半分貰ってくよ」

隠居「2枚だな。煎餅ツー（餞別）になる。当分会わなくて済むから、喜んでやるよ。何なら4枚全部持ってくか。しまいにできる」

権助「とんでもない。ご隠居のとこは、体に合った服と同じで、きやすいから時々来る」
隠居「気安い？　確かに遠慮はいらない」
権助「なーに、すぐ近くだから、来やすいんだ」

◇◇◇休日振替◇◇◇

『百川商事』清兵衛社長の娘で、専務であるお花さん。社長に言われてご隠居に相談しに向かいます。

お花専務「社長からお聞ききしてくるようにと言われまして、お邪魔いたしました。宜しく、お願いいたします」
隠居「ああ、清兵衛社長から聞いてます。社長は割烹専門だから、食品製造販売は、実質、お花さんが仕切っているようなもんだ。お忙しいでしょう」
専務「いえいえ、何にも専務ですよ」
隠居「では、ご相談の休日振替について説明しましょう。

休日振替とは、休日と定められている日を所定労働日にし、その代わり所定労働日と定められている日を休日にすることをいいます。先に所定労働日を休日にし、その代わり休日を所定労働日にすることも、休日が振替わるので休日振替になります。休日を休日労働ではなく労働させたいとき、又は所定労働日を何かの事情で休日にしたいときに用いられます」

専務　「何かの事情とは、例えば？」

隠居　「所定労働日に台風が来襲する予報があって従業員の通勤の足が確保できないときや、休日が飛び石になっている勤務カレンダーを連休にするときが考えられます。

労働基準法には休日振替についての規定はありません。しかし、休日振替をすると、週の所定労働時間が法定労働時間（原則週40時間）を超える場合が生じることがあるにもかかわらず、法が休日を特定することまで求めていないこともあり、企業経営上必要な場合があることを認め、裁判例、行政通達共に休日振替を認めてます（昭63基発第150号）。

そして、休日振替を行える要件を示してます。

○　就業規則等により、休日振替ができる旨、定めること

○　休日を振替える前に、あらかじめ振替える日を特定すること

休日に労働させた後に、所定労働日とすることはできません。

○　1週1日（又は4週4日）の法定休日が確保されてること

法定休日が確保されてないと、休日振替はできません。

これに加えて、休日振替の定めとして望まれることをあげてます。

○ 就業規則において、できる限り、休日振替の具体的事由を規定すること

○ 振替えるべき日については、労働者の休養を確保する視点から、振替えられた日以降、できる限り近接してること

休日振替は、使用者が決めればできるので、一斉に行うのに適した制度ですが、事業場一斉に行わなければならないことはなく、職場ごと、特定の従業員に対してのみなどと、その対象者を限定することができます。

休日振替によって休日が所定労働日になると、従業員は、所定の始業時刻から終業時刻まで労働する義務を負い、その欠務は、休暇でない限り欠勤又は遅刻等になります」

専務 「休日振替はできる限り近接していることが好ましいのでしょうが、業務の都合によってその間隔が長くなる場合の問題点はありますか」

隠居 「異なる週との間で振替を行い、所定労働日が増える週の所定労働時間が法定労働時間を超えると、その超える時間は所定労働時間ながら法定外労働になり、割増賃金の支払いが必要になります。例えば、1日8時間、週5日労働のところ、休日振替

によって週6日労働になると、週48時間労働になって8時間（特例措置事業場44時間）が時間外労働になります。

異なる週での振替であっても同じ賃金計算期間内で行い、それができないときには、少なくとも、同一年度内の賃金計算期間との間で振替えることです。年度を越して行う休日振替になると、ことが複雑になります。

就業規則等によって定められている年間の所定労働日数（休日数）が増減することになり、休日数が減る年度は、従業員の同意がないとできないものと考えられます。反対に、休日数が増えて年間の所定労働時間が減る年度では、時間外・休日労働の割増賃金の計算において、時間単価が上がることによる影響が出るおそれがあります」

専務「一か月単位の変形労働時間制でも、休日振替はできますか」

隠居「できますが、通常の時間制と異なる点を付け加えます。

休日に振替えられる日の所定労働時間が8時間以下であれば問題はありませんが、例えば10時間だと、8時間を超える2時間は時間外労働になります。何故なら、その日は元が休日で、8時間を超える所定労働時間をあらかじめ特定してないからです。

また、異なる週とで休日振替を行うことにより、所定労働日が増える週でその週の特定されてる所定労働時間（それが40時間（特例措置事業場44時間）未満の場合は40時間（特例措置事業場44時間））を超える労働をさせることになると、その超える時間は時間外労働になります（日基準で時間外労働となる時間数は除く）。

さらに、異なる対象期間とで休日振替を行うことにより、所定労働日が増える期間については、期間基準においても時間外労働が生じる場合があります（日・週基準で時間外労働となる時間を除く）」

専務　「一年単位の変形労働時間制については、どうですか」

隠居　「一年単位の変形労働時間制は、使用者が業務の都合によって任意に労働時間を変更することがないことを前提とした制度ですが、労働日を決めたときには予期できない事情が生じ、やむを得ず行う休日の振替まで認めない趣旨ではないとされます。

休日振替を行うに当たっては、次によります（平11基発168号）。

○　就業規則に休日振替の規定を設け、休日振替を行うときには、あらかじめ振替える日を特定して振替えること

この場合、就業規則等において、休日振替の具体的理由と振り替えるべき日を規定することが望ましいとしており、単に、『業務の都合による』旨の記載では足

りないとされます。

○　特定期間を除いて、連続労働日数が６日以内となること

○　特定期間においては、１週間に１日の休日が確保できる範囲内であること

休日振替により、所定労働時間であっても、その全部又は一部が時間外労働になることがあることは、一か月単位の変形労働時間制と同じです。ただし、一年単位の変形労働時間制においては、週の法定労働時間を４４時間とする特例措置は適用されません」

専務「本来所定労働日だったのに、休日振替によって休日とした日に仕事が入って、その日をまた労働日にする休日の再振替はできますか」

隠居「休日振替によって休日に指定した日を所定労働日に戻して、改めて別の所定労働日を休日にする休日の再振替については、直ちに違法になるとはいえません。しかし、一般には、休日振替を安易に、反復的に行うことは許されず、権利の濫用として無効になることがあります。当初振替えるときに予測できなかった突発的で止むを得ない状況が生じたときに限定し、争いを避けるためには、休日の再振替は従業員の同意を得て行うとよいでしょう。なお、休日再振替の要件等は休日振替と同じです」

隠居「休日振替と似たものに『代休』があり、これについても知っておかなければいけませんので、その説明をしておきます。

◇◇◇代休◇◇◇

代休について法律の定めはありませんが、代休とは、次のようなときに、休日労働又は時間外労働の代償として所定労働日の労働を免除することをいいます。

○ 休日労働を所定労働時間に相当する時間行わせたとき

○ 時間外労働の通算時間が所定労働時間以上の時間となったとき

代休は、休日振替と同じような効果がありますが、代休を与えることによって先に命じた休日労働や時間外労働がそうでなくなるものではない点と、休日労働を行わせた後にその日を特定すればよい点で、休日振替と異なります」

専務「時間外労働を通算してもできることは知りませんでした」

隠居「例えば、時間外労働が翌日に及んで1日の所定労働時間に相当する時間数以上になったとき、翌日が所定労働日である場合には、従業員の健康に配慮して始業時刻を遅くする『勤務間インターバル制』を取る方法がありますが、丸一日の所定労働時間の労働を免除する代休（明休み）にすることができます。

代休の賃金については、行政は、代休は時間外・休日労働の代償として与えるものですから、労働者はその分の賃金を時間外・休日労働によってすでに得られているので、労働基準法（第26条）に定めのある休業手当を支払わなくても違法にならないとしてます。それを明らかにするために、就業規則（賃金規則）において、代休の日・時間の賃金は支給しない旨定めておくことが考えられます。

代休の日・時間は無給になるので、従業員の申出によって与えることが多いようですが、代休は所定労働時間の労働を免除する休業と同じで、使用者が指定できるものとされます。

労働時間の運用として代休を与えることを想定しているのであれば、就業規則に代休の手続きを定めておきます（労基法第89条第10号）。

従業員の申出による代休については、管理上、それを行使する期限を設けることができます。

なお、代休の日は無償だからといって、同じ賃金計算期間内で代休にしてないのに、次の賃金計算期間以降での取得を前提にして、その分の賃金をあらかじめ差し引いて支払うことは、賃金の全額払いの原則に反することになり、できません。

代休は、時間外労働又は短時間の休日労働をさせた代償として、その時間数の範囲内で1日の所定労働時間の一部の時間に対しても与えることもできます。

注意することは、休日労働や時間外労働の代償として代休を与えることができる時間数は、休日労働や時間外労働を行った時間数の範囲内に限られ、休日労働や時間外労働を行ったときに支払われる割増賃金を含めた金額に相当する時間を代休にすることはできないということです。

例えば、時給1，200円で6・4時間の法定時間外労働した場合、それに相当する賃金（割増率0・25）は9，600円になりますが、代休時間を与えられるのは6・4時間の範囲内です。割増賃金に相当する8時間を与えることはできません。割増部分の賃金は支払わなければなりません。

行政では、『所定外労働削減要綱』を作り、時間外・休日労働時間の削減に取り組んでいますが、その中で労使が取る措置の一つとして、代休制度の導入や休日の振替を勧めています」

専務　「有難うございました。今日のご相談の代わりに、今度、うちで一席設けせていただきますわ」

隠居　「有難いお誘いですが、それでは少し重過ぎます。一席なら軽い落語に振替えていただけませんか」

時間外・休日労働の巻

時間外・休日労働編

◇◇◇時間外・休日労働に関する協定届◇◇◇

フルーツパーラーを併設する『千早フルーツ店』のお光社長は、手みやげを持って、ご隠居への相談です。

お光社長「こんにちは。相談に伺ったんです。今、宜しいですか」

隠居「ええ、年中無休の暇ですから」

社長「うちは、店は年中無休ですけれど、一か月変形労働時間制にしたりして、従業員には今まで休日労働をさせないで済ませてきました。ところが、そうはいかないようになって、休日労働をさせることで注意することをお教えいただきたいのです。その前に、これをお一つ。お後でどうぞ」

隠居「やー、これは有難い。何ですかな。あ、メロン・ケーキだ。旨そうですな。ところで、お光さんとは、先日、神社の石段のところでお会いしたばかりですね。段々と説明していきましょう」

社長「階段だから段々？　説明は一飛びでもいいですよ」

隠居　「一飛びでは骨が折れる。さてと…、そうだ、社長の意見を聞きたいことがあるんです。
　以前、大企業に勤めている若い衆の一人から相談を受けたことがありましてね。その男、こんなことを言ってました。『俺はささやかながら会社を活かす力があるのに、会社には俺を活かす力が少しもないって』、社長の立場から、どう思いますか」
社長　「目くじらを立てていうようなことは何もありません。口幅ったいようですが、中小企業の私には、社員の声に耳を傾け、新人社員でも端から力を活かしていると、どんな仕事にも骨惜しみをせず、額に汗して働いてくれます。社員を手足のように使っていては、いずれ会社の首が回らなくなります」
隠居　「確かに、お店の皆さん、活き活きとしてますね」
社員　「はい。それだけは胸を張って言えます」
隠居　「すばらしい。わたしの話にも力が入りそうだ。それでは本題に入りますが、休日労働と関連があるので、時間外労働から話しましょう」
社長　「そう、時間外労働も増えてきましたので。お願いします」
隠居　「時間外労働には、1日又は週の法定労働時間を超える時間外労働（法定外労働）

と所定労働時間を超える時間外労働（所定外労働）とがあり、法定労働時間内に収まる所定外労働を法内時間外労働といいます。

ここでの説明では、『時間外労働』とは法定外労働を指すことにします。

そして休日には、週1日の法定休日と、同じ週のその他の休日である任意休日とがあります。

法定休日の労働は文字通り休日労働なのですが、任意休日の労働については、法的には時間外労働とされるので、先ずこのことに注意する必要があります。この違いは、割増賃金の割増率と、時間外労働の限度時間への影響の仕方に関わります。

法定休日は、就業規則で特定されてない場合には、その週の休日に労働を命じていない日があればその1日が、その週のすべての休日に労働を命じたときには最後の休日が、それぞれ法定休日とされます」

社長「そうですか。すると、週にある複数の休日のすべての日に労働を命じないと休日労働にはならないのですね」

隠居「特定していないと、そのとおりです。

時間外労働にせよ休日労働にせよ、それを命じるには、事業場の労働者の過半数で組織する労働組合の代表者、労働組合がない場合には、労働者の過半数を代表する者と書面による労使協定を結び、協定の内容が有効になる日の前に、あらかじめ労働基準監督署に届出なければなりません。この協定は、労働基準法第３６条に基づくものなので、『三六（さぶろく）協定』といいます。

この協定届は就業規則とは異なり、従業員数が１０人未満の事業場でも届出の義務があります。届けなければならないということで、労働者の代表を使用者の意向で決めてしまうと、労働者の代表者の選出が正しく行われていないことから協定自体が無効になり、時間外・休日労働のすべてが違法になります。

代表者の選出は、三六協定の代表者を選出することを明らかにして、投票、挙手等民主的な方法によって行わなければならず、小人数の事業場では話し合い、一同に会することが難しければ持ち回り決議等も考えられます。なお、労働基準法上の管理監督者は、労働者の一人ではあるんですが、代表者になれません。

労使協定を届けるには、定められた様式『時間外労働・休日労働に関する協定届』によります。労働基準法には、他にもいろいろ協定があって届出を要するものがありますが、それらは協定書と協定届とは別のもので、協定届に協定書を添付する形になります。三六協定も原則はそのとおりですが、この協定届は法律が求める内容のすべてを記入できるようになってて、協定届をもって協定書にすることができます。ただし、そのためには、協定届に協定書としての使用者および労働者代表の署名又は記名・押印が必要になります。これがないものは協定と認められません。

届出書を窓口へ持参する他、郵送、電子申請によって行えます。郵送の場合には、必ず、原本および控え（又は労使協定書になるもの）、返送用の切手および封筒（返送先記入）を同封し、それに送付状（同封した内容物とその数量を記入）を付けてください。

この届出により従業員に時間外・休日労働を命じることが法的に認められることになりますが、従業員に実際に命じるには、同時に就業規則・労働契約等で、時間外・休日労働を命じることがある旨規定しておく必要があります。そうしていますね」

社長「はい」

◇◇◇副業・兼業と労働時間の通算◇◇◇

隠居「時間外労働で注意が必要なのは、労働時間は事業場、事業主を異にする場合においても、通算されるということです（労基法第38条第1項、昭23基発769号）。

ここ数年、行政の促進策があり、社内では得られない知識やスキルが得られるなどのメリットがあるとして、副業・兼業を認める企業が増えてます。副業・兼業に関する調査によると、『全面的に容認している』企業は13・9%、『禁止していない（希望者がいれば条件付きで容認）』36・1%、『全面的に禁止している』50・0%と、副業容認企業と副業禁止企業とは半々ですが、副業容認企業の52・0%がこの3年以内からとなっています（パーソル総合研究所「副業の実態・意識調査」2018年10月実施）。

この副業・兼業に、労働時間通算の規定が係わってきます。

従業員が副業・兼業で他企業に雇用される場合および他企業に雇用されている人を雇用した場合（労働時間に関する規定の適用除外になる場合を除く）には、自企業の労働だけだとすれば法定内である労働時間が、他方の企業の労働時間と通算されることにより、法定外労働時間になることがあるのです。もちろん、その法定外労働時間については、三六協定の範囲内でなければならず、かつ、割増賃金の支払いを要します。

従って、副業・兼業の届出（又は採用）の段階で、他方の企業の事業内容、従事する業務内容と共に、所定労働時間、時間外・休日労働の有無・程度を確認し、そして実施後においては、当該従業員の申告等により、他方の企業での労働時間を把握することが使用者の義務になります」

社長　「副業・兼業先企業の労働時間の把握は、自社と同じく毎日しなければならないのですか」

隠居　「労働時間の通算は、自企業の労働時間制度を基に行いますが、他方の企業での労働時間の把握は必ずしも日々行う必要はなく、労働基準法を遵守するために必要な頻度で行えばよいとされてます（厚生労働省「副業・兼業の促進に関するガイドライン」平成30年1月策定）。

両企業の所定労働時間を通算すると法定労働時間を超えるときには、その超える時間は、後から労働契約を結んだ企業の法定外労働時間になります。そして、先に労働契約を結んだ企業にあっても、所定労働時間を超える労働時間については、自企業のみでは法定内であっても法定外労働時間になります。

短時間勤務従業員にあっては、両企業の所定労働時間を通算して法定労働時間内に収まることがあります。このときには、両企業の所定外労働時間をそれが行われる順に通算し、法定労働時間を超える部分が生じたときから後の労働時間が、法定外労働時間になります」

社長「副業・兼業を認めると時間管理が大変になりますね」

隠居「個々に対応するとそうですが、副業・兼業容認企業では、就業規則に副業・兼業の定めを設けて届出手続き、実施ルールを整え、副業・兼業での勤務実態を含めて従業員の労働時間管理、健康管理をする方向に向かっているように見受けられます。

それでは、本筋に戻りましょう」

◇◇◇時間外労働の延長限度時間◇◇◇

隠居「長時間労働を防ぐために、法定の時間外労働を命じることのできる時間数に限度時間が設けられてます。

原則は、月：45時間、年：360時間です（労基法第36条第4項）。

一年単位の変形労働時間制で対象期間が3か月を超える制度では、延長時間の基準限度が少し短くなり、月：42時間、年：320時間になります。

臨時的な特別な事情があって労使が合意すれば、限度時間を超えることができますが、それには、上限が設けられてます（同条第5項、第6項）。

○　年：720時間

○　2～6か月平均：休日労働を含み、80時間

2~6か月平均とは、各期間に、その直前の1、2、3、4および5か月の期間を加えたそれぞれの期間における平均時間をいいます。

1か月の時間外労働が45時間以内であっても、休日労働を加えて80時間を超えないように注意が必要です。

○ 月：休日労働を含み、100時間未満

○ 月の限度時間（45時間又は42時間）を超えることができるのは、年6回まで

1か月100時間未満と2~6か月平均80時間の上限は、従業員個人の労働時間を規制するものなので、転勤した従業員については、前の事業場での法定外労働時間を通算します。

同じ理由で、副業・兼業を行ってる従業員には、副業・兼業先企業での法定外労働時間を通算することになるので、これには特段の注意が必要です。なお、念のためいえば、三六協定で締結する月・年の限度時間および特別条項を設ける場合の1年間の延長時間の上限については、個々の事業場における規制であるので、それぞれの事業場における延長時間について運用することになります。

この上限規制は、建設事業、自動車運転の業務、医師については、2024年3月

３１日まで適用が猶予され（同法第１３９、１４０、１４１条）、また、新しい技術・商品・サービスの研究開発業務については、上限規制は適用されません（同法第３６条第１１項）」

社長　「『臨時的な特別な事情』とは、どの程度のことを指すのですか」

隠居　「通常予見することのできない、一時的・突発的な業務量の大幅な増加等に伴い臨時的に限度時間を超えて労働させる必要がある場合のことですが、具体的にどのような場合を協定するかについては、労使が事業や業務の態様等に合わせて自主的に協議し、できる限り具体的に定めることになります」

社長　「中では、2～6か月平均での時間外・休日労働の把握が大変そうですね」

隠居　「時間外労働と休日労働の合計が８０時間以内に収まらない月のある従業員については、注意深く管理しなければなりません」

社長　「うちは、いつも時間外労働が限度内で済みますので、その心配はありません。話は別になりますが、ご説明を聞きながら、普段分からないことを思い出しましたので教えてください。

従業員が残業したとき、その従業員がその日に遅刻をしていれば、その時間分、時間外労働にカウントしなくともよいのですよね」

隠居　「はい。労働基準法は、実際に労働した時間が8時間を超えた時間から時間外労働として、割増賃金の支払いを求めてます（平１１基発１６８号）。この考え方は、欠勤でも休業でも年次有給休暇でも、従業員が実際に労働してない限り同じです。

時間外労働の割増賃金の支払いに年次有給休暇の時間をカウントしている企業があり、それは好ましいことです。しかしその場合でも、三六協定に定める時間外労働の計算においては、労使協定の際に合意をしておくことで除外できます。

ただし、フレックスタイム制では、年次有給休暇を取得した日の標準時間は、必ず実労働時間とみなして計算しなければなりません（平３１基発０４０１第４３号）」

社長　「時間外労働を命じるに当たり、１５分単位とか、３０分単位で命じることは問題ありませんか」

隠居　「命じること自体には問題はありません。ただし、労働時間の把握は、実際に労働した時間によるので、３０分命じたから機械的に３０分にすることはできません。３０分と記録するには、３０分以内に仕事を切り上げさせることです。もし、３０分を過ぎてしまったら、その超過した時間は労働時間にカウントしなければなりません」

◇◇◇時間外労働の義務◇◇◇

社長　「時間外労働を命じた従業員から、『今日は都合が悪いからできません』と、言われたときには、どう対応したらよいのでしょうか」

隠居　「就業規則に時間外労働を命じる定めがあり、かつ、三六協定の締結の範囲内であれば、使用者の命令に対して従業員には労働義務が生じ、拒否することは業務命令に違反することになります（日立製作所武蔵工場事件　平3・11・28最高裁一小判決　労判594・7）。しかし、この最高裁判決を踏まえながら、本事案の三六協定は従業員代表者の選出が適正でなく無効であるが、例え、それが有効であったとしても、『労働者に残業に従えない止むを得ない理由があるときには、労働者は残業命令に従う義務はないと解するのが相当である』と判示している裁判例があります（トーコロ事件　平9・11・17東京高裁判決　労判729・44）。

これらを考え合わせると、従業員は原則として時間外労働の命令に従う義務がありますが、時間外労働の必要性、緊急性とこれに応じられない従業員の都合（例えば、体調不良）を比較して、業務命令に反するか否か判断することになります。

○　未成年者（労基法第60条第1項）

元々、時間外・休日労働を命じることができない従業員がいます。

○　妊産婦（妊娠中および産後1年）が請求したとき（同法第66条第2項）
また、育児・介護休業法に定めがあり、3歳未満の子を養育する従業員および要介護状態にある対象家族を介護する従業員が請求したときには、事業の正常な運営を妨げる場合を除いて、所定時間外労働をさせることができず、また、子が小学校に就学するまで、請求により1か月24時間1年150時間を超える時間外労働をさせることはできません（同法第16条の8、16条の9、17、18条）」

◇◇◇変形労働時間制の時間外労働◇◇◇

隠居　「それに、一か月単位の変形労働時間制を採られているので、変形労働時間制における法定外労働時間の把握についてお話しします。もちろん、正しく行っていると思いますが、これも社長のご確認のためです。

変形労働時間制における法定外労働時間数は、日、週、変形対象期間の3つの基準から算出します。

○　日基準は、次のとおりです。

・　1日8時間を超える労働時間を定めた日は、その時間を超えて労働した時間

・　1日の労働時間8時間以内の日は、8時間を超えて労働した時間

従って、1日の所定労働時間が6時間のとき、2時間の残業については、法定の時間外労働には当たりません。

○ 週基準は、次のとおりです。

・週40時間を超える時間を定めた週は、その時間を超えて労働した時間

・週40時間以内の週は、40時間を超えて労働した時間

＊ 一か月単位の変形労働時間制での特例措置事業場については、『40時間』が『44時間』になります。

ただし、日基準で時間外労働となる時間数は除きます。

○ 期間基準は、次のとおりです（1週間単位の非定型的変形労働時間制を除く）。

・対象期間の法定労働時間の上限を超えて労働した時間

ただし、日基準、週基準で時間外労働となる時間は除きます。

一年単位の変形労働時間制の期間基準で算定した時間外割増賃金は、それが生じた賃金計算期間ごとに、その支払い日に支払います。

フレックスタイム制では、日単位、週単位での制限はありませんので、清算期間単位のみで算出します。ただし、清算期間が1か月を超える制度では、1か月ごとの

労働時間が、週平均50時間を超えた時間が法定外労働時間となり、月ごとに割増賃金を支払うことになります（労基法第32条の3第2項）。もちろん、この時間数は期間基準による法定外労働時間から控除します。

ここまでで、ご質問はありますかな」

◇◇◇非常時の時間外・休日労働◇◇◇

社長「三六協定の届出をするとき、地震とか何かがあって時間数が足りなくなるといけないので、通常の仕事の上に、臨時に必要となる時間をどのくらい乗せればいいかといつも悩むのですが」

隠居「その時間は三六協定に含まなくていいのです。

災害その他避けることのできない事由（災害発生が客観的に予見される場合を含む）によって臨時の必要がある場合には、行政官庁の許可を受けて、その必要の限度において、三六協定の定めとは別に、時間外・休日労働を行わせることができます。事態急迫のために行政官庁の許可を受ける暇がない場合には、事後に遅滞なく届け出れば済みます（同法第33条）。

災害、緊急、不可抗力その他客観的に避けることの出来ない場合の規定ですから厳格に運用すべきものであるとして、許可又は事後の承認について基準を示してます。

○ 単なる業務の繁忙その他これに準ずる経営上の必要は認めないこと

○ 地震、津波、風水害、雪害、爆発、火災等の災害への対応、急病への対応その他人命又は公益を保護するための必要は認めること

○ 事業の運営を不可能ならしめる様な突発的な機械・設備の故障の修理、保安やシステム障害の復旧は認めるが、通常予見される部分的な修理、定期的な保安は認めないこと

西日本を中心に広い範囲で記録的な大雨となった『平成30年7月豪雨』による被害の復旧作業について、行政は、『今回の豪雨による被害が相当程度のものであり、一般に早期のライフラインの復旧は、人命・公益の保護の点から急務と考えられるので、労働基準法第33条第1項の要件に該当しうるものと考えられます』と示しました。

また、新型コロナウィルス感染症に感染した患者を治療する場合、手厚い看護が必要となる高齢者等の入居する施設において新型コロナウィルス感染症対策を行う場合および新型コロナウィルスの感染・蔓延を防ぐために必要なマスクや消毒液、医療機器等を緊急に増産又は製造する場合等に第33条の適用が可能であるとしています

（令2発基0317第17号）。

しかし、非常事態であっても他の業務と調整して、なるべく長時間労働にならないようにすることが求められます」

社長「そうは言っても、事前の許可申請や事後の届出の許可・承認が得られなかった場合には、どうなるのでしょう」

隠居「事前申請であれば、三六協定の範囲内で行うことになり、事後の届出については、その時間外・休日労働が不適当なものであると、その時間に相当する休憩又は休日を与える命令が出されることがあります。

なお、念のために言い添えますが、非常時であっても、時間外・休日・深夜労働の割増賃金の支払いは必要です」

社長「分かりました。有難うございます」

◇◇◇医師による面接制度◇◇◇

隠居「休日労働と時間外労働の話は済みましたが、済みません。大事なことですので、『長時間労働者への医師による面接制度』について説明させていただきます。

でもその前に、さっきからメロン・ケーキが気になって仕方がない。ここで一休みして、いただかせてください」

社長　「どうぞ、どうぞ。フォークも添えてあります」

隠居　「(少し食べて)あー、おいしい。もう、気分がメロんメロんになりました。謝辞(匙)でありませんよ。フォーク使ってますから。こんなおいしいケーキにフルーツなら、コロナ禍でも客足は落ちないでしょう」

社長　「お陰様で。パーラーの方はフルーツ・ケーキの評判がいいですし、店は果実がしっかりしていますから、景気もいいし、収益も順調です」

隠居　「それはいいですね。御馳走さまでした。それでは、話に戻ります。

『長時間労働者への医師による面接制度』についてですが、お店では、長時間労働はないということですが、世間ではまだあります。

週間就業時間別雇用者の割合で見ると、週60時間以上働いてる人が5%ほどいます（総務省「労働力調査（基本集計）2021年（令和3年）平均」）。週60時間以上働くということは、週40時間労働から計算すると時間外労働が週20時間以上、1か月80時間以上になるのです。

そして、長時間労働と過労死・心臓疾患の関係を、労災補償支給決定件数の時間外労働時間別で見ると（厚生労働省「令和2年度・過労死等の労災補償状況」）、時間外労働が月８０時間以上になると支給決定件数が急激に増えていて、労働時間が８０時間以上になると健康に重大な害を及ぼすということを表しています。

この長時間労働による脳・心臓疾患の発症を予防するため、長時間にわたる労働により疲労の蓄積した従業員に対し、事業者は医師による面接指導を行わなければならないとする、長時間労働者への医師による面接制度が設けられてます。

この制度は、事業場の従業員の人数に係わりなく行わなければなりません。

医師の面接指導は次の場合に行います。

① 時間外・休日労働時間（合計）が月８０時間を超え、かつ、疲労の蓄積が認められる従業員で、本人の申出があったとき（安衛法第６６条の8、安衛則第５２条の２）

② ①に加え、申出の有無にかかわらず、新たな技術又は役務の研究開発業務に従事する従業員で時間外・休日労働時間が月１００時間を超えたとき（同法第６６条の8の2、同則第５２条の7の２）

③ 高度プロフェッショナル制度（労基法第４１条の２）の適用者については、申出の有無にかかわらず、１週当たりの『健康管理時間』（事業場内にいた時間と事業

場外で労働した時間の合計時間）が週40時間を超えた時間について月100時間を超えたとき（同法第66条の8の4、同則第52条の7の4）
面接指導等の手順を示します。

① 管理監督者や裁量労働制の適用者を含め、すべての従業員の実労働時間の状況を把握します。

② 産業医に時間外・休日労働時間が月80時間超の従業員の情報を提供します。
産業医は、その情報をもとに、従業員に面接指導の申出を勧奨することができます。

③ 時間外・休日労働時間が月80時間超の従業員本人に労働時間の情報を提供します。

④ 時間外・休日労働時間が月80時間超の従業員が面接指導の申出をします。

⑤ 産業医等による面接指導を申出から1か月以内に実施します。

この後は、産業医等から従業員の措置等に関する意見を聴いて、必要な措置を講じることになります」

社長「疲労の蓄積を認めるのは誰ですか」

隠居「疲労の蓄積は外部から調べにくい自覚症状なので、申し出をした人が疲労の蓄積がある人として取り扱います。

この制度での時間外・休日労働時間の計算は、次式のとおりです。

これは、特例措置事業場の週44時間制、変形労働時間制、フレックスタイム制を採用していても同様です。

《「1か月の時間外・休日労働時間数」＝「1か月の総労働時間」－（「計算期間1か月の総暦日数」／7）×40時間》
＊《「1か月の総労働時間」＝「所定労働時間数」＋「時間外労働時間数（法定内・外）」＋「休日労働時間数」》
時間の算定は、毎月一定の期日（例えば、賃金締切日）を定めて行います。

なお、高度プロフェッショナル制度の適用者については、別の取り扱いがあります」

◇◇◇深夜業の健康診断◇◇◇

隠居　「長時間労働はいけないという話なのに長時間になってますが、労働時間から従業員の健康を守るという点で共通するので、深夜業（午後10時～午前5時の間の労働）の健康診断について触れておきます。深夜業は、生活関連サービス業、娯楽業、運輸業、郵便業、宿泊業、飲食サービス業で比較的多く行われています。
常時使用する正規従業員については、1年以内ごとに1回定期に健康診断を行わなければなりません（安衛法第66条第1項、安衛則第44条）。パートタイム従業員については、1年以上（予定を含む。深夜業の健康診断対象者は6か月以上）勤務し、週の所定労働時間が正規従業員の3／4以上の者に対し、正規従業員と同様に健康診断を実施する義務があります（平19基発1001016号）。

これが、深夜業（午後10時から午前5時までの間、一部でも）を1週に1回以上又は1か月に4回以上行う従業員については、深夜業への配置の際および6か月以内ごとに1回、定期に健康診断を行わなければならないことになります（同法第66条第2項、同則第45条）。また、自ら受けた健康診断の結果を事業者に提出することができる『自発的健康診断』という制度があります（同法第66条の2）。

事業主は、これらの健康診断の結果に基づき、当該従業員の健康を保持するために必要な措置について医師の意見を聴き（同法第66条の4）、その意見を勘案して、必要があると認めるときは、就業場所の変更、作業の転換、深夜業の回数の減少などの適切な措置を講じなければなりません（同法第66条の5）」

◇◇◇労働時間の把握◇◇◇

隠居「時間外労働時間について話をしてきましたが、その基になる労働時間数を適正に把握することが欠かせませんので、最後に、労働時間の状況の把握について説明しておきます。

労働時間数を適切に把握し、管理する責任は使用者（事業者）にあります。特に長時間労働による健康障害を防ぐ上で、従業員の労働時間の把握は極めて重要ですので、労働安全衛生法に定められてます（同法第６６条の８の３）。

また、『労働時間適正把握ガイドライン』が出されてます。

ガイドラインは、使用者には労働時間を適正に把握する責務があることを明らかにし、従業員の労働日ごとの始業・終業時刻を確認、適正に記録することを求め、その措置として取るべき方法を次のとおり示してます。

○　使用者が、自ら現認することにより確認すること
○　タイムカード、ＩＣカード、パソコンの使用時間の記録等の客観的な記録を基礎として確認し、適正に記録すること
○　やむを得ず自己申告制で労働時間を把握する場合には、次のようにすること
・　自己申告を行う従業員に対して、労働時間の実態を正しく記録し、適正に自己申告することを十分説明すること。そして労働時間を管理する者に対しては、

自己申告制の適正な運用を含め、ガイドラインに基づく措置等について、十分説明すること

- 自己申告により把握した労働時間と、入退場記録やパソコンの使用時間等から把握した在社時間との間に大きな乖離があるときには、実態調査を実施して所要の労働時間の補正をすること
- 自己申告をした労働時間を超えて事業場内にいる時間について報告させる場合には、その報告が適正にされているか確認すること
- 使用者は、従業員が自己申告できる時間数の上限を設ける等、適正な自己申告を阻害する措置を設けてはならないこと。さらに、三六協定の延長することができる時間数を超えて労働しているにもかかわらず、記録上これを守っているようにすることが、従業員等において慣習的に行われていないか確認すること

なお、労働時間の状況把握を自己申告により把握する場合には、その日の労働時間の状況を翌労働日までに自己申告させる方法が適当とされてます（平31基発0329第2号）。

そして、使用者に対して、従業員ごとに、労働日数、労働時間数、休日労働時間数、

時間外労働時間数、深夜労働時間数といった事項を適正に記入しなければならないとして、賃金台帳の適正な調製を求めてます（労基法第108条）。また、出勤簿やタイムカード等の労働時間の記録に関する書類について、労働基準法に基づき、最後の記載がなされた日から5年間（経過措置として当分の間は3年間）保存しなければなりません（同法第109条、143条第1項）。

ガイドライン自体は労働基準法の時間管理に基づくものなので、適用対象者から、管理監督者など労働時間、休憩および休日の定めの適用除外となる者、みなし労働時間制が適用される者については除かれますが、労働安全衛生法に基づいて、すべての従業員の労働時間の把握が義務化されてるのです。ただし、高度プロフェッショナル制度の適用者のみ、制度上、健康管理時間を把握することになっていて除かれます。

説明はこれで終わります。お疲れになられたでしょう」

社長「はい。時間外労働も話を聞くのも、長くなると疲れるのは同じですね」

隠居「そう。お光さんも、結婚式などのお祝い事で祝辞を述べる機会が多いと思いますが、これも話が長いのはいけません。しゃべりたいことは沢山あるのでしょうが、それを縮めて話すのがコツです。祝（縮）辞ですから。長いと弔（長）辞になってしまう」

労働時間、休憩、休日の適用除外編

◇◇◇適用除外者◇◇◇

『万金箪笥製作所』佐兵衛社長は、工場の管理をベテランの職人に任せることについて、相談に行くことをご隠居に電話で予約しています。

佐兵衛社長「失礼します」

隠居「はい。お待ちしておりました。お入りください。電話、有難うございます。わたしは、ほとんど家にいるので、突然来られる人が多いんですよ」

社長「そうですか。お電話した通り、主任を置いて、わたしの代わりに制作部門をまとめさせようと思っているのですが、管理職として時間外労働の対象から外していいかどうか。わたしは外していいと思うのですが、家内がご隠居に相談して来なさいと言うんです」

隠居「家内ですか。その頭に『お』を付けてごらんなさい」

社長「家内の頭に『お』？『おっかない』。そうかも知れない」

隠居「簡単に認めなさんな。これは落語の中に出てくるシャレですよ。

では、管理監督者もそうなので、労働時間、休憩、休日の適用を除外できる従業員について、回り道させての説明になりますが、付き合ってください。

労働基準法は、労働時間、休憩、休日に関する規定の適用から除外する者を次のとおり定めてます（同法第41条）。

○ 農業と畜産、養殖・養蚕、水産の事業に従事する者（同法別表第1第6号（林業を除く）、第7号の事業に従事する者）

○ 管理監督者、機密の事務を取り扱う者

○ 監視又は断続労働に従事する者

従って、これらの従業員に対しては、法令の定めに捉われることなく、就業規則・労働契約によって所定労働時間、休憩、休日を定めることができます。そして、所定労働時間外や休日に労働したとき、それに相応する賃金が手当等に含まれてなければ、その支払いを要しますが、割増賃金を支払う必要はないというわけです。ただし、深夜業は適用除外ではありませんので、これだけは割増賃金の支払いが必要です。

このうち、監視・断続労働に従事する者（宿日直者が含まれる）として適用を除外するには、労働基準監督署長の許可を必要とします。

この許可を以前に得ていても、長年継続して行ってると事情が変わり、許可事項の内容に変更が生じることがあります。総合的に判断して労働の態様が従業員にとって改善されてれば、勤務内容に大きな変化がない限り再申請は必要ないんですが、そうでなければ改めて許可を得なければなりません」

◇◇◇管理監督者◇◇◇

隠居「管理監督者については、行政として判断基準を示しているものの、誰を管理監督者として取り扱うかは企業に任されてます。だから、行政の示す判断基準に合ってないのに、職制上の役付者、管理職を労働基準法上の管理監督者として取り扱っている企業が少なくない。労働基準法に定める管理監督者に該当しない役付者は、部・課長、店長など、たとえどんな肩書であっても、労働時間、休憩、休日の規定が適用され、割増賃金の支払いが必要になります。

行政が示している管理監督者の判断基準は次のとおりです。

○経営者と一体的な立場で仕事をしてること
重要な職務内容と責任、権限を持ってること
自らの裁量で行使できる権限が少なく、多くの事案について上司に決裁を仰ぐ必

要があり、上司の命令を部下に伝達するに過ぎないような場合は管理監督者には含まれません。経営への参画、採用・解雇・人事考課、労働時間の管理（時間外労働の命令、勤務シフトの作成等）について、どのような権限が与えられてるかが判断の重要な要素になります。

○出社、退社や勤務時間について、厳格な制限を受けてないこと

始業・終業時刻を基準にして勤務するものの、出退勤時間はある程度自らの裁量に任されてることが不可欠です。労働時間の規制を受ける部下と同様の勤務態様が労働時間の大半を占めてる場合には、管理監督者といい難く、特に、遅刻、早退をすると給与や賞与が減らされるような不利な取り扱いを受ける場合には、明らかに管理監督者とはいえません。

ただし、管理監督者であっても、過重労働による健康障害防止や深夜業に対する割増賃金の支払の観点から労働時間の把握や管理が行われることが必要であり、その観点から労働時間の把握や管理を受けている場合には、管理監督者性を否定する要素にはなりません。

○賃金については、その地位にふさわしい処遇をされていること

特に、賞与を含め、一年間に支払われている賃金の総額が一般従業員と比べて優位にあることは欠かせません。定常的に長時間労働をしている場合には、実際の勤務時間を基に算出した時間単価で比較し、パートタイム従業員等に見劣りしないことは重要な要素となります。

○スタッフ職の場合、経営上の重要事項に関する企画立案等の部門に配置され、ラインの管理監督者と同格以上に位置付けられる等、相当程度の処遇を受けていること

機密の事務を取扱う者とは、秘書その他職務が経営者や管理監督者の活動と一体不可分であって、厳格な労働時間管理になじまない者です（昭22発基17号）。

労働基準法が定める管理監督者の実態がないのに管理監督者とされ、過重な残業を行っていながら残業手当が支払われないで、管理監督者該当性の適否が争われた大規模ファーストフード店についての裁判例があります。店長になる前の残業代を含む賃金額より、店長になって仕事が増えたのに、残業代がなくなり、賃金額が下がったことが訴訟の契機で、判決は、店長の職務内容から管理監督者とはいえないとして、会社に約755万円の支払いを命じました（日本マクドナルド事件　平20・1・28東京

地裁判決　労判953・10）。

この裁判が広く報道されて、管理監督者としての実態のない管理職を『名ばかり管理職』という新語が生まれ、2008年流行語大賞のトップテンに挙げられました。

この裁判を契機に、管理職が法律の定める管理監督者に当たるかどうかの問題が大きく顕在化し、労働基準監督署は企業に立ち入り調査し、不当なものは指導により是正させてます」

社長「主任を管理監督者として扱うときの注意点はよく分かりました。今でも、工場経営の大事なことまで意見を聞いているし、自分の作業を減らして指導と管理に重点を置かせるなど、ご隠居の説明したことに沿って対応します。でも、人より早く出勤し、他人の残業まで手伝う男だから、労働時間の裁量といってもどうですか、それだけが心配です」

隠居「主任に命じるときに、管理監督者としての心構えに併せて、新たな権限、責任、処遇等について説明し、特に勤務時間については裁量によることができることを話し、一般業務は部下に任させることです」

社長「そうですね」

隠居　「管理監督者の話はこれで終わりですが、冒頭申し上げたとおり、今後のこととして、監視労働、断続労働についても話したいので、菓子折を開けて、お茶菓子を出しますから付合ってください」

社長　「折角の折ですから、少しの時間なら結構ですよ。でもちょっと、雑談を挟みますがね。この間、マイナンバーカードを拵えまして。その写真を見たら、自分には見えないんですよ。わたしがこの男と町ですれ違っても、自分だとは気がつかないで通り過ぎてしまうんじゃあないかと」

隠居　「大丈夫ですよ。その男の方から、『失礼ですが、あなたは、わたしですね』と声をかけてくれますよ」

社長　「ああ、そうですよね」

隠居　「早く説明に戻った方がよさそうですな。監視・断続労働からですね」

◇◇◇監視・断続労働／宿日直◇◇◇

隠居　「監視・断続労働には許可が必要ということは、先ほど説明しました。労働時間等の適用除外になる管理監督者だけで宿日直する場合にも、許可がいります。申請が出されると労働基準監督署で、書類審査だけでなく、様々な角度から仕事の実態をチェックします。

『監視労働』とは、原則として一定の場所で計器類を監視することを本来の業務とし、身体又は精神的緊張の少ないもののことをいいます。従って、交通関係の監視、車両誘導を行う駐車場の監視等精神的緊張の高い業務、プラント等における計器類を常態として監視する業務や危険又は有害な場所における業務については許可されません。

『断続労働』とは、休憩時間は少ないが、手待ち時間が多くあり、実作業時間が少ない業務のことです。役員付き運転手、寮等の管理人、賄い人、守衛、警備員等にみられます。

寮の賄い人等については、作業時間と手待ち時間折半の程度までのものは許可されますが、実労働時間の合計が8時間を超えるものは許可されません。警備業についてはは許可に特別な条件が付くし、特に危険な業務に従事する者については許可されません」

社長「確かに。うちには役員付き運転手などいないですけれど、会合に行くと、社長の都合でフリーの時間が多い運転手を見かけます」

隠居「断続労働の一種である宿日直について、特に説明します」

社長「今でも、宿日直があるのですか。スマホがあるし、会社には留守番電話とかFAXがある。警備は警備会社があるのに」
隠居「夜間に常時利用者のいるホテル・旅館、病院、社会福祉施設や一般の事業場で夜間の突発的な事態に従業員でしか対応できないところでは、宿直を行ってます」
社長「そうですか」
隠居「宿日直とは、仕事の終了から翌日の仕事の開始までの時間や休日について、従業員を事業所に待機させ、定期的巡視、緊急の文書・電話の収受、緊急時の連絡、非常事態に備えての待機等を目的とする業務で、ほとんど労働をする必要のない勤務です。従業員が交替で行う宿日直勤務について許可基準があります（昭63基発150号）。
○勤務の態様は、常態として、ほとんど労働を行う必要のない勤務であることで、原則として、通常の労働の継続は許可されません。
○宿日直の回数は、原則として宿直は週1回、日直は月1回を限度とします。ただし、宿日直する者の人数が足りず、かつ勤務の労働密度が薄い場合、1回を超える宿日直でも許可されます。
○宿日直手当については、宿日直勤務1回について、宿日直の勤務を行う同種の従業員に支払われている賃金（割増賃金の基礎となる賃金）の一人一日平均額の3分の1以上であること、そして宿直には深夜業がありますが、その割増賃金はこの宿直手当の中に含むものとされてます。

○ 宿直勤務の時間が通常の宿直の時間と比較して著しく短いものなど、先の基準によることが著しく困難又は不適当と認められるものについては、その基準にかかわらず許可することができます。

○ 相当の睡眠設備の設置を条件とします。

なお、医師、看護婦については、一般基準の取扱い細目が定められてます。宿日直中の緊急時において、本来の業務を行ったときには、その時間を時間外・休日労働として処理し、宿日直手当に加えて割増賃金を支払う必要があります。従業員が交替で行うのでなく、宿直だけを行う業務については、断続労働として許可申請することになります」

社長　「脳みそは正直ですね。関係ない宿直の話を聞いていましたら、眠くなってきました」

◇◇◇高度プロフェッショナル制度◇◇◇

隠居　「もう一つ、労働時間、休憩、休日に加えて、深夜業の規定も適用除外になる『高度プロフェッショナル制度』（労基法第41条の2）がありますが」

社長　「高度プロフェッショナル？　え、そんな制度があるのですか」

隠居　「ええ、ごく簡単に話しますよ。

　企画業務型裁量労働制と同様の労使委員会において一定の事項について決議し、労働基準監督署に届出ることによって導入します。決議の事項として、年間104日以上の休日確保措置や健康管理時間の状況に応じた健康・福祉確保措置等を講ずることがあります。対象業務は、金融工学等の知識を用いて行う金融商品の開発の業務、新たな技術・商品・サービスの研究開発の業務等に特定されていて、対象者の年収要件は、確実に支払われると見込まれる年間の賃金額が少なくとも1，075万円以上あることです。ただ、時間外・休日勤務手当が出なくなるのですから、それ相応の人でも、本人の同意が必要になります」

社長　「何だ。うちには腕のいい職人がいるので、高度プロフェッショナルというからお聞きしたが、まったく関係ない制度でした」

隠居　「ええ。関係ある企業であっても、令和3年3月末時点で、制度の導入企業は

20社（21事業場）で、対象労働者数は552人とまだ少ないです（厚生労働省「高度プロフェッショナル制度に関する報告の状況」令和3年3月時点）。

しかし、その中の『勤務間インターバル制』は御社にも参考になると思います。健康管理上、勤務については様々条件が付けられていますが、選択して採ればよい措置の一つです。労働の終了時刻から次の始業時刻までの間に11時間を確保するもので、その時間を何時間にするかは別にして、長時間労働の抑制と、健康管理に寄与する制度になります。

現に、この制度を導入している企業は、全体で5・8％ですが、導入を予定又は検討している企業は12・7％あります（厚生労働省「令和4年就労条件総合調査」）」

社長　「もうそろそろ、わたしを説明の適用除外にしていただけませんか」

休暇、休業、休職の巻

年次有給休暇編

大工を辞めてしばらく何もしないでいた八五郎、ようやく和装履物の職人見習いとして働きだして4か月目。朝早く、ご隠居のところに駆け込こみました。何かありそうです。

八五郎「ご隠居、ご隠居、おかしいじゃない？」
隠居「いきなり何だ。あたしの頭がおかしいように聞こえる。どうした」
八「社長に『年次有給休暇を取りたい』と言ったら、『とんでもない』と言われた。おかしいでしょ」
隠居「まあな。でも、中小企業の社長には、『年次有給休暇』と言われると『年中休暇』と聞こえるもんだ」
八「冗談じゃあない。年休は労働者の権利だと教わった」
隠居「そのとおりだ。従業員が年次有給休暇を請求したとき、使用者がそれを許可するとか承認するとかの余地はまったくない。あるのは、事業の正常な運営を妨げる場合、取得する時季を変更することができるだけだ。それだって、八つぁん一人休んで、事業の正常な運営を妨げるほど、まだ仕事してないだろ。だから、社長の一声で出勤しちゃうと、休暇の取得を自分で取り止めたことになってしまう。八つぁんが定められた手続きをして年休を取って休んだのに、その日を年休として認めずに賃金を支払わないときに初めて法違反になる。

それより、あまり、権利、権利と振りかざすな。剣と権利は、鞘に収めたまま相手に勝つのが達人だ。たんたんと申請すればいい。ところで、君のおっかさんが、この間、『うちの八も、やっと、ネットから抜け出して働く気になってくれました』って喜んでたぞ」

八　「ネット？　そういいたいのなら、ニートでしょ」

隠居　「ネットに引っかかっていたようなもんだろ。で、勤めてから、どのくらい経つ」

八　「3か月ちょっと」

隠居　「3か月じゃ、そりゃあ、年休を取りたいという方が無理かもしれない。法律では、6か月勤めたら与えられることになってる。だけど、会社によっては、それより早くくれるところがある。八つぁんとこの店は、そうなのか」

八　「皆が入社後3か月経ったら年休が取れると言ってるので、就業規則を見せてもらったら、そのとおり書いてある。それで、社長に『入社後3か月経ってるじゃないですか』と言ったら、『八五郎君は休みが多いから、やれない』と言われた」

隠居「う〜ん。出勤率が8割もないのか」

八「え〜と、計算するからちょっと待って。労働日が週4日、欠勤が…歩きスマホしてて自転車とぶつかって怪我して休んでと、それから、風邪で休んで寝坊で休んで…。うわ〜、ちょっと足りないかも知れない。もらえないのか」

隠居「入社の端(はな)からそんなに休んで、よく勤められてるな。

でも待てよ。早まるな。社長もお前と同じ計算してるかも知れない。年休を与える時期を早めた場合、その短くした期間については、全部出勤したことにして出勤率を計算しなければならないことになってる。だから、ちょっと足りないぐらいなら、出勤率は優に8割を超えることになる。大丈夫だ。多分、有給休暇を取れる」

八「そうですよね。でも、どう言ったらいいか」

隠居「『横丁の隠居に調べてもらったら、多分、年次有給休暇を与えなければならないと言ってました。宜しければ、直接お尋ねください』ぐらいに言ってみろ」

◇◇◇出勤率の計算◇◇◇

億玉下駄専門店の甚兵衛社長は、八五郎の訴えをほっとけず、やむなくご隠居の家に出向きます。

甚兵衛社長「ご隠居、ご隠居。八五郎君が変なことを言ってきましたが、本当ですか」

隠居「おお、甚兵衛さんですか。すると年次有給休暇の件ですかな」

社長「ええ」

隠居「それなら、そのとおりです。八つぁんには、わたしが教えました」

社長「年休が無いと困ると思って、半分は早く使えるようにしてやっているのですが。出勤率をそう計算するとは、計算違いだった」

隠居「いいですか、出勤率の計算について、まとめて話しておきます。

業務上の災害による休業、産前産後休業、育児・介護休業については、出勤扱いにしなければならず（労基法第39条第10項）、年次有給休暇を取得した日については、出勤として取り扱うことになります（平6基発181号）。めったにあることではないですが、不可抗力による休業、事業主の経営・管理上の障害による休業、それに正当なストであれば分母・分子双方から外し、従業員が正当な理由なく就労を拒まれた不就労日は、出勤日数に算入すべきとされてます（平25基発0710第3号）。

慶弔休暇等の事由によって労働しない日については、自由に定めることができるので、出勤率の算定に当たって欠勤として取り扱うこともできなくはない。しかし、就業規則所定の事由が発生したことを条件として労働義務を免除したものと考えることができ、当日は、休日のように分母の全労働日から除外することが妥当です（厚生労働省労働基準局編「労働基準法　上」㈱労務行政）。慶弔休暇などの特別休暇は出勤扱いにした方が、特別に与える趣旨が生きると思いますが」

社長「病気休職している場合はどうですか」

隠居「私傷病による休職の原因は従業員自身にあるのだし、欠勤と同じに扱っても違法でないとされます」

◇◇◇付与日数◇◇◇

社長「八五郎君に年休を与えることにして、週4日勤務だから、入社3か月で付与するのは3日、残りの4日は法律どおり6か月経ったら出すことになりますか」

隠居「ちょっと待ってください。八つぁんの労働時間は1日何時間です？」

社長「8時間です」

隠居「それなら、4日労働で週32時間働くことになるから、勤続6か月での付与日数は7日では足りません。週5日労働の人と同じ10日与える必要があります。比例付与できるのは、週の労働時間が30時間未満、かつ週の労働日が4日以下の場合に限られます」

社長「ご隠居。年休の付与日数の表、ありますか」

隠居「ここにあります。どうぞ見てください。

年次有給休暇の付与日数

○週30時間以上又は週5日労働の従業員への付与日数

勤続年数	
6か月	10日
1年6か月	11日
2年6か月	12日
3年6か月	14日
4年6か月	16日
5年6か月	18日
6年6か月以上	20日

○週30時間未満、かつ週4日以下の労働の従業員への付与日数

週所定労働日数	1年間の所定労働日数	勤続年数						
		6か月	1年6か月	2年6か月	3年6か月	4年6か月	5年6か月	6年6か月
		付与日数						
4日	169日～216日	7日	8日	9日	10日	12日	13日	15日
3日	121日～168日	5日	6日		8日	9日	10日	11日
2日	73日～120日	3日	4日		5日	6日		7日
1日	48日～72日	1日	2日			3日		

このとおりです」

社長「すると、週5日働いていると、1日1時間労働の人にも10日やるんですか。1週間に、たったの5時間しか働いていないんですよ」

隠居「もちろんそうです。その場合、年休で支払う賃金は当然1時間分でいい」

社長「えーと、週1日5時間働くと有給休暇は1日、時間にすると5時間分。それなのに、週5日、1日1時間働くと10日になって10時間分、2倍になる。釣り合わない」

隠居「週の休日は週5日働くと2日、週1日労働では6日、休日は3倍ある。付与日数は、いい案配です」

社長「そう言われれば、そうですが」

隠居「それに来年からは、いつ付与するつもりですかな」

社長「そりゃあ、勤続1年3か月になったときです」

隠居「そう。初年度に付与する日数の一部を法定の基準日以前に付与する分割付与は、次の要件を満たさなければいけないし、分割付与は、初年度でしかできません（平6基発1号）。

○出勤率の算定は、短縮された期間はすべて出勤したものとみなすこと
○次年度の付与日については、法定の基準日から繰り上げた期間と同じ又はそれ以上の期間、法定の基準より繰り上げること」

社長「勉強になりました。また、何かとお願いします」

◇◇◇取得届の提出時期◇◇◇

前の相談で味をしめた八五郎、また、ご隠居に文句をぶっつけに駆け込んできます。

八五郎「ご隠居、また、おかしな話だ」

隠居「今度は何だ」

八「社長に、朝、電話して『今日、有給休暇にしてください』と言ったら、『この間、就業規則見せただろ。どこ見てたんだ。2日前に届けろと書いてあるはずだ』と言われ、挙句の果て、『手が足りないから、病気じゃなかったら、遅刻してでも出てこい』と言われた。しょうがないから、今から会社に行くんだけど、ひどくない？」

隠居「そうひどくもない。八つぁんには少し難しい話になると思うが、聞いとくと得になる。

使用者は、できるだけ従業員が指定した時季に休暇を取れるように、状況に応じ

た配慮をするのが法の趣旨であり、これが原則だ。

一方、使用者は、年次有給休暇を与えると事業の正常な運営を妨げる場合には、その日に与えず、他の日に変更することができる（労基法第39条第5項但し書き）。これを『時季変更権』という。だけど、当日になって有給休暇にしますと言われたって、時季を変更する時間的余裕がない。普通には、仕事のやりくり、人のやりくりをするため、それに必要な日にちの前に届け出てもらいたいものだ。何日ぐらい前に届け出ればよいかは、企業の規模、業態などによって異なるが、少人数の会社についての裁判例で、こんなのがある。急に運転手が休むと人員確保が必要になるので、就業規則で3日前までに年休の届出を書面で提出する定めは合理性があるとの判断を示してる（三晃運輸事件　平12・9・1大阪地裁判決 労経速1753・24）。

だから、企業としては、業務に支障を生じないようにして、従業員が年休を取れる配慮をするために、その取得日を前日までとか2日前までに届出るようにさせることは、それ自体おかしくない。杓子定規に2日前に届けなければ絶対与えないというわけにはいかないが、とにかく、八つぁんとこでは、当日の申出は認めてないんだろう」

八
「だけど、この間、パートの人が『子供が病気なので、年休にしてください』と電話してきたとき、当日の朝でも、年休にしてたのに」

隠居「当日のことだ。やむを得ない理由があれば認める、そうでなければ認めない場合があってもいい。どんな社長だって、寝坊したから年休にしてくださいと言ってきたって、はい、そうですかと言えないもんだ」

八「どうして寝坊したって分かるんだろ」

隠居「八つぁんのことだ。想像がつく。社長だって受話器の耳から、寝ぼけ眼（まなこ）が見えたんだろうよ」

八「ふざけないでくださいよ。理由によっては取れないことがあるなら、いちいち理由を言わなければいけないんですか」

隠居「年休を取る理由は、ストライキ以外何でもいいし、理由を告げる義務はない」

八「どんな理由でもいいなら、寝坊でもいいんじゃないですか。さっきはダメだと言ったのに」

隠居「あらかじめ届け出れば寝坊だって取れる。1日の休暇が取れないのなら、1日でなく1時間の有休が取れればいいが。労使協定を締結すれば、年5日を限度として年次有給休暇を時間単位で取得できる。この制度はあるかな」

八　「ある、ある」
隠居　「じゃあ、すぐ会社に行って、『今日は1日有給休暇を取ろうと思いましたが、社長に出てこいと言われましたので、出てきました。始業時刻から1時間は有給休暇にしてください』とお願いしてみろ」
八　「そうか、言ってみるか」

◇◇◇時間単位・半日単位の付与◇◇◇

二、三日後、甚兵衛社長は、八五郎に助言をしているご隠居に、その取扱い結果について報告します。

社長　「この間は、八五郎君に1時間の年休を与えました。八五郎君は遅刻をするので、今後は、当日の朝は認めないと釘を刺しときましたが」
隠居　「勤怠は悪いようですが、仕事振りはどうですかな」
社長　「八五郎君のことは子供のころからよく知っていますし、仕事に取り掛かれば真面目にしているので、何とかいっぱしの職人に仕立てたいと思い、少し大目に見ているのですが。まだ…」
隠居　「そうか、宜しく頼みますよ」

社長　「この際ですから、年次有給休暇について、何かお話いただけることがあったらお願いします」

隠居　「そうですね、時間単位の年休を導入してるので、おさらいとして整理して説明しときましょう。

○　労使協定を締結することにより、年に5日を限度として、時間単位で年次有給休暇を与えることができます（労基法第39条第4項、労基則第24条の4）。前年度からの繰り越しがあっても、その繰り越し分を含めて5日分以内になります。

○　労使協定に規定する内容は、次のとおりです。

・　時間単位年休の対象労働者の範囲
　一斉に作業を行う業務等、業務の性質上、時間単位の取得がなじまない場合に限り、対象者から除外できます（平21基発0529001号）。

・　時間単位年休の日数（5日分以内）

・　時間単位年休1日の時間数
　1日分の年次有給休暇に対応する時間数を、所定労働時間数を基に定めます。時間に満たない端数がある場合には、時間単位に切り上げてから計算します。

例えば、1日の所定労働時間が7時間30分で5日分の時間単位年休の場合、7時間30分を切り上げて1日8時間とし、8時間×5日＝40時間分の時間単位年休になります。7時間30分×5日＝37時間30分を切り上げて38時間とするのではありません。

所定労働時間が日によって異なる場合、1年間における1日平均所定労働時間数（これが決められてない場合は、決められてる期間における1日平均所定労働時間数）によります。

・1時間以外の時間を単位とする場合はその時間数

時間単位年休を取得することができない時間帯を定めておくことや、1日に取得することができる時間数を制限することなどは認められません。

○時間単位の年休でも、事業の正常な運営を妨げる場合には、使用者による時季変更権が認められます。

○時間単位年休に対して支払われる賃金は、1日の年次有給休暇に支払われる賃金をその日の所定労働時間で除して得た金額となります。

半日単位の年休も設けることができますが」

社長　「それは、ありません」

隠居　「半日単位の年休については法律の定めがなく、労使協定を締結しなくても従業員が希望した場合であれば、日単位の取得の阻害とならない範囲で、取得できる日数分を定めて与えることができます（平21基発0529001号）。

半日単位の取得と時間単位の取得とは無関係で、半日の取得が時間単位での取得時間数を減ずることはありません。

半日単位の半日の取り方は、1日の所定労働時間を半分半分にする必要はなく、昼休みを挟んでの午前、午後でもよいのです。どのように決めても、一回の取得で0・5日の取得となり、2回で1日の取得となります（平30基発0907第1号）。なお、午前、午後とする場合、取得が一方に偏らないように制約する定めを設けることができます。

時間単位年休に対して支払われる賃金の話はしましたが、年次有給休暇の日に支払う賃金についてもいろいろあるので、説明しときますかな」

社長　「ついでですので、お願いします」

◇◇◇支払うべき賃金◇◇◇

隠居　「年次有給休暇の日に支払う賃金の支払い方は3通りあり（労基法第39条第9項）、このうちどれで支払うかは、就業規則で定めておきます。

・通常の賃金
・平均賃金
・健康保険法第40条第1項に定める標準報酬月額の1／30に相当する金額（標準報酬日額）

＊　5円未満の端数切捨て、5円以上10円未満は10円に切上げ

この方法を採るには、労使協定が必要です。

平均賃金と標準報酬日額の出し方は、それぞれ決まってます。

通常の賃金についても計算する方法は定められてますが、年次有給休暇の日又は時間、出勤してその日の所定労働時間労働した分の賃金を支払うことで足ります（平31基発0401第43号）。

臨時に支払われる賃金、所定時間外労働等に対して支払われる賃金は、算入されません。

賃金のうち、出来高給その他の請負給については、その日の出来高給・請負給の額

が分からないので、賃金締切日の後に、その額を次の算式で算出することになります。

《「その日の通常の賃金の額」＝「賃金算定期間における出来高払制による賃金総額」／「当該賃金算定期間における総労働時間数」×「当該賃金算定期間における1日平均所定労働時間数」》

賃金総額、総労働時間ですから、時間外・休日労働の時間数とその時間で得た額が含まれます。

例えば、その月（賃金計算期間）に時間外労働を含めて180時間働き、9万円の請負給を得ていた場合には、4，000円（＝90，000円／180時間×8時間（一日の所定労働時間））になります。

当該期間に出来高払制によって計算された賃金がない場合には、当該期間前に、出来高払制によって計算された賃金が支払われた最後の賃金算定期間にします」

社長「通勤手当は除外されていないようですが、有給休暇の日の分も支払わなければならないのですか」

隠居「通勤手当は通常の賃金なので、原則としては支払うことになり、毎月、通勤手当相当額が支払われている場合には、有給休暇の日を含んで既に支払われていることになります。しかし、『労働者が現実に出勤して労働したことの故に支払われる実費補償的性格の手当（たとえば、通勤費の実額支給を内容とする通勤手当など）でない限り、前記年次有給休暇制度の趣旨に反する賃金不払として法的に許されないものというべきである』との裁判例があり（大瀬工業事件　昭51・3・4横浜地裁判決　労判246・30）、出勤した日のみに支払う旨の規定（又は労使慣行）によって実費補償の支給基準になっていれば、実際には出勤しない有給休暇の日に支払わないとしても、不利益な取り扱いにならないと解されます。

ついでにもう一つ、変形労働時間制を採用してて、所定労働日によって所定労働時間が異なる場合、通常の賃金ですと、例えば、6時間と10時間の日がある場合には、年休を6時間の日に取れば6時間分、10時間の日に取れば10時間分の賃金を支払うことになります。これでは、10時間の日に休むと得ではないかと思われますが、そのとおり得です。何時間休んでも同じような額にしたいというならば、金額が減らないように工夫し、他の方法に変えるしかありません。

また、使用者は、年次有給休暇を取得した従業員に対し、賃金の減額その他不利益な取り扱いをしないようにしなければならないとの定めがあります（労基法第136条）」

社長　「バランスよく取得するように、協力してもらうしかないですね」

◇◇◇労働日数、基準日の変更◇◇◇

甚兵衛社長が再びご隠居を訪ねて来ました。また相談ごとが起きたようです。

社長　「実は、今日は、別件で相談に来たのです。

定年になった者を続けて再雇用したのに、急に来月末に退職したいと言ってきたのです。それはしょうがないとして、辞める前に、昨年の繰越分4日と今月付与される新たな分を足して、年次有給休暇を全部使いたいと言っているのです。すぐ辞めるので、新たな分を全部付与する必要もないと思うのですが」

隠居　「定年後に継続雇用してれば、定年時の残存日数はそのまま使えるし、定年前からの勤続年数によって基準日に新たに付与することになります。昨年は、その男に何日付与してました？」

社長　「20日与えていました」

隠居　「それなら、年次有給休暇の時効は与えたときから2年ですから、前年の残日数に新たに付与する日数を加えて、週の勤務が同じなら合計24日になります」

社長　「ええ、そんなにですか。すると、退職するまですべて年休で埋まってしまいそう。

今年の分は、1年間働くなら20日だが、付与してから僅か1か月で退職するのだから、比例計算できないのですか」

隠居 「そう計算したくなる気持ちは分かりますが、年休は過去の継続勤務に対して与えるものですから、今年の分は全部付与しなければなりません。

ここで大事なのは、付与するのは過去の勤務に対してですが、付与する日数は、過去の勤務日数によるのでなく、付与する基準日において契約している今後の1週間の所定の勤務日数によることです。過去の勤務日数を用いるのは、今後の勤務日数が分からないときだけです。そのときは、実績によることが合理的であるからです。その従業員の週の労働時間は定年前と変わってませんか」

社長 「それなら再雇用契約のとき、本人の希望をいれて週4日、1日7時間労働にしました」

隠居 「さっき、週の勤務が同じなら20日といいましたが、それなら今回は15日です。合計19日になるかな」

社長 「もし、次の基準日までの間に労働日数を変更したならば、どうなります?」

隠居 「週の労働日数が年度の途中で増えても減っても、基準日に一度付与した年次有給休暇の日数は変えなくていいのです。増やす分にはいいですが、減らしてはいけません。次の基準日に、そのときの契約内容によって付与することになります。

これに関わる話をすると、パートタイム従業員を正規従業員にしたとき、与えていた日数は変えなくていいのです。しかし、それによって付与する基準日が変わるとなると、特別の定めがない限り、次は、パートタイム従業員の基準日から1年以内の、正規従業員の基準日に付与しなければならなくなります。パートタイム従業員として1 2月に年休を付与した後、翌1月に正規従業員になり、4月1日の正規従業員の基準日にまた年休を付与することが起こり得ます。

この理屈は、入社日を基準に付与していて、従業員ごと別々だった基準日を一つの基準日に統一するときも同じです」

社長「変更した年は、随分有給休暇の日数が増えてしまいますね」

隠居「その年度と繰り越せる翌年度だけですけど、そのとおりです」

社長「付与日数についてはよく分かりましたが、引継ぎをきちんとやってもらわなければならないし、人員の補充もすぐにつかない。全部取られると困るのですが」

隠居「退職までの日数が少ないと時季変更できません。取得届が出されると与えざるを得ません。その場合には、その従業員に退職日を延ばしてもらうとか、ある程度の日数の出勤をお願いしてみることはできても、出勤を強制できない。引継ぎをしないことにより、会社に実害が生じれば、民事上損害賠償を求めることはできますが」

◇◇◇時季変更権◇◇◇

ご隠居に相談してばかりの八五郎ですが、この日は、何やら得意気にやって来ました。

八五郎「ご隠居。いいことを考えたので、教えに来た」

隠居「ええっ、八つぁんに教えてもらえることがあるなんて、嬉しいじゃあないか。何だ」

八「会社が忙しいときは、年休が取れないと聞いたが、それなら休日に年休を取れば、休日が有給となって賃金がもらえるんだと気がついた。俺は頭がいい」

隠居「こっちは頭が痛い。年次有給休暇は休日には取れない。労働義務のある日にしか取れない。取れるとすると、年休を金で買うのと同じことになってしまう」

八「ならば、休日出勤を命じてもらい、労働義務のある日にして年休を取るのは、どうか」

隠居「休日出勤を命じられても、その日は休日であることに変わりない。その他、先に労働義務を免除されている休業、休職の日には取れない。ただし、労災事故で仕事ができずに会社を休まなければならないときには、労働義務のある所定労働日に有給休暇を取ることは認められてる。休業補償は、療養のために労働ができず、賃金が支払われないときにもらえるものだからだ」

八　「まあいいや。年休があったって、この前みたいに、好きなときに取れそうもないんだから。店は閑なときがあんまりないし」

隠居　「ただ忙しいというだけでは、年休を取得する時季を使用者が変更できる事由の『事業の正常な運営を妨げる』とまでいえない。同じ日に大勢の従業員から休暇届が出されるとか、年末とか記念セール、人気チケットの発売日のように、事務の人まで売り場に応援に出たりするなど、とても忙しくなるときや、特別な業務があり、その日その人が勤めなければ、その後の事業運営に支障をきたすことが明らかな場合などに限られる。普通、一人が休暇を取れば、その人の仕事や、その人の職場に多少の支障が生じるのは当然だ」

八　「うちのマンションの管理人は一人で仕事していて、休日以外に休んだときを知らない。仕事を一人で任されている人はどうなるのかな」

隠居　「代わりの者がいないから年休の取得を認めないということはできない。企業には、必要な人数の代替要員を用意しておくことが求められる。

ただ、長い期間連続して年休を取るには、会社と調整をしておかないと認められないことがある。裁判例で、企業には休暇の時期、期間についてどの程度の修正、変更を行うかに関して、時季変更権の行使についてある程度の裁量的判断の余地を認めてる。法の趣旨である、できるだけ従業員が指定した時季に休暇を取れるようにする配慮を欠くなど不合理なものでない限りだが（時事通信社事件　平4・6・23最高裁三小判決　労判613・6）。

要するに、長期に海外旅行するときには、宿を予約する前に、会社に対して休暇を予約しておくことだ」

八「海外旅行か。いいなあ。俺が行けるのは、ニューヨークぐらいか」

隠居「ニューヨークとは、こりゃまた、すごいな」

八「近くの銭湯ですよ」

◇◇◇買上げ◇◇◇

このところ、八五郎と甚兵衛社長が入れ替わり立ち替わり訪れています。今度は、甚兵衛社長の番。

社長　「この間、相談した従業員に少しの日数の出勤をお願いしたところ、使えなかった日数分の休暇を買い上げて欲しいと言ってきたんです。買い上げることはできるのですか」

隠居　「年次有給休暇が使える間の買い上げは年休の取得を妨げることになり、絶対に買い上げてはいけません。退職時に買い上げるにしても、あらかじめ買取り制度を設けたり、買い取り額を通常の賃金より高く設定して買取りを提示したりすることは許されません。

しかし、退職時に後任者への引継ぎ業務や後任者の補充がつかないための勤務のために、退職日までに使い切れない年休の残存日数を買い上げることは可能とされてます。ただし、義務ではないから買い上げなくてもいい。この制限は、法定の年次有給休暇についてであって、会社がプラスアルファしてる休暇については、自由にできます」

社長　「じゃあ、買い上げなくてもいいのですか」

隠居　「そうです。今回は、社長の願いを聞き入れてのことのようですから、買い上げが考えられると思いますが、買い上げは、普通に行うことではありません。

買い上げるに当たっては、退職後に無効になる分だから、買い上げ日数や金額について、残存日数の範囲内や通常の賃金額の範囲内で制限をつけて行うことができます」

◇◇◇計画的付与制度◇◇◇

隠居「ところで、社長の店では、『年次有給休暇の計画的付与』制度を利用してますか」

社長「いいえ」

隠居「それなら、知ってて損のない制度ですから、説明しときましょう」

社長「知っていて損のないものなら、とくと話してください」

隠居「この制度は、労使協定を締結することにより、年休のうち5日を超える日数について、その対象となる従業員に対し、年休を与える日をあらかじめ定めることができるものです（労基法第39条第6項）。ただし、計画的付与として、時間単位で与えることは認められません（平21基発0529001号）。なお、この労使協定は、労働基準監督署に届け出る必要はありません。

営業を休みにするのであれば、事業所全体一斉に行うことになりますが、そうでなくとも、複数に分けての交替制又は個人別等の指定の方法や日数・時季を効果的に自由に決めることができます。

計画休暇を多くすると、個人的に使える休暇がそれだけ減ることになるので、計画的取得を設ける目的によりますが、日数も全員同じでなくてよく、付与日数の少ない人には、日数を少なくできます。

これにより、指定した日は年次有給休暇となり、仕事を命ずることはできません。

これを行う場合の注意点があります。

○ 年次有給休暇がないか、あっても5日未満である従業員に対しては、計画的付与はできません。

事業所一斉に行うには、この人たちに対し、その日は有給の特別休暇とするか、計画的付与の対象から外し、休業にして休業手当を支払う必要が生じます。

○ 年次有給休暇を特定すると業務に支障をきたすおそれがある人に対しては、あらかじめ対象から除外しておく必要があります。

厚生労働省の調査によると、この制度がある企業は43・1%で、企業規模での差なく、かなり導入されてるといえます。日数は、そのうちの約7割が5〜6日です（「令和4年就労条件総合調査」）。社長のところも検討する余地があるのではないでしょうか」

社長 「そうですね。でも、どうしても計画的付与日を変更したいときに変更できないのでは、導入し難いですが」

隠居　「業務上の都合でやむを得ない場合に限って、計画年休日を変更することがあることをあらかじめ協定のなかに盛り込んでおけば、これによる変更は可能になるとされてます。

この場合、当初の日に代わる日について、使用者が一方的に指定できません。労使の合意によって定めることになります」

◇◇◇取得時季の指定◇◇◇

隠居　「もう一つ宜しいですか。使用者の義務である制度なので、『休暇の取得時季の指定』について説明しておきたいんですが」

社長　「制度ができたとき、これに対応するため最低限のことは承知していますが、どうぞ」

隠居　「これは、基準日に付与する年次有給休暇の日数が10労働日以上である従業員で、その年度の取得日数が5日に足りない者に対し、その足りない日数分を、基準日から1年以内の期間に、使用者が時季を指定して取得させなければならないとする義務です（労基法第39条第7項）。

我が国の年次有給休暇取得率は低迷してて、年次有給休暇をほとんど取得していない労働者については長時間労働の比率が高い実態にあることを踏まえ、この仕組みが導入されました。

先ほどの調査によると、労働者一人平均取得率は全体で58・3％です。取得率の分母は当年度付与された日数だけで、繰り越された日数は含んでないんですよ。

半日単位の年次有給休暇で取得した日数は、0・5日として使用者が時季指定をすべき年5日の年次有給休暇から控除し、0・5日の単位での不足があれば半日休暇を指定できます。しかし、時間単位の年次有給休暇で取得した時間については控除できず、また、時間単位で時季を指定することもできません（平30基発1228第15号）。

また、付与期間の途中に休業、休職から復帰した従業員についても、5日間の年次有給休暇を取得させなければなりません。ただし、残りの期間における労働日が、使用者が時季指定すべき年次有給休暇の残日数より少なく、5日の年次有給休暇を取得させることが不可能な場合には、この限りでありません。

従業員が自ら取得し、又は取得日をすでに指定している場合はもとより、先ほど説明した計画的付与制度によって年次有給休暇を付与する日数は、この5日の中に含まれます。これらで5日を満たしていれば、指定できないということです。

従業員に取得時季の指定をするとき、その時季について当該従業員の意見を聴かなければならず、また、できる限り聴取した意見を尊重するように努めなければなりません。企業のしていい、てー放題は、ご法度です。

この指定を怠りなく行うために、年次有給休暇の基準日および従業員の取得した時季、日数を従業員ごとに明らかにした『年次有給休暇管理簿』を作成し、当該年次有給休暇を与えた期間中および当該期間の満了後5年間（経過措置によって当分の間3年間）保存しなければならないことになってます」

社長「年次有給休暇の日数が10労働日以上である従業員が対象ですが、10労働日には前年から繰り越された残存日数は含まないのですね」

隠居「そのとおり、繰越日数分は含みません。当年度の基準日での付与日数によります。時間があれば年休以外の休暇と休業、休職についてもお話しますが」

社長「日頃勉強することがないので、いい機会です。お願いします」

隠居「では、その前に一息つきますか。コーヒーブレイクです」

社長「ご隠居もコーヒー飲むのですか」

隠居「すコーヒーね」

社長「うー、これは少し無理ですね。ご隠居には、お茶で『一服』の方が似合います」
隠居「それなら、わたしは、毎朝一服してます」
社長「朝からいいですね」
隠居「薬ですよ」
社長「ふー。ご隠居は法ルールの説明の方がお上手です。さあ、お願いします」

休暇、休業、休職編

◇◇◇休暇◇◇◇

隠居「労働義務のある所定労働日の労働を免除する日には、休暇、休業と休職がありますが、この三つの土台は同じなので重なる面があり、区分の仕方は人によって多少違うところがあります。

ここでは、休暇とは、法令又は就業規則・労働契約等で定める事由に該当するとき、従業員の請求・申出によって、1日（又はその一部）ないし比較的短い期間の労働義務を免除するものを指します。

法令は、休暇を次のとおり定めています。いずれも、従業員の請求・申出によります。

○労働基準法による休暇
・年次有給休暇…この説明は済んでます。
・生理休暇（同法第68条）
・公民権を行使するための休暇（同法第7条）
・時間外労働の代替休暇（同法37条第3項）
時間外労働1か月60時間超の割増率の適用がある場合、従業員の請求により、その割増賃金の支払いに代えて1日又は半日単位で与えます（労基則第19条の2第1項）。これを行うには労使協定を締結する必要があります（中小企業への適用は、2023年4月1日から）。

産前休業は請求によるものなので、これを休暇に分類する方法がありますが、法文が『休業を請求した場合』としてることから、ここでは休業に分類してます。
○育児・介護休業法による休暇
・子の看護休暇（同法16条の2）
・介護休暇（同法第16条の5）
○男女雇用機会均等法による休暇

・妊産婦の母性健康管理のための休暇（同法第12条）
　妊産婦が母子保健法の定める保健指導又は健康診査を受けることを確保するための時間を与えます。

年次有給休暇を除いて、休暇の日（又は時間）の賃金は、労務の提供がないので無給でいいのです。

法令に基づく休暇の他に、企業が従業員のために様々な目的・事由により、任意に設ける特別休暇があります。甚兵衛さんの会社にもあるでしょ」

社長　「慶弔休暇があります」

隠居　「慶弔休暇以外の特別休暇制度の有無についての調査によると、特別休暇制度のある企業は全体の58・9％です。制度がある企業の複数回答で多い順にいうと、夏期休暇41・5％、病気休暇22・7％、リフレッシュ休暇11・8％、ボランティア休暇4・2％、教育訓練休暇4・0％です（前掲『令和4年就労条件総合調査』）。

慶弔休暇、特別休暇を設けるとき、事由と対象者を明確にすることはもとより、休暇の性質によっては、運用上の取扱いを定めておくとよいでしょう。

結婚休暇についていえば、例えば、こんなことでしょうか。

・休暇の起算日（結婚の時点）、取得期限は。
・休暇中にある休日を日数に含むのか否か。
・休暇が2日以上ある場合、連続か分割可能か」

社長「そうですね。結婚といっても、今は、同性婚とかもありますし」

隠居「法律による休暇ですが、生理休暇は、就業が著しく困難な女性従業員の請求により、1日、半日又は時間単位で与えなければなりません」

社長『生理休暇をください』と言われたら、言われたまま与えなければならないのですか」

隠居「就業が著しく困難であるかどうかを医学的に判定することは難しく、本人から請求があった場合、これを認めることになります。しかし、本人の取得日の行動や取得する日数から、就業が著しく困難であるとすることが強く疑われる場合には、本人から説明を聞き、また簡単な証明、例えば、同僚の証言を取ることはできるとされています（昭63基発150号、婦発47号）。
　生理休暇を請求できる日数は限定できません。
　休暇の日の賃金は支払わなくても、また支払う場合に、有給の日をその一部にすることも差支えありません。

精皆勤手当や賞与の出勤率の算定にあたって、生理休暇の取得日をどのように取り扱うかですが、精皆勤手当の支払いにおいて出勤扱いにすることまでは義務付けておらず、欠勤扱いとすることは労使間において決定することであり、その取得を著しく困難とし、生理休暇の規定を設けた趣旨を失わせるものでないかぎり、欠勤扱いにしても違法ではないとした裁判例があります（エヌ・ピー・シー工業事件　昭60・7・16最高裁三小判決　労判455・16）。

また、生理休暇だけではないのですけれど、年次有給休暇、産前産後休業、労働災害による休業等の労働基準法上の権利に基づく不就労を、欠勤、遅刻、早退に加えて賃金引上げの要件である出勤率の算定（前年の稼働率が八〇パーセント以下の者を除外するもの）の基礎にすることは、権利行使に対する事実上の抑制力は相当強く、公序に反して無効になるとした裁判例があります（日本シェーリング事件　平元・12・14最高裁一小判決　労判553・16）。

公民権を行使するための休暇は、従業員が選挙権その他国民としての権利を行使し、又は公の職務を執行するために必要な時間を請求した場合、与えなければなりません。

国民としての権利とは、国又は公共団体の公務に参加する権利で、公職の選挙権、被選挙権の行使などがあります。候補者自らの選挙運動は含まれますが、他の立候補者の選挙運動は含まれないとされます。市町村議会議員への就任も該当しますが、継続した期間となる場合、休暇としてより、一般的に休職の問題になります。

公の職務の執行には、国民としての公職の義務である労働審判員、裁判員制度の裁判員、選挙立会人などが当たります。非常勤の消防団員など、単純な労務の提供を主たる目的とする職務は含まれないとされてます（厚生労働局労働基準局編「労働基準法上」㈱労務行政）」

社長「思い出しました。裁判員制度ができたとき、あの時もご隠居に教わりに来ました」

隠居「そうでしたね。

休暇については、育児・介護休業法による休暇もありますが、これは別の機会に詳しく説明するとして、続いて休業の説明をします」

◇◇◇休業◇◇◇

隠居「休業とは、法律の定めによるもの又は使用者の都合により命じるもので、所定労働日1日の全部又は一部の労働を免除することを指し、期間が長いものまであります。

○ 労働基準法によるもの

・ 業務上災害による休業（同法第７６条第１項）

・ 産前・産後の休業（同法第６５条第１、２項）

○ 育児・介護休業法によるもの

・ 育児休業（同法第５条）　・　介護休業（同法第１１条）

○ 使用者の命じる休業（労基法第２６条）

法律に基づく休業のうち、業務上災害による休業については、労働者災害補償保険から休業補償が給付されるまでの通算３日（『待期期間』といい、休日を含む）、事業主は、平均賃金の１００分の６０の休業補償を行う義務がありますが、他の休業は、賃金を支払う義務はありません。

事業主の命じる休業については、事業主は従業員に対して労働を命じる義務はなく、就業規則、労働契約等に定めがないとしても、１日の全部又は一部の休業を命じることができるとされてます。一時帰休のように期間を定めて休業にすることもできます。

ただし、従業員から休暇取得の届出が出されている日については、先に、その届出により労働を免除しているので、休業の命令はできません。また、休業は、使用者が一方的に命令してできるとはいえ、その命令が社会通念上著しく妥当性を欠く場合や違法・不当な目的・態様とみなされる場合は、休業自体が無効にされます。

休業が事業主の責めによるときには、法律（労基法第26条）は、平均賃金の100分の60以上の休業手当の支払いを命じています。従って、この割合を決めて、就業規則に定めておきます。

『使用者の責め』とは、民法では責めを負わない経営上の障害を含み、幅広く解釈されていて、不可抗力を除く、ほとんどすべての事由が相当します（厚生労働局労働基準局編「労働基準法　上」㈱労務行政）。

不可抗力か否かの判断には、2つの要件が必要とされます。

○　原因が事業の外部より発生した事故であること

・　事業経営に伴い発生した事故は、すべて事業の内部の事故と解されます。従って、資材、設備等の欠陥に起因する休業は、原則として使用者の責めに帰すべき休業になります。

・　業務量の減少により、一時帰休を行った場合には、使用者の責めに帰すべき休業に該当し、休業手当の支払いが義務付けられます。

○ 事業主が通常の経営者として最大の注意を尽くし、なお避けることができない事故であること

不可抗力の例として、台風や集中豪雨などの天災地変により操業が不可能となったことによる休業、法令を遵守することにより生ずる休業が挙げられます」

社長 「朝の通勤時間帯に台風が来襲する恐れがあり、交通機関、道路の不通も考えられ、従業員の安全を考慮して休業にすると、どうなるのでしょう」

隠居 「台風による事業場設備の損害又は交通機関の断絶のために事業を停止せざるを得ないことから休業を命じた事情であれば、休業手当を支払うことは不要です。

しかし、事業を行うことができても従業員の足の確保が難しいなど、通常の事業運営に支障をきたすおそれがあるために休業にするのであれば、休業手当を支払うことになります。それでも、従業員の安全に配慮して休業にするメリットはあると思われますが、この場合、就業規則に定めがあれば、休日振替を行う方法によることができますし、在宅勤務制度があれば、それも考えられます。

事業を行ったが、従業員が通常の通勤ができずに遅刻、欠勤した場合には、賃金の

支払いはしなくていいものの、従業員に責めのない不可抗力によるものであり、就労義務に反するとして勤務事故扱いにはできません。

懲戒処分として行う出勤停止命令は、出勤停止期間を含めて適正なものである限り、労働者の責めによる事由によるものなので、休業手当の支払い義務はありません。

産前・産後の休業、育児・介護休業については、話が長くなるので、育児・介護休業法による休暇と同様に、今度、別の機会を作って説明しましょう」

社長「それで結構ですが、感染症により従業員を休業にするときは、どうなるかお聞きしたいです」

隠居「過去には新型インフルエンザ、今は新型コロナウィルスで、この問題に直面した企業が少なからずあります。

感染症に関して従業員に自宅待機させる場合、休業手当を支払わないことができるのは、次の場合に限られます。

○　感染症法その他の法令により就業制限措置が講じられた場合

○　労働安全衛生法に基づく就業禁止（同法６８条、安衛則第６１条第１項第１号）として自宅待機を行った場合しかし、感染症法によって予防の措置がとられるから、感染症については、この対象にならないとしてます（昭和33基発90号）。

感染症のうち就業制限が適用されるのは、1類感染症（エボラ出血熱、ペスト等）、2類感染症（結核、SARS、鳥インフルエンザ（H5N1）等）、3類感染症（コレラ、腸チフス等）、新型インフルエンザ等感染症（新型コロナウィルス感染症）および指定感染症（4類・5類感染症のうち、まん延して国民の生命・健康に重大な影響を与えるおそれがあるものを指定するが、現在、これに該当するものはない。）です。

新型コロナウィルスについて、厚生労働省からQ＆A（「新型コロナウィルスに関するQ＆A（企業の方向け）」令和4年5月13日時点版）が出されてます。その一部を簡潔に示しましょう。

○ 従業員が新型コロナウィルスに感染して、都道府県の知事が行う就業制限により休業にする場合

休業手当を支払う必要はありません。

○ 新型コロナウィルスへの感染が疑われる従業員を休業させる場合

従業員が各都道府県の『受診・相談センター』での相談の結果を踏まえて、職務の継続が可能であるとするも、使用者の自主的判断で休業させる場合には、一般的には、使用者の責に帰すべき事由による休業に当てはまり、休業手当を支払う必要があります。

○発熱などの症状があるため従業員が自主的に休む場合

新型コロナウィルスかどうか分からない時点で、従業員が自主的に休む場合には、年次有給休暇にしなければ、通常の病欠と同様に取り扱って構いません。一方、例えば発熱などの症状があることのみをもって一律に従業員に休んでもらう措置をとる場合のように、使用者の自主的な判断で休業させる場合には、一般的には、使用者の責に帰すべき事由による休業に当てはまり、休業手当を支払う必要があります」

社長「新型コロナウィルス感染症により、事業の休止を余儀なくされたときは、どうなるのでしょうか」

隠居「不可抗力による休業の場合には休業手当の支払い義務はありませんが、不可抗力か否かは、個別事案ごとに諸事情を総合的に勘案し、先に説明した基準で判断することになります。

休業はここまでで、次は休職の説明になります」

社長「休暇、休業の話なのに、わたしの頭は働きっぱなしです。有給休暇を取りたいですね」

隠居「こちらはしょっちゅう暇だから、時季変更権は使えませんな」

◇◇◇休職◇◇◇

しばらく雑談をした後、

隠居「そろそろ休職の説明に入りますよ。

休職とは、従業員に長期にわたり労務の提供が不能又は不適当な事由が生じた場合に、身分関係を継続させつつ、一定の期間、事業主の発令により労務の提供を免除することをいいます。長期雇用を前提とし、それを保護する制度です。

法令に休職の定めはありませんが、就業規則の定めによって行うことが認められて、制度がある場合には、労働契約の際に明示すべき労働条件の一つになってます。

休職とする事由には、私傷病休職、自己都合による長期欠勤のための休職、起訴休職、自己啓発休職および出向休職等があります。

休職は、その期間の満了までに休職事由が消滅せずに復職できない場合、終期の到来による労働契約の終了として自動退職（自然退職）となる点に休業との違いがあります。ただし、就業規則に解雇になると規定されてると、解雇の手続きが必要になります。

休職期間中の賃金については、私傷病休職、起訴休職、公職就任等の従業員の事情による休職は、原則として無給で構いません。

起訴休職について、従業員が起訴されたからといって、機械的に命じられるものではないという裁判例があります（山九事件　平15・5・23東京地裁判決　労判854・30）。

痴漢行為を行った従業員に非があるとしても、逮捕勾留後保釈された従業員を長期にわたる無給の状態に置くことは酷であり、労務に従事させても支障がない職場があったことから、休職処分を無効とし、賃金の支払いを認めてます。つまり、従業員の労務の提供が期待できない場合や物理的に労務の提供ができたとしても、それにより会社の信用や職場秩序を損なう場合に限られます。

また、病状が重篤で復職が困難であるとして、休職制度があるにもかかわらず、これを適用せず、休職期間に入る前に解雇した事案について、仮に休職期間を取ったにしても病状の回復は不可能であり、解雇権の濫用に当たらないとして解雇を認めた裁判例があります（岡田運送事件　平14・4・24東京地裁判決　労判828・22）。休職期間に入るまでの欠勤期間中については、事情によって、使用者に解雇するか休職にするか裁量があると判断したわけです」

隠居「休職の話はこれだけですが、休職のままで終わると退職になってしまう。ですから、復職の話で終わりましょう」

◇◇◇復職とメンタルヘルス不調◇◇◇

社長「それは、そうですね」

隠居「私傷病休職についてですが、復職の要件は、傷病が治癒、つまり休職前の職務を通常の程度に行える健康状態に復したときとされます。これについて、休職前に体調等の問題から軽易な作業に就かせていた従業員に対して、復職可否の基準は本来の職務について検討すべきであるとし、解雇を有効とした裁判例があります（独立行政法人N事件　平16・3・26東京地裁判決　労判876・56）。この裁判では、当初は軽易な作業に就かせれば、ほどなく従前の職務を通常に行うことができると予測できる場合には、復職を認めることが相当であるとしながらも、軽易な作業についても十分な職務が行える保障がないとしました。

また、復職に当たって、徐々に通常勤務に服させていくことも充分に考慮すべきであり、後遺症の回復の見通しについて調査し、配慮することなく復職不可能と判断した措置は妥当なものと認められないとした裁判例があります（エールフランス事件　昭59・1・27東京地裁判決　労判423・23）。

最高裁の判決では、労働契約上、職種や業務内容を特定してない場合、従業員が配置可能と認められる他の業務での復帰を申し出ているときには、債務の本旨に従った履行の提供があるとして、使用者は配置可能な業務の有無を検討する義務があるとしています（片山組事件　平10・4・9最高裁一小判決　労判736・15）。

以上から、従業員が復職を申し出た場合には、企業は、従前の業務と別の配置可能な業務の存否、他に遂行させる業務がないとしても、短期間に従前の業務が可能になる見込みの有無などを検討し、産業医と相談して対応を決定する必要があります。

メンタルヘルス不調による復職に関しては、厚生労働省から手順が示されています（厚生労働省／独立行政法人労働者健康安全機構「心の健康問題により休業した労働者の職場復帰支援の手引き」２０２０年７月）。
そこから一部抜粋していますので、必要であれば後でお読みください。

メンタルヘルス不調からの復職の手順

① 労働者の職場復帰に対する意思の確認
② 産業医等による主治医からの意見収集
診断書の内容だけでは不十分な場合、産業医等は労働者の同意を得た上で、必要な内容について主治医からの情報や意見を収集する。
③ 労働者の状態等の評価
治療状況および病状の回復状況、業務遂行能力、今後の就業に関する労働者の考え、家族からの情報
④ 職場環境等の評価
業務および職場との適合性、作業管理や作業環境管理に関する評価、職場側による支援の準備状況
⑤ その他

治療に関する問題点、本人の行動特性、家族の支援状況や、職場復帰の阻害要因等
⑥ 収集した情報の評価をもとに、職場復帰の可否の判断
職場復帰が可能かどうか、事業場内の産業保健スタッフ等が中心になって判断を行う。

メンタルヘルス不調と関連して、がん患者に対する対応についても触れておきます。
メンタルヘルス不調以外の傷病や治療と仕事の両立の重要性に関する研修・教育の取組みを行ってる事業者は1割未満であるなど、傷病を抱える従業員の治療と仕事の両立への取組みはこれからという状況です。
がん基本法は、この実態を踏まえて、事業主の責務として、がん患者の雇用継続に努めるとともに、がん対策に協力することを求めてます（同法第8条）。がん患者の就労に当たっては、がん基本法に従って主治医、ケアプランナーの助言を得て、就業プランを立てることが必要になります。場合によっては短時間勤務の配慮も必要になりますので、企業のできる範囲で行うことになります」

社長　「大企業でないと重荷ですね」

隠居　「中小企業においては経営の現実から難しいと思いますが、大企業から始まる時

代の流れは、いずれ中小企業にも及ぶことになります。例えば、先ほどの休職からの復帰について、身体障害等によっては従前の業務に対する労務提供を十分にはできなくなった場合に、他の業務においても健常者と同じ労務の提供を要求すれば労務の提供が可能な業務はあり得なくなるのであって、雇用契約における信義則からすれば、使用者はその企業の規模や社員の配置、異動の可能性等から能力に応じた職務を分担させる工夫をすべきであるとする裁判例まで出てきてるのです（東海旅客鉄道事件　平11・10・4大阪地裁判決　労判771・25）。

これで説明は終わりです。大変お疲れ様でした」

社長「長い時間ご説明いただき有難うございました。普段は、こういう問題には触れないので、大変役立ちました。お礼に、今度ゴルフにお誘いしましょうか。ゴルフされるでしょう？」

隠居「折角のお誘いですが、止まってるボールを棒で叩いて、どこが面白いのかと思う方です」

社長「いやー、それが、自分の思いどおりにできそうで思うようにならないから、面白くて、やめられないのですよ」

ご隠居「それじゃあ、社長業もやめられないですね」

賃金の巻

賃金支払いの原則編

◇◇◇定義◇◇◇

大企業を定年前に退職し、義父から会社を引き継いでいる『兆椎(ちょうしい)印刷』善兵衛社長は、賃金の振込払いについての相談をご隠居に持ち込みます。

善兵衛社長「ご隠居。近く、育児休業から復職する女性社員がいまして、在宅勤務を考えているんですが、実はまだ賃金は現金払いなんです。在宅勤務だと給与振込みにしないといけないいんですが、それには、特別な手続きが必要ですよね。それを教えてもらいたくて参りました」

隠居「前にお勤めされてたから多少はお分かりだと思いますが、給与を振込み払いにするには労使協定が必要です。これを含めて、賃金の原則的なことからお話ししましょう。誰にでも、原則から関連することまで、いろいろ話したくなるのが、わたしの癖でして」

社長「誰だって癖はありますよ。自分は癖がないという人こそ、『くせー野郎』ですわ」

隠居「そう言ってもらうと有難いですな。

社長　まず賃金の定義ですが、労働基準法（第11条）は、『賃金、給料、手当、賞与、その他名称の如何を問わず、労働の対償として使用者が労働者に支払うすべてのものをいう』と定めてます。

つまり、賃金は通貨だけでなく、通貨の代わりに、又は通貨と別に支給が約束されている物又は利益は、賃金とみなされることがあるということです」

隠居　「『現物支給』ですね」

社長　「ええ。行政では『実物給与』といってますが、製品等で支払うことです。

一方、通貨や現物で支給するものでも、賃金ではないとされるものがあるんです。

これを仕分けると次のようになります。

〇　賃金…支給条件が明白であり、労働の対価とするもの

〇　賃金でないもの

・　支給条件が明白であるが、実費弁償的なもの

例えば、出張旅費、従業員の私有機器（マイカー等）借上げの損料です（昭63基発150号）。

・　支給条件が明白であるが、労働の対価ではないもの…福利厚生になります。

例えば、住宅ローンの利子補給や社内預金の利子等です。

・支給条件が明白でなく、任意的・恩恵的なもの…福利厚生になります。

例えば、会社の創立記念日又は結婚祝金、死亡弔慰金、災害見舞金等です。

ただし、あらかじめ支給条件の明白なものは、従業員は受給が保障されているわけですから、賃金として保護することが相当であるとされます（昭22発基17号）。つまり、未払いの場合、その請求が認められるというわけです。

現物支給が賃金になることがありますが、賃金は、通貨で支払うことが原則です。

ここから、賃金支払いの原則の話をします」

◇◇◇**賃金支払いの原則**◇◇◇

隠居「賃金支払いの原則は五つありますが（労基法24条）、まずは通貨払いから。

《通貨払い》

通貨とは、貨幣および日本銀行が発行する銀行券をいいます（通貨法第2条第3項）。

賃金に該当する現物支給は、法令・省令又は労働協約に定めがある場合のみ認められます。労働協約は使用者と労働組合の代表者とが書面により締結するもので、労働組合のない企業では、法令・省令の定めがない限り、賃金としてこれで支給できません。労使協定ではできないのです。

給与振込みは、省令で定めるものに該当します。

給与振込を行うには、定められた要件を満たす必要があります。お持ち帰りいただけるように書き物にしてあります」


給与振込を行う要件（平19基発0930001号）

■金融機関の預貯金口座への賃金の振込および証券会社の一定の要件を満たす預り金に該当する証券総合口座への賃金の払込に関し、次の事項を記載した労使協定を締結すること

◉対象となる従業員の範囲　◉賃金の範囲とその金額

◉取扱い金融機関等の範囲　◉口座振込等の実施開始時期

この労使協定は、労働基準監督署への届出は要らない。

■従業員の書面による同意を得ること

従業員から預貯金口座等の指定があれば、その同意が得られたことになる。

■振込まれた賃金の全額が所定の賃金支払い日の午前10時ごろまでに払出しできること

■ 取扱い金融機関等は1社に限定せず、複数とするなど、従業員の便宜に十分配慮して定めること

■ 所定の賃金支払い日に、賃金の支払いに関する明細書を交付すること

社長 「要件は承知しました。書き物でいただくと助かります。

隠居 そう、ご隠居と飲みにいくときには、つうか払いですね」

社長 「社長は、いつも付けでしょ」

隠居 「ご隠居が『今日(きょう)は…』と言えば、わたしが、さっと勘定を払う。ツーカー払いです」

「これは参りましたな。では続けます。

《直接払い》

従業員本人に直接支払うことです。従って、給与振込み制であっても、振込先は本人名義の口座に限られます。

賃金は、未成年者にも本人に支払わなければなりません。親権者等に支払うことはできません(労基法第59条)。ただし、現金払いで、使者(従業員本人が受取りに来られない場合、本人の意思に基づいてお使いとして受取る人)に支払う

ことは差し支えないものとされます（昭63基発150号）。

《全額払い》

賃金は支給すべき額の全額を支払わなければなりません。

ただし、所得税、社会保険料等の法律で控除が定められているもの、懲戒処分の一つである減給の制裁もそうですが（同法第91条）、これらと、労働者の代表との労使協定がある場合には、その額を賃金から控除することができます。

しかし、労使協定によって何でも控除できるのではなく、購買代金、福利厚生施設の費用、社内預金等控除することが理に適ったものでなければならず、また、協定書には、控除の対象となる具体的な項目と、各項目別に控除を行う賃金支払い日を記載するようにとされてます（平11基発168号）。

これに関して、賃金控除協定で定めてない、従業員に対する金銭債権を従業員の賃金と一方的に相殺することはできないけれど、従業員の真に自由な意思による同意があり、その合意によって相殺することは、全額払いの原則によって禁止されるものでないとした裁判例があります（大鉄工業事件　昭59・10・31大阪地裁判決　労判443・55）。

労働基準法（第17条）で禁止している前借金との相殺については、労使協定によっても認められません。

《毎月1回以上、一定期日払い》…二つの原則をまとめてます。

賃金は、毎月1回以上、一定の期日に支払わなければなりません。

ただし、臨時に支払われる賃金、賞与および算定期間が1か月を超える手当で、出勤成績により支給する精勤手当、継続勤務に対して支給する勤続手当、事由によって支給する奨励加給又は能率手当については、この原則から除外されます。精勤手当等でも毎月払いができるものを2か月まとめて支払うことは、この除外に該当せず、できません。

退職金は、臨時に支払われる賃金の一つです。

賞与については、定期又は臨時に、原則として従業員の勤務成績に応じて支給されるものであって、その支給額があらかじめ確定されていないものです。定期的に支給され、かつその支給額が確定しているものは、名称の如何にかかわらず、賞与とみなされないとしてます（昭22発基17号）。

賃金は、まとめて支払い期日に支払えばよいのですが、従業員が非常時の場合の費用に当てるために請求したときには、支払期日前であっても、すでに労働した分の賃金を支払うことが定められてます（同法第25条、労基則第9条）。

・従業員の収入によって生計を維持する者の出産、疾病又は災害の場合
・従業員又はその収入によって生計を維持する者の結婚又は死亡の場合
・従業員又はその収入によって生計を維持する者がやむを得ない事由によって1週間以上帰京する場合

以上の場合です」

◇◇◇賃金控除／過払いの清算◇◇◇

社長　「賃金から控除できる額に限度はないのですか」

隠居　「使用者の債権の控除でないものについては、限度額はありません。

使用者の債権の控除については、民法に定める相殺（同法第505条）に当たるので限度額があり、月例賃金・賞与（給与所得税、住民税、社会保険料および通勤手当を控除後の額）又は退職金（所得税、住民税を控除後の額）の3／4に相当する額（賃金・賞与については、その額が33万円超の場合、33万円）は、相殺が禁じられてます（同法第510条、民事執行法第152条、民事執行法施行令第2条）」

社長　「賃金の減額には、控除のような問題があるのでしょうか」

隠居　「欠勤等の勤務をしてない時間について減額することは、元々賃金が発生してないための清算であって、本来支払うべき金額から減額することではありません。しかし、遅刻や欠勤の回数によって、その時間相当分以上に賃金を差し引くことは、次に説明する懲戒処分の減給と同じ減給の制裁に当たることになり、制限を受けます。

就業規則の懲戒処分として減給を定め、それに基づき減給するときには、1回の事案について、その額が平均賃金の1日分の半額を超え、一賃金支払い期に複数の事案が生じても、その総額が一賃金支払期における賃金の総額の1／10を超えてはならないとの定めがあります（労基法第91条）」

社長　「月給者の欠勤控除をする場合、控除する1日分の単価の計算方法は、どのようにするのがよいのでしょうか」

隠居　「法令等の定めはなく、例えば、分母となる1か月の所定労働日数を次のいずれかの方法で行うことが考えられます。

・　各月の所定労働日数

　欠勤した月によって1日の控除額が異なることになりますが、月の労働日数が異なっても、月給は同額であるところによります。

・最も所定労働日数の多い月の所定労働日数

どの月に欠勤しても、1日の控除額は同じになります。しかし、全労働日を欠勤しても賃金を支払うことになる月が生じます。月の全労働日を欠勤した場合には、賃金を支給しない旨、併せて定めるとよいでしょう。

・1年間における月平均所定労働日数

どの月に欠勤しても、1日の控除額は同じになります。しかし欠勤日数が多い月には、月に出勤した日があっても賃金がゼロになる月が生じるように、出勤日数に見合った賃金が支給されずに法違反が生じます。従って、出勤日数の方が少ない場合（月の全労働日欠勤を含む）には、出勤日数に対して月平均所定労働日数で支給する方法を取る必要があります。

賃金控除に関連して、賃金の過払いについての清算方法を知っていた方がよいと思います。

前月分の過払い賃金を、予告をして翌月に清算する程度は、賃金それ自体の清算に関するものですから、全額払いの違反にはなりません（昭23基発1357号）。

過払い額が多額である場合には、過払いとなった原因が労使どちらかにあるかによって返済期限が変わるところがありますが、当該従業員と話し合って、賞与からの返済を含めて書面にて返済方法を取り決めて行うことです。なお、未払い賃金の時効は今3年ですが、過払い賃金の時効はそれによるのでなく、『不当利得』（民法第703条）の返還請求権による10年（権利を行使することができることを知ったときからは、5年）ですので（同法第166条第1項）、そこまで遡って返還の請求ができます」

社長「そうですか」

隠居「それで、社長のところの給振りは、手続き的には、まず賃金控除に関する労使協定を締結することから始め、就業規則に記載し、個々の従業員の同意を得てからになります」

社長「そうします。従業員が少ないですから、振込先の金融機関は特定しないで、従業員の指定するところならどこでもいいと思っています。

別の質問になりますが、この折、お聞きしておきたいのですが、賃金の額については、最低賃金以外に何かありますか」

隠居　「最低賃金の定めの他に、時間外・休日労働と深夜業における割増賃金、使用者の責めよる休業の場合の休業手当、それに出来高払い制その他の請負制で使用する従業員に対する保障給（労基法第27条）について定めがあります。

出来高払い制とは、労働時間ではなく出来高に対して賃率が定められている制度ですが、この制度においても、労働時間に応じて一定額の賃金を保障しなければならず、休業の場合に平均賃金の6割以上の手当の支給を必要としていることからして、少なくてもその程度を保障することが妥当であると解されてます（厚生労働局労働基準局編「労働基準法　上」㈱労務行政）。

そして、請負制が賃金の一部であるとき、賃金構成からみて固定給の部分が賃金総額中の概ね6割程度以上占めている場合には、請負制で使用する従業員に当たらないとされます（昭63基発150号）」

◇◇◇賃金と従業員の定着◇◇◇

社長　「賃金の話では、我々小企業は賃金が低くて従業員を定着させるのに苦労しています」

隠居　「それでは賃金がらみで、簡単にお金を作る、シャレてる方法があるんでお教えしときましょう」

社長「ええっ」

隠居「猿の毛を抜くんですよ」

社長「猿の毛がお金になる？　ダジャレですかね」

隠居「えへへ。Ｍｏｎｋｅｙから『ｋ』を抜くとＭｏｎｅｙになる」

社長「脱線のし過ぎです」

隠居「社長の頭を休める算段で話したんですが、全くの余談でしたね。では、話をレールに戻します。

従業員の定着率を高めるのに、賃金の額は、皆さんが思っているほど大きな要因ではないと思いますよ。賃金の額は承知して入社するのですし。

とはいえ、賃金は重要な労働条件です。調査（内閣府「国民生活に関する世論調査」令和4年度：雇用者）によると、『働く目的は何か』の問いに、『お金を得るために働く』と答えた人の割合は75・5％で一番多いです。『社会の一員として、務めを果たすために働く』が10・1％、『生きがいを見つけるために働く』が7・1％、『自分の才能や能力を発揮するために働く』が6・6％です。また、同調査で、『どのような仕事が理想的だと思うか』の問いに、『収入が安定している仕事』が69・6%でトップ、次いで『私生活とバランスがとれる仕事』59・8%、『自分にとって楽しい仕事』53・7%、『自分の専門知識や能力が生かせる仕事』38・4%と続き、『高い収入が得られる仕事』は25・0%です（複数回答）。

つまり、収入が安定していることは欠かせませんが、高い収入は、ワークライフバランスがとれる仕事、楽しい仕事、知識・能力が生かせる仕事より下位なのです。

離職理由の調査を見ると、『労働条件（賃金以外）がよくなかったから』が28・2%、『満足いく仕事内容でなかったから』26・0%、次いで『賃金が低かったから』23・8%になります。その後に、『会社の将来に不安を感じたから』23・3%、『人間関係がうまくいかなかったから』23・0%になります（厚生労働省「令和2年転職者実態調査」）。

仕事や職業生活に関するストレスの調査では、『ストレスとなっていると感じることがある』との回答は53・3%で、その内容（主なもの3つ以内）は、『仕事の量』43・2%、『仕事の失敗、責任の発生等』33・7%、『仕事の質』33・6%、『対人関係（セクハラ・パワハラを含む）』25・7%、会社の将来性20・8%の順でした（厚

生労働省「令和3年労働安全衛生調査（実態調査）」）。

従業員の定着率を高めるために、これらのデータをどう読み取るかですが、①会社の将来に不安がなく、賃金が安定して支払われること。これには、時間外・休日労働の割増賃金がきちんと支払われることを含みます。②長時間労働がなく、仕事と私生活の時間のバランスが取れること　③知識・能力が発揮できる業務であり、それにより能力の向上ができること　④職場の人間関係がよいこと、この4点だと考えます」

社長「いろいろな調査があるものですね。運営上、気をつける点が分かりました」

隠居「一般的にいって、中小企業は一人ひとりの業務の範囲が広く、仕事のやりがいはあるのですが、反面、時間に余裕がなく、難しいのは能力向上がどの程度できるかです。それには、企業として従業員の能力を生かし、従業員と共に作業方法・仕組みの改善、企業の強みを活かした新たな製品・商品・事業の開発等に挑戦することにあると思います」

最低賃金編

隠居　「賃金について、必ず知っておかなければならないものに、最低賃金と平均賃金とがありますので、順にお話します。
最低賃金については、最低賃金法に定めがあり、都道府県ごとの地域別最低賃金と特定（産業別）最低賃金とがあります。産業別最低賃金には、各都道府県内で設定するものと全国設定のもの（現在、鉱業の坑内作業のみ）があります。
地域別最低賃金は、産業別最低賃金の適用を受ける者を除くその地域のすべての労働者に適用され、違反には罰則があります。産業別最低賃金は、かならず地域別最低賃金より高額にしなければなりませんが、例えば18歳未満の者など適用を除外される者がいて、また違反には罰則はありません」
社長　「それじゃあ、違反する企業が出るのではないですか」
隠居　「そう甘くはありません。それには、労働基準法第24条（賃金の支払い）の全額払い違反の罰則が適用されます。

地域別最低賃金の多くは毎年１０月に、産業別最低賃金の多くは１２月に改正されます。

この改正に伴い、最低賃金に近い賃金だと、賃金計算期間の途中からでも最低賃金に合わせて賃金を改正する必要が生じることがあるんですよ。

なお、派遣労働者には、派遣先の地域別又は産業別最低賃金が適用されます。一人の労働者について、二つ以上の最低賃金が競合する場合には、最低賃金の高い方が適用されます。

最低賃金は時間給で示されてるので、日給や月給の人については、換算が必要です。

・日給の場合…《「日給額」／「1日の所定労働時間数」》

＊ 日によって所定労働時間が異なる場合、1週間における1日平均所定労働時間

・月給の場合…《「月給額」／「月の所定労働時間数」》

＊ 月によって所定労働時間が異なる場合、1年間における1か月平均所定労働時間

・出来高制その他の請負制の場合…《「賃金算定期間における、その制度による賃金の総額」／「当該賃金算定期間においてその制度によって労働した総労働時間」》

最低賃金の対象となる賃金は、実際に支払われる賃金から次の賃金を除外したものです（同法第4条第3項、最賃則第1条）。

・精皆勤手当、通勤手当、家族手当
・臨時に支払われる賃金（結婚手当等）
・1か月を超える期間ごとに支払われる賃金（賞与等）
・時間外・休日割増賃金、それに深夜割増賃金の割増部分

社長　「断続労働など仕事の密度が低い人たちにも同じ最低賃金が適用されるのですか」

隠居　「そのような人には減額できる特例があり、対象者は次のとおりです（同法第7条）。

・精神又は身体の障害により著しく労働能力の低い者
・試の使用期間中の者
・基礎的な技能等を内容とする認定職業訓練を受ける者のうち省令で定める者
・軽易な業務に従事する者
・断続的労働に従事する者

ただし、減額できるのは、労働基準監督署に『最低賃金の減額の特例許可申請書』によって申請し、認められたときに限られます。また、減額できる率には上限が設け

られてます」

平均賃金編

隠居「次に、平均賃金ですが、次の場合にその支払い又は算定に用います。

・解雇予告手当（労基法第２０条）
・会社都合（使用者の責め）による休業のときに支払う休業手当（同法第２６条）
・年次有給休暇の日の賃金（平均賃金としている場合）（同法第３９条第９項）
・業務上の傷病による休業補償（同法第７６条第１項）
・制裁に基づく減給の制限額（同法第９１条）

平均賃金は、この書き物に書かれているように計算します（同法第１２条）。今は説明を省きますので、必要なときにご利用ください」

平均賃金の算式

《「平均賃金」＝「賃金総額」／「その期間の暦の総日数」》

賃金総額には、算定すべき事由の発生した日の直前の賃金締切日から起算した以前3か月間のもの（控除前の金額）を用いる。

＊ 雇入れ日から算定事由発生日の前日までの期間が3か月に満たない場合には、雇い入れ日から算定事由発生日の直前の賃金締切日までの期間による。

＊ 雇入れ日から算定事由発生日の直前の賃金締切日までが1か月に満たない場合には、雇入れ日から算定事由発生日の前日までの期間による（昭27基収1371号）。

＊ 賃金ごとに締切日が違う場合には、それぞれの賃金締切日から遡る（昭26基収5926号）。

ただし、次のとおり最低保障額が定められていて、基本の算式による算定額がこの額より低い場合には、平均賃金はこの額になる。

① 日給、時間給、出来高払いその他の請負制の場合

《「平均賃金」＝「賃金総額」／「その期間中に労働した日数」×0・6》

② 賃金の一部が月その他一定の期間により定められた場合

《「平均賃金」＝（「その部分の賃金総額」／「その期間の暦の総日数」）＋①の金額》

算定期間中に、次の期間がある場合には、その日数とその期間中の賃金は、算定期間とその期間の賃金総額から除外する（労基法第１２条第３項）。

◉ 業務上の傷病のために休業した期間　◉ 産前・産後休業をした期間

◉ 使用者の責めにより休業した期間　◉ 育児休業・介護休業をした期間

◉ 試みの使用期間

試みの使用期間中に平均賃金を算定すべき事由が発生した場合には、その期間中の日数およびその期間中の賃金により算定する（労基則第３条）。

賃金総額から除外できる賃金がある（同法第１２条第４項）。

◉ 臨時に支払われた賃金

◉ ３か月を超える期間ごとに支払われる賃金

◉ 通貨以外のもので支払われた賃金で、一定の範囲に属しないもの

社長　「ちょっと見たところ、最低保証額があるようですが」

隠居「はい。気になられたので、例で説明しますが、例えば、時給1，100円、1日6時間・週4日勤務、法定内時間外労働週3時間、通勤手当1日500円、3か月の歴日数91日（13週）の場合です。

基本の平均賃金：4，528・571円／日＝412，100円／91日

＊　3か月の賃金総額412，100円＝（((1，100円×6時間＋500円)×4日＋1，100円×3時間）×13週)

最低保証額：4，755・0円／日＝412，100円／52日×0・6

平均賃金は、最低保証額による4，755円になります。

ところがです。これが休業手当であれば賃金であり、その休業が天災事変等の使用者の正当な事由に該当しない限り、最低賃金法による最低賃金が適用されるので注意が必要です。この点から例の計算による日額4，755円では、時給792・5円になり、不足します」

社長「それは知りませんでした。平均賃金を計算することがなかったものですから。

それに、賃金総額は、賃金締切日から遡って3か月とありますが、賃金締切日に算定事由が発生したら、その日を起算にするのか、どうするのですか」

隠居　「事由の発生した日は算定期間に含まれず、その前日から遡ることになり、つまり1か月前の賃金締切日から起算することになります。
　なお、算定事由発生日は、次のとおりです（厚生労働省労働基準局編「労働基準法　上」㈱労務行政）。

・解雇予告手当：解雇を通告した日
・休業手当：休業の発生した最初の日
・年次有給休暇の賃金：年休の発生した最初の日
・災害補償：事故発生の日又は診断確定日。ただし、所定の終業時刻後の時間外労働において事故が発生した場合には、その日も算定期間に含みます。
・制裁に基づく減給：制裁の意思表示が相手方に到達した日」

社長　「そうですか」
隠居　「これらの算式によっては算定できない場合には、厚生労働大臣の定めによることになります（労基法第12条第8項）。実際には、採用日の勤務において算定事由が発生したときには、あらかじめ定められた賃金から推算することなどと、様々なケースに対応して様々な算定方法が内部的に決まっているので、労働基準監督署に相談すると、すぐに教えてくれます」

社長　「定年後に再雇用して1か月経った従業員に休業手当を支払う場合は、どうなるのですか。賃金額が下がっているので、再雇用のときを雇入れの日として平均賃金を算定していいのですか」

隠居　「形式的には定年の前後で別個の契約ですが、引き続き同一業務に再雇用されている場合には、実質的には一つの継続した労働関係であると考えられるので、原則どおり3か月を算定期間として平均賃金を算定します（昭45基収4464号）」

社長　「もう一つ、質問いいですか。平均賃金の計算では、端数をどのように処理するのですか」

隠居　「社長らしい。細かいことに気がつきますね。

平均賃金の算定に当たり、銭未満の端数がでたときには、これを切り捨て、その額に所定の日数を乗じて計算することができます（昭22基発232号）。

平均賃金に所定日数を乗じて算出するときの円未満の端数処理の取扱いについては、行政解釈が出されていないので、就業規則の定めによります。定めがなければ、通貨法（第3条第1項）により、50銭未満を切り捨て、それ以上を1円に切り上げます。

例を示しましょう。平均賃金9，876・545円のとき、銭未満の0・005円を切り捨てることができて、9，876・54円にします。解雇予告手当30日分は、9，876・54円×30日＝296，296・2円／日になり、円未満を四捨五入して、296，296円にします。

給与振込みのご質問から賃金全体にわたる説明を延々しましたが、以上です。お疲れ様です」

時間外・休日労働、深夜業の割増賃金編

◇◇◇割増率◇◇◇

一月ほど前にご隠居から休日振替について教えを受けた『百川商事』お花専務は、今度は、割増賃金のことで教えを請いに来ました。

お花専務「ご隠居、お時間いただけますか。また、教えていただきたいことがありまして」

隠居「どうぞ、どうぞ。あれ、お花社長、少し痩せたんじゃあないですか。何か運動を始めたんですか」

専務「いいえ、前と同じです。バス停横のスイミングスクールで週2日泳いでいますが」

隠居「そうですか。スイミングね。それなら、わたしも毎日午後してます」
専務「ええっ、何処でですか」
隠居「家で。昼寝で、睡眠グーですよ」
専務「なーんだ、でも、ご老体でも少しは運動した方がいいですよ」
隠居「運動といえることはしてませんが、『教育』と『教養』には励んでます」
専務「それは、いいことですわ。生涯学習の時代ですものね」
隠居「ふふ、教育とは『今日、行くところ』、教養とは『今日の用事』のことですよ。高齢者の間ではよく知られたシャレです」
専務「そうなのですか。えーと、何を聞きに来たのか分からなくなっちゃったではありませんか。そう、うちでは、時間外労働等の割増賃金の基礎に住宅手当を入れているのですが、業者の会合で、住宅手当を入れていないところがあることを知りました。入れなくてもいいのですか」
隠居「法律でどうかという前に、今含んでいる手当を除くというのは、それだけだと割増賃金が減ること、即ち労働条件の不利益変更になり、合理的な理由がなければできません。せっかくの機会ですから、ご存じのことが多いかもしれませんが、割増賃金について説明しますよ」

専務「お願いします」

隠居「割増賃金は、法定労働時間外の労働と休日労働、それに深夜業を行った時間に対して支払わなければならないものです。『深夜業』とは、午後10時から午前5時までの間の労働です。例外的に、地域と期間によって午後11時から午前6時までとされることがありますが、この例外が適用されてる地域又は期間はありません（厚生労働省労働基準局編「労働基準法　上」㈱労務行政）。

割増賃金の割増率は、次のとおりです（労基法第37条第1、4項、割増率に係る政令）。

・時間外労働…1か月60時間以内25％以上、60時間を超えると50％以上（中小企業は2023年4月1日から適用）

・休日労働…35％以上

・深夜業…25％以上

深夜業が所定労働時間内に組み込まれている場合のように、時間当たりの賃金が別に支払われるときには、当然のこと、割増部分の賃金だけ上乗せして支払えば足ります。

時間外労働又は休日労働で深夜業のときには、それぞれ合計した率となります。

所定労働時間外でも法定労働時間内の労働に対しては、通常の賃金で支払うことができます。

休日労働については、従業員にとって休日に働くという点では法定休日と任意休日とは同じなので、すべて３５％の割増賃金で支払うと定めている企業はありますが、法律上は、任意休日の労働は時間外労働になり、割増率２５％で足ります」

◇◇◇算定の基礎となる賃金と割増賃金の計算◇◇◇

隠居「それでは肝心の、住宅手当が該当するか否か、割増賃金を計算するときの基礎になる賃金について説明します。

法律は、割増賃金の基礎になる賃金から除外できる賃金を次のとおり定めてます（労基法第３７条第５項、労基則第２１条）。

・家族手当　・通勤手当　・別居手当　・子女教育手当　・住宅手当
・臨時に支払われた賃金　・１か月を超える期間ごとに支払われる賃金

ここに、住宅手当が入ってますが、これらの手当は、名称ではなく、実質によって取り扱われます。

家族手当は扶養家族数を用いて支給するものを指し、住宅手当については、賃貸住宅では賃借費用、持ち家ではその購入、管理等に必要な費用に応じて算定されるものを指します。手当の名称が住宅手当であっても、全員一律又は賃貸住宅、持ち家住宅ごとに一律に支給するものは、割増賃金算定の基礎から除外することはできません（平11基発170号）。

同様に、1か月を超える期間ごとに支払われる賃金については、本来1か月単位で算出できる賃金を2か月分まとめて支払っても除外できる賃金に該当しません」

専務「そうなのですね。うちの住宅手当は、賃貸が2万円、持ち家が1万円の定額なので、もともと基礎となる賃金から除外できないのですね」

隠居「そのとおりです。住宅手当には特に注意が必要です。ところで、時間単価の出し方は、ご存じですか」

専務「分かっているつもりですが、確認のため、一応お聞かせください」

隠居「割増賃金の計算の基礎となる1時間当たり賃金額（時間単価）は、次の方法によって算出します（労基則第19条）。

・時間給…その金額

・日給…《「その金額」／「1日の所定労働時間数」》

＊ 日によって所定労働時間数が異なる場合には、1週間における1日平均所定労働時間数によります。

・月給…《「その金額」／「月における所定労働時間数」》

＊ 月によって所定労働時間数が異なる場合には、1年間における1か月平均所定労働時間数によります。

・請負給…《「その賃金算定期間において、出来高払制その他の請負制によって計算された賃金の総額」／「当該賃金算定期間における総労働時間数」》

＊ 請負制での保障給も請負給の一種であり、この方法によります。

賃金がこれらの二つ以上より成る場合には、その部分について、それぞれの方法で算定した金額の合計額です」

専務 「請負制だと1か月平均所定労働時間ではなく、総労働時間数によるのですね」

隠居 「出来高を稼ぐのに時間外労働や休日労働をすることがありますから。それに、請負給の時間外・休日労働又は深夜業に対する時間当たり賃金は、既に基礎となった賃金総額のなかに含まれてるので、深夜業が所定労働時間内にあるときと同様に、加給すべき賃金額は割増部分の額で足ります（平11基発168号）」

専務　「待ってください。歩合給の額が同じ従業員が、一人は所定労働時間内で稼ぎ、他の一人は時間外労働をして稼いだとすると、時間外労働をした人の方が、残業代が入って得になりはしませんか」

隠居　「そのとおりです。しかし、この矛盾は請負制だけではないのです。同じ賃金で100の仕事を行うのに所定労働時間内でこなす人と能率が悪く時間外労働を使う人では、能率が悪い人ほど時間外割増賃金がもらえるのです。裁量労働制には、この弊害を避ける意味があります。

さて、割増賃金額については、次のように算出します。

《「割増賃金額」＝「賃金の時間単価」×「時間外・休日労働、深夜労働の各時間数」×「それぞれの係数」》

計算の端数処理については、この書き物を後でお読みになってください」

割増賃金計算の端数処理

端数処理は、次の①②のとおり行い、また、③〜⑤のように行うことができる（63基発150号）。

①　時間単価の計算の分母となる労働時間数については、割増率が何割何分以上とされていることから、単位の取り方は任意だが、それを下回らないように必ず切捨てること
②　1日ごとの労働時間数については分単位で把握し、計算に都合よく時間数を整えるときは切上げによること
③　1か月の時間外・休日労働、深夜業の各々の時間数の合計に1時間未満の端数がある場合、30分未満の端数を切捨て、それ以上を1時間に切上げること
④　1時間当たりの賃金額、割増賃金額に円未満の端数が生じた場合には、50銭未満の端数を切捨て、それ以上1円に切上げること
⑤　1か月における時間外・休日労働、深夜業の各々の割増賃金の総額に円未満の端数が生じた場合、50銭未満の端数を切捨て、それ以上を1円に切上げること

◇◇◇固定残業手当◇◇◇

専務「これも同業者の中ですが、残業代を定額で支払う制度を採っている会社があります。固定残業制というのでしょうか、それについてお聞かせください」

隠居「中小企業では、残業代の計算を簡便にしたい、あるいは毎月の固定賃金を大き

く見せたいとして、時間外・休日労働、深夜業の時間数にかかわらず、割増賃金を基本給や諸手当にあらかじめ定額で含めて支払う仕組みが知恵として出てきます。この仕組みを便宜上、固定残業制とか定額残業制と呼び、その手当の名称は企業ごとに様々です。ここでは、固定残業手当としますが、この支払い方法は、労働基準法第37条に基づく**所定の額以上の割増賃金の支払がなされるかぎり**違法となるものではなく、許されます。反面から言うと、固定残業手当の額が、労働基準法上実際に支払うべき割増金額に不足する場合には、その差額を支給しなければ違法になるということです(平29基発0731第27号)。

従って、実際に行われた時間外労働等に対して支払うべき割増賃金の額の計算は、毎月欠かさずに行うことになります。そして割増賃金は、賃金の毎月払いの原則の適用を受けるために毎月決済する必要があり、ある月に実際に支払うべき割増賃金額より固定残業手当を多く支払ったからといって、その差額を翌月以降に繰り越して、実際に支払うべき割増賃金額より固定残業手当の額が少ない月の不足額に充当することはできないのです。

固定残業手当に限らず、賃金の一部に固定した残業代を含める仕組みを採るには、就業規則に次のことを定めておかなければなりません。

○ 手当の全部又は一部が割増賃金分であること。一部であるときには、その金額(又は割合)

○ 手当に充当する割増賃金の種類は時間外労働だけか、休日労働又は深夜業が含まれるのかを明確にすること

そうしないと、割増賃金分が分からないために割増賃金を算定する基礎となる賃金の額が定まらず、使用者の意図と真逆に、割増賃金分と考えていた金額まで割増賃金を算定する基礎となる賃金に含まれて割増賃金が算定されることになります。

さらに、賃金規則には、固定残業手当を上回った残業等が行われたときには別途上乗せして支給する旨を記載し、給与明細書には、残業時間数を明示することが望まれます。また、固定額が時間外割増賃金にして何時間分に相当するのか、大よそでも、従業員が分かるようにすることが好ましいことです。

この他に、所定労働時間に夜間勤務が含まれる作業において、昼間の勤務より時間給を大きく見せるため、割増賃金を含めた金額を提示することがあります。この場合、『労働協約、就業規則その他によって深夜業の割増賃金を含めて所定の賃金が定めら

れていることが明らかな場合には、別に深夜業の割増賃金を支払う必要はない』（昭23基発1506号）とされているとおり、就業規則・労働契約等において、その旨明示しておかないと、別に深夜業の割増賃金を支払わせられる結果になりかねません」

専務「固定残業手当にするにしても、労働時間の把握は欠かせませんね」

隠居「そうです。

また、管理監督者や監視・断続労働に従事している従業員に対しては時間外・休日労働の割増賃金の支払いは不要ですが、深夜業については適用が除外されてないので、割増賃金の支払いが必要です。ただ、宿日直については、その手当の中に深夜業分を含んで決められてます。

労働基準法第41条各号に該当する従業員の深夜業に対する割増賃金の計算基礎時間については、『当該職種の労働者について定められた所定労働時間を基礎とする』との通達があります（昭22基発502号）。

職責の大きさに応じて定額を支給する管理監督者の役職手当については、割増賃金の算定基礎となる賃金から除外されておらず、深夜業の割増賃金の基礎となる賃金に算入しなければなりません（昭22基発572号）。この場合、管理監督者には、所定の賃金にその労働時間に対する賃金が含まれてるので、割増部分の支払いで足ります。

これまでですが、宜しいでしょうか」

専務　「内容を割増してお話いただいたようで、十分です」

均等・均衡待遇の巻

◇◇◇均等・均衡待遇◇◇◇

夕方、ご隠居が散歩に出かけ、神社の鳥居の傍で、『洛京漬物本舗』久兵衛社長とバッタリ出会います。

久兵衛社長「ご隠居。久し振りです。お元気ですか」

隠居「あれ、久兵衛さん。ここで会えるとは…。今、あなた、幸せでしょう」

社長「何で？　幸せですよ」

隠居「わたしも幸せです。ですから、こう言うじゃありませんか。幸せと幸せで、鉢合わせになると」

社長「そういうことですか。そうだ、急ぐことではないので忘れていましたが、ご隠居のダジャレで思い出した。お聞きしたいことがあります。差し支えなければ、今、お宅までご一緒して、お聞きして宜しいですか」

隠居「ええ、帰るところですから」

二人は、ご隠居の家に向かいます。

隠居「さあ、どうぞ」

社長「うちにはパートが１０人ほどいるので、正社員との均衡待遇・均等待遇の取組は、それなりに進めているのですが、今の取り組みでよいのかどうか、よく知っておきたいので」

隠居「喜んで説明しますよ。すでに取り組まれている社長には少しくどくなるかも知れませんが、一通り順に説明しますので。

政府は、働き方改革として三つの柱を唱えました。

①非正規雇用の処遇改善 ②長時間労働の是正 ③高年齢者の就労促進 です。

その①が同一労働同一賃金ですね。男女の同一労働同一賃金については、労働基準法（第4条）に定められてますが、正規雇用者と非正規雇用者との不合理な処遇の格差を是正することは、パートタイム・有期雇用労働法に定められてます。

一般的に、通常の従業員と非正規従業員（パートタイム・有期雇用従業員）とで待遇差が存在してます。ここでいう『通常の従業員』とは、期間の定めのない労働契約を締結していて、フルタイムの基幹的な働き方をしている従業員、いわゆる正規従業員です。

パートタイム・有期雇用労働法は、通常の従業員と非正規従業員との待遇差について、使用者に対して均等と均衡を求めてます。

○『均等待遇』をすること

職務の内容、職務の内容・配置の変更の範囲（人材活用や運用の仕組み）が通常の従業員と同一の非正規従業員については、非正規従業員であることを理由にして、基本給、賞与、その他の待遇について、差別的取り扱いをしてはならないこと（同法第9条）

○『均衡待遇』をすること

非正規従業員の基本給、賞与、その他の待遇について、その待遇に対応する通常の従業員の待遇との間において、職務の内容、職務の内容・配置の変更の範囲、その他の事情のうち、その待遇の性質およびその待遇を行う目的に照らして適切と認められるものを考慮して、不合理な相違を設けてはならないこと（同法第8条）

待遇には、賃金や労働時間等の狭い意味の労働条件だけでなく、労働契約の内容となっている災害補償、服務規律、教育訓練、福利厚生等、従業員に対する一切の待遇が含まれます。

また、賃金（基本給、賞与、役職手当など）の決定方法について、通常の従業員との均衡を考慮しつつ、非正規従業員の職務の内容、職務の成果、意欲、能力又は経験その他の就業の実態に関する事項を勘案して決定することを努力義務にしてます（同法第10条）。

通常の従業員の中に、総合職、一般職など様々な雇用管理区分があり得ます。この場合、ある区分の通常の従業員とは均衡待遇が求められるが、別の区分の通常の従業員とは均等待遇が求められることがあるので注意が必要です。

加えて、具体的な定めがあります。

○ 教育訓練を実施すること（同法第11条）

通常の従業員に対して実施する、職務の遂行に必要な能力を付与するための教育訓練については、職務の内容が同じ非正規従業員（既にその職務に必要な能力を有している者を除く）に対しても実施すること

その他の非正規従業員に対しては、通常の従業員との均衡を考慮して教育訓練を行うように努めること

○ 福利厚生施設の利用をさせること（同法第12条）

福利厚生施設のうち、給食施設、休憩室、更衣室について、通常の従業員が利用している場合には、非正規従業員にも利用の機会を与えること」

社長「食堂が狭くて、全員が利用できない場合はどうするのですか」

隠居「増築などをして全員に利用の機会を与えることまで求められませんが、お昼の休憩時間に職場ごとや個人ごとに時差を設けるなどして利用時間に幅を設け、全ての非正規従業員が通常の従業員と同様に利用できるようにすることです。このとき、休憩を一斉にとる義務がある業種では、その適用を除外する労使協定を締結する必要があります」

◇◇◇職務の内容等の比較◇◇◇

社長「通常の従業員と非正規従業員と仕事の内容や責任、人材活用の範囲が同じであるならば、同じ待遇にしなさいというのは分かるのですが、違うのであれば、均衡待遇をしなさいというのが分かり難いのです」

隠居「均衡待遇は、職務の内容、人材の活用等又はその他の事情が異なっている場合ですが、ポイントは、『待遇の性質および当該待遇を行う目的に照らして、不合理な差別をしないこと』にあり、三つの意味を含んでます。

待遇の性質および当該待遇を行う目的に照らして、

○ 非正規従業員に対し、職務内容等の違いの程度に相応する待遇をしなさいという

こと

○ 合理的な事由があれば、非正規従業員に対しては、当該待遇をしなくても差し支えないこと

○ 職務の内容等、人材の活用等およびその他の事情に関係がない待遇であれば、非正規従業員に対しても同じ待遇をしなさいということ

従って、職務の内容等と同時に、それぞれの待遇の性質・目的が重要になります

社長「職務の内容等が同じかどうかを比較するだけでなく、賃金、休暇、福利厚生、教育等、すべての待遇について、その性質や目的を明確にすることが欠かせないということですね」

隠居「そうなんです。職務の内容等については、次のように比較するとよいと思います。

① 『職務の内容』を比較します。

職務の内容は、『業務の内容』と『責任の程度』からなります。

(i) 業務の内容は、職種が同一であるか否か、職種が同じときには、担当する業務とそのうち中心的な業務（業務の重要性と従事する時間の割合から判断）を比較します。

（ii）中心的業務が同じとき、責任の程度が著しく異なっているか否かを比較します。

責任の程度とは、業務を行うに当たって付与されている権限の範囲・程度をいいます。

具体的には、権限の範囲（単独で契約締結可能な金額の範囲、管理する部下の数、決裁権限の範囲等）、業務の成果について求められる役割、トラブル発生時や緊急時に求められる対応の程度等を指します。その点で、時間外労働についての対応は考慮する要素の一つになります。

②『職務の内容・配置の変更の範囲』を比較します。

職務の内容・配置の変更の範囲とは、『人材活用の仕組みと運用』等のことです。これは、従業員が雇用されている間にどのような職務経験を積むことになってるか、転勤、昇進を含む人事異動や本人の役割の変化等の有無や範囲を総合的に判断するもので、次のように行うことが勧められます。

（i）転勤の有無を比較します。

就業規則に転勤の定めがあっても、運用の実態がない場合があります。

転勤のない企業は、（iii）の比較になります。

(ii) 転勤が双方ともあると判断された場合には、全国転勤の可能性があるのか、エリア限定なのか、転勤が予定されている範囲を比較します。

(iii) 転勤が双方ともない場合および双方ともあって、その範囲が実質的に同一である場合には、同じ事業所内の異動や職種間の異動の有無、職務に課された責任・権限の重さの変化など、役割の変化について比較します。

人材育成の在り方では、時間的経過の中で、従業員にどのような職務経験を積ませていくのか、その仕組みがあるのかについて、みていくことになります。

こういったことを総合的に勘案して判断します。

③ 『その他の事情』については、職務の内容、変更の範囲およびこれらに関連する事情に限定されずに、幅広く捉えることができます。合理的な労使の慣行などの諸事情が想定されるものですが、定年退職後の再雇用、関連会社の組織再編成に伴う処遇が特別な事情とされた裁判例があります（長澤運輸事件　平30・6・1最高裁二小判決　労判1179・34。メトロコマース事件　令2・10・13最高裁三小判決　労判1229・90）。

そして、非正規従業員の個々の待遇が通常の従業員と異なる場合には、その理由について、職務の内容、職務の内容・配置の変更の範囲等の違いなどによって『不合理ではない』と具体的に説明できるか否かを確認します。単に『非正規従業員だから』とか、『将来の役割期待が異なるため』といった抽象的な説明では足りません。

その結果、待遇差が不合理ではないと言い難い場合には、待遇の改善を検討します。

なお、賃金に関する待遇は、賃金の総額を比較することのみによるのでなく、当該賃金項目の趣旨を個別に考慮するべきものとされてますので（前掲・長澤運輸事件）、基本給、諸手当、賞与、退職金等をそれぞれ分けて検討することが不可欠です。

お話は以上です」

社長「大企業と均等にご説明されていると思いますが、ここまで精緻に比較するのは大変です。小企業は業務の種類も少なく、もう少しざっくりやっていますので、均衡を取ってお話いただけると有難いのですが」

隠居「それでは、具体例をお話ししましょう。

◇◇◇ガイドライン／裁判例◇◇◇

厚生労働省から判断基準として『非正規従業員に対する不合理な待遇の禁止に関する指針（ガイドライン）』が出されてまして、そこには、基本給、賞与、手当、福利厚生、教育訓練、安全衛生と多面にわたって判断の基準が示されてます。

一例として賞与を挙げれば、企業の業績等への貢献に応じて支給するものについては、同一の貢献には同一の、違いがあればその違いに応じた支給を行わなければならないとしてます。

また、ガイドラインの中に、問題とならない例、問題となる例が挙げられているので、例を一つ示しましょう。

《基本給についての問題となる例》

『基本給の一部について労働者の業績・成果に応じて支給しているA社において、通常の労働者が販売目標を達成した場合に行っている支給を、短時間労働者であるXについて通常の労働者と同じ販売目標を設定し、それを達成しない場合には行っていない』

これは、手当であっても同様です。要は、パートタイム従業員には、その労働時間に比例した目標を設定しなければ、不合理だということです。

裁判例もあります」

社長「ぜひお願いします」

隠居

「通常の従業員と非正規従業員との待遇の違いが不合理であるか否か、最高裁判所で争われた事案の一部を紹介しましょう。

A　ハマキョウレックス事件（平30・6・1最高裁二小判決　労判1179・20）
運送会社のトラック運転手（有期雇用・契約社員）が訴えたもの

B　長澤運輸事件（平30・6・1最高裁二小判決　労判1179・34）
定年後継続雇用され、定年前と同じ業務をする運転手（嘱託乗務員）3名が訴えたもの

C　メトロコマース事件（令2・10・13最高裁三小判決　労判1229・90）
駅構内の売店に勤務し（有期雇用・契約社員）、65歳到達により退職した者2名が訴えたもの

《不合理であるとされたもの》　＊カッコ内のローマ字は、裁判例を示す。

○　皆勤手当（A）

・　出勤する運転手を確保する必要から、皆勤を奨励して支給するものである。
・　正社員と契約社員の職務の内容が同じで、出勤する者を確保する必要性は同じ。
・　将来の転勤や出向の可能性等の相違により異なるものではない。

○ 作業手当（A）

・特定の作業を行った者に対し、作業そのものを金銭的に評価して支給するものである。

・作業に対する金銭的評価は、職務内容・配置の変更範囲の相違によって異なるものではない。

○ 給食手当（A）

・従業員の食事に係る補助として支給するものである。

・職務内容・配置の変更範囲の相違と勤務時間中に食事をとる必要性には関係がない。

○ 通勤手当（A）

・通勤に要する交通費を補填する趣旨で支給するものである。

・労働契約が有期か無期かによって通勤に必要な費用が異なるわけではない。

・正社員と契約社員の職務内容・配置の変更範囲が異なることは、通勤に必要な費用の多寡に直接関係がない。

《不合理でないとされたもの》

○　能率給および職務給（B）

・正社員と嘱託乗務員との賃金体系が異なるので、対応するものを考慮して比較すると、嘱託乗務員の金額は2％～12％減にとどまっている。

・嘱託乗務員は、一定の要件を満たせば老齢年金の支給を受けられる上、その支給を受けるまでの間、調整給が支給される。

・職務内容および変更の範囲が同じである事情を踏まえても、労働条件の相違は不合理でない。

○　住宅手当（A）

・住宅に要する費用を補助するものである。

・契約社員には就業場所の変更が予定されていないが、正社員は転居を伴う配転が予定されているため、契約社員より住宅に要する費用が多額となり得る。

○　賞与（B）

・定年退職後の再雇用者で、退職金の支給を受けるほか老齢厚生年金の支給が予定され、その支給が開始されるまでの間、調整給の支給も予定されている。

・賃金（年収）は、定年退職前の79％程度となることが想定される。

・賃金体系は、収入の安定に配慮しながら、労務の成果が賃金に反映されやすくなるように工夫されている。
・これらの事情を総合考慮すると、嘱託乗務員と正社員との職務内容および変更範囲が同一であり、正社員に対する賞与が基本給の5か月分である事情を踏まえても、嘱託乗務員にこれを支給しないという労働条件の相違は不合理でない。

○退職金（C）

・退職金は、労務の対価の後払いや継続的な勤務に対する功労報償等の複合的な性格を有し、正社員としての職務を遂行し得る人材確保や定着を図る目的がある。
・正社員・契約社員両者は、業務の内容はおおむね一致するものの、職務の内容および職務の内容・配置の変更の範囲には一定の相違があった。
・組織編成等に起因する事情や契約社員Bの契約社員A、正社員への登用制度の存在は、『その他の事情』として考慮するのが相当である。
・10年前後勤続であることを斟酌しても、両者の間に退職金支給の有・無の相違があることは、不合理でない。

裁判例は判断の基準を示してくれますが、それぞれ具体的なケースによって判断されてるので、結論だけ持ち込まないようにしてください」

社長　「裁判例で具体的に分かりました」

隠居　「派遣労働者について一言。派遣労働者は、派遣元企業が派遣労働者と派遣先の労働者との待遇格差を解消することになり、次のどちらかの方法によることが義務付けられてます。

・派遣先労働者との均等・均衡待遇方式（派遣法第３０条の３）

・一定の要件を満たす労使協定による待遇決定方式（派遣法第３０条の４）

このため、派遣労働者を受け入れる事業主は、その従業員の待遇に関する情報を、あらかじめ、派遣元事業主へ提供する必要があります（派遣法第２６条第７項）」

◇◇◇説明義務◇◇◇

隠居　「採用時の説明も、企業規模に関わりなく、法律の求めるとおりしなければならないことですから、お話させてください。

均等・均衡待遇に沿って実施してる措置について、使用者は非正規従業員を雇い入れたときとその労働契約を更新したときに、速やかに説明をする義務を負っているんですよ（パート有期法第１４条第１項）。説明する内容は次のとおりです。

・賃金制度の構成・内容　・教育訓練　・福利厚生施設の利用
・正社員転換推進措置等

この説明は、口頭でよく、また、雇入れ時の説明会等において何人か一緒に同時に行うことで差し支えありません。

さらに、労働契約の期間中に、非正規従業員から求められたときには、通常の従業員との間の待遇の相違の内容および理由と、待遇を決定するに当たって考慮した事項を説明しなければなりません（同条第2項）。

不合理な待遇差の解消は、すべての通常の従業員との間で求められますが、待遇差の内容や理由についての説明は、職務の内容等が非正規従業員に最も近い従業員を比較対象として行います。

その説明の内容の一例は、次のとおりです。

・待遇の決定基準の違いの有無
・違いがある場合、双方の待遇の具体的な内容と、その待遇の趣旨を踏まえて、決定基準に違いを設けている理由
・待遇の決定基準が同じである場合、同じ基準のもとで待遇に違いが生じている客

観的かつ合理的な理由
説明は、就業規則や資料等を活用して分かり易くなるように心がけてください。このとき、当然のことですが、説明を求めたことを理由として不利益な取扱いをしてはいけません（同条第3項）」
社長「承知しました。今日お聞きした話を基に、再度見直してみます」
隠居「ただ、非正規従業員の待遇を変更するに当たって、一律に取り扱わなければならないことはなく、不合理なものでなければ、区分して行うことができます。例えば、賞与を支払うにも、勤続年数等で支給の有無や支給係数を変えることができます」
社長「そうですよね」

◇◇◇性別による待遇の差別の禁止◇◇◇

隠居「通常の従業員と非正規従業員との均等・均衡について説明した関連で、性別を理由とする待遇上の差別の禁止について簡単に触れておきたいのですが」
社長「簡単ならばお願いします」
隠居「事業主が、配置（業務の配分および権限の付与を含む）・昇進・降格・教育訓練、一定範囲の福利厚生、職種・雇用形態の変更、退職の勧奨・定年・解雇・労働契約の更新において、性別を理由に差別することは禁止されてます（均等法第6条）。
これらの処遇について、次のように男女で異なる取扱いをすることが差別になります。
・対象を男女いずれかのみにすること（男女のいずれかを排除すること）
・条件を男女で異なるものにすること
・男女のいずれかを優先すること
・能力および資質の有無等を判断する場合の方法や基準について男女で異なる取扱いをすること
なお、福利厚生の具体的な範囲は次の4事項です（均等則第1条）。
・生活資金、教育資金その他従業員の福祉の増進のために行う資金の貸付
・従業員の福祉の増進のために定期的に行う金銭の給付（生命保険料の一部補助等）
・従業員の資産形成のために行う金銭の給付（財産貯蓄奨励金の支給等）
・住宅の貸与
また、性別以外の事由を要件に、一方の性の構成員に他の性の構成員と比較して相当程度の不利益を与えるものを、合理的理由なく講じることを間接差別といい、これも禁止されてます（同法第7条）。例を挙げましょう。

・昇進、職種の変更に当たって、転居を伴う転勤に応じることができることを要件にすること

・労働者の昇進に当たり、転勤の経験があることを要件とすること」

社長「正規・非正規についても男性・女性についても、既成概念に囚われないで、合理的に待遇することですね」

隠居「そうなんです。法律の義務とはなってますが、義務とは捉えずに積極的に進めると、結果としてその方が人的資源に活性化が生じ、企業の発展に繋がると考えるのですが」

社長「どうも有難うございます。それにしても、ご隠居はいつもお元気ですね」

隠居「ええ、長生きするために、いつも呼吸を整えてるんです。呼吸は呼気と吸気とからなり、呼気（息を吐くこと）を先に書きますが、深呼吸しなさいと言うと日本人は息を吸うことから始めます。ヨーロッパ帰りの人から聞いた話では、あちらの人は息を吐くことから始めるそうです。息を吐かないと深く吸えませんからね。わたしの呼吸法は、息を口から6秒で完全に吐き、鼻から3秒で一杯に吸う方法です。これを毎日少しずつでも続けていると、長生き（息）になります」

社長「本当の話ですか、シャレですか」

妊娠・出産・育児、介護の巻

妊娠・出産・育児編

◇◇◇産前・産後・育児に対する措置◇◇◇

IT関連会社を起業して3年になる『孤垓社（こがいしゃ）』お菊社長、初めて従業員の妊娠があり、その処遇についてよく知っておく必要が生じました。

お菊社長「ごめんください」

隠居「おや、お菊さん。いや、社長。久し振りですな」

社長「うちで働いてもらってる隣町のお松さんが妊娠したので、この先のことをいろいろ教えてもらいに来ました」

隠居「あのお松ちゃんが？　だって、何が原因だか夫婦げんかの末に、ずっと前からご亭主と別居してると聞いてたけど」

社長「それが、娘のお梅ちゃんが学校帰りにご亭主とバッタリ出会って、お小遣い貰ったうえ、翌日、ファミレスに連れて行ってくれる約束をしたんですって。『ママに黙ってろ』と言われたそうですが、その時もらったお小遣いからそれが分かっちゃったんです。お松さんは、娘があまりにも嬉しそうにしているので、そのまま向こうに連れていかれちゃんうんじゃないかと心配して見張りに行ったのよ。そしたら、『子は鎹(かすがい)』ね。お梅ちゃんが『ママが外にいるよ』と言ったところから話が進んで、また一緒になったんです。それで、めでたく次の子ができたというわけ」

隠居　「驚きました。落語の『子別れ』の中のストーリーとほとんど同じだ」

社長　「そうですすよね」

隠居　「とにかく、めでたい話だ。

それでは、妊娠、出産、育児について説明しましょう。

妊娠すると、母体を保護するため、労働基準法の定めにより仕事を命じるのにいくつかの制約を受けます」

社長　「制約？　母体の保護だから制約という言葉は合わないような気がします」

隠居　「そうでした。取るべき措置があると言い直します。

○　妊娠すると次の措置があります。

・　本人が請求した場合、軽易な業務へ転換させなければなりません（同法第65条第3項）。

請求した業務に転換させる趣旨ですが、新たな業務を設けてまで与える義務は課されていません（昭61基発151号、婦発69号）。

・本人が請求した場合、時間外・休日労働、深夜業が、災害等による臨時の必要の場合を含め、禁止されます（同法第66条第2、3項）。

・変形労働時間制をしいてる職場では、本人が請求した場合、フレックスタイム制を除いて、その適用ができなくなります（同法第66条第1項）。

・坑内労働および危険有害業務への就業が禁止されます（同法第64条の2第1号、第64条の3第1項）。

○出産予定日6週間（多胎妊娠14週間）前になると、次の措置が加わります。

・本人からの請求により、産前休業とします（同法第65条第1項）。

・産前休業期間中の解雇が禁止されます（やむを得ない事由のために事業の継続が不可能となった場合を除く）（同法第19条第1項）。

○男女雇用機会均等法には、妊娠、出産に関して次の定めがあります。

・母子保健法による保健指導又は健康診査を受ける時間を請求された場合、それに必要な時間を与えなければなりません（均等法第12条）。

・保健指導又は健康診査に基づく指導事項を守るための措置が必要です。その措置としては、時差通勤、勤務時間の30～60分程度の短縮、休憩時間の延長・回数の増加、作業の制限等が挙げられます（同法第13条第1項）。

・妊娠、出産を退職理由として予定することは禁止されてます（同法第9条第1項）。

・妊産婦が法律によって認められている軽易な業務への転換の請求・その転換、産前休業等の請求・その取得、妊娠に起因する症状による不就労・能率の低下、妊娠・出産等を理由とする解雇、その他不利益取扱いが禁止され、妊産婦に対する解雇は、他の事由によるものでない限り、無効になります（同条第3、4項）」

社長「出産日は産前になるのですか、産後になるのですか」

隠居「出産日は産前です（昭25基収4057号）。また、妊娠4か月（1か月は28日として計算する）、日で数えると85日以上の分娩は出産とされ、これには死産が含まれます（昭23基発1885号）。

妊娠中の女性および産後1年を経過しない女性を指して『妊産婦』といいます。

その産婦に対して取るべき措置については、次のとおりです。

○出産すると、次の措置があります。

・産後8週間は産後休業として就業させることはできません。ただし、6週間経過後には、産婦の請求により、医師が就業に支障がないと認めた業務につかせることは差支えありません（労基法第65条第2項）。

・産前休業に引き続き、産後休業期間中およびその後30日間の解雇が禁止されます（やむを得ない事由のために事業の継続が不可能となった場合を除く）。

○産後休業を終えて復職したとき、新たに加わる措置があります。

・復職にあたり、原職又は原職相当の職に就けないことは、不利益な配置の変更になり（均等法第9条第3項）、法違反になります。

・子が1歳になるまでの間、産婦の請求により、休憩時間とは別に1日2回各々少なくとも30分、授乳等の育児のための時間を与えることになります（労基法第67条）。

勤務時間の途中に限られず、勤務時間の始め又は終わりの30分にも請求できるので、この請求があった場合には、そのとおり与えなければなりません。

○労働基準法によるその他の措置については、軽易な業務への転換を行う義務がなくなる外は、妊娠で示したものと同じです。また、妊産婦に対する男女雇用機会均等法の定めについても、産婦として継続されます。

○ 産後については、育児・介護休業法の出番です。産婦およびその配偶者に対して様々な定めが設けられていて、申し出・請求があると与えることになります。

① 育児休業、出生時育児休業（同法第5条第1、3、4項、第9条の6、第9条の2）
出産した女性は産後休業が終わってからです。

② 所定労働時間の短縮（短時間勤務）（同法第23条第1項）。

③ 所定外労働の制限（同法第16条の8）
事業の正常な運営を妨げる場合を除きます。
1回につき1か月以上1年以内の期間とし、何回でも請求できます。

④ 時間外労働の制限（同法第17条）
1か月24時間、1年150時間以下にするもので、事業の正常な運営を妨げる場合を除きます。

1回につき1か月以上1年以内の期間とし、何回でも請求できます。

⑤ 深夜労働の制限（同法第19条）
午後10時から午前5時までの間の労働を制限するもので、事業の正常な運営を妨げる場合を除きます。

1回につき1か月以上6か月以内の期間とし、何回でも請求できます。

⑥　子の看護休暇（同法第16条の2、16条の3）

1年度において、子1人につき5日、2人以上は10日与えられます。

このうち、②と③については子が3歳になるまで、④～⑥については、子が小学校に就学するまで（6歳に達する年度の3月31日まで）、それぞれ与える義務があります。

①の育児休業については、後で説明します。

その他、小学校に就学するまでの間、子の年齢に応じて定められた措置に準じて、フレックスタイム制、時差出勤制、保育施設の設置運営、育児休業に関する措置等、必要な措置を導入することが努力義務になってます（同法第24条第1項）。

○　定められた措置から適用除外となる従業員がいます。①、②、⑥の育児休業、短時間勤務および子の看護休暇については、後で説明します。

③　所定外労働の制限

・日々雇用される者

・労使協定により、継続して雇用された期間1年未満の者／週所定労働日2日以下の者

④　時間外労働の制限
・日々雇用される者
・継続して雇用された期間1年未満の者
・週所定労働日2日以下の者

⑤　深夜労働の制限
・日々雇用される者
・継続して雇用された期間1年未満の者
・週所定労働日2日以下の者
・深夜において子を常態として保育できる同居の家族がいる者
・所定労働時間の全部が深夜労働の者

事業主は、①～⑥の申出・取得を理由とする解雇その他の不利益は禁止されてます（同法第10条等）。また、転勤させようとする場合には、小・中学生を含む育児の状況に配慮しなければなりません（同法第26条）」

◇◇◇育児休業◇◇◇

隠居「では、働き続ける上で一番重要ともいえる育児休業について説明します。
育児休業は、1歳に満たない子を養育する従業員（日々雇用される者を除く）が必要な期間申出ると、与えなければなりません。取得できる期間は、子の出生日（女性は産後休業終了日の翌日）から1歳の到達日（1歳の誕生日の前日）までです。

有期雇用従業員については、子が1歳6か月になる日までに、労働契約（更新される場合には、更新後の契約）の期間が満了することが明らかでないことが必要です」

社長「前より、有期雇用従業員が育児休業を取りやすくなっていますね」

隠居「ええ。労使協定により適用除外となる者は、労働契約の有期・無期同じですし。労働者の代表と労使協定を結ぶことにより、次の従業員を適用対象者から除外することができます。

・継続して雇用された期間が1年未満の者
・育児休業申出の日から1年（1歳6か月又は2歳までの育児休業をする場合、6か月）以内に雇用関係が終了することが明らかな者
・1週間の所定労働日数が2日以下の者

育児休業の期間は、定められた要件を満たすことによって最長2歳まで延長できることがあるんですよ。

その要件は、書き物にしてありますので、必要になられたときにお読みになればよ

いでしょう。今は、説明を省きます。

育児休業期間の延長について

■『パパ・ママ育休プラス』と称し、両親ともに育児休業する場合で、次のいずれにも該当する場合には、子が1歳2か月に達する日までの間で必要な期間延長される（育介法第9条の6）。
◉従業員の配偶者が、子が1歳に達する日以前において、育児休業をしていること
◉従業員の育児休業開始予定日が子の1歳の誕生日以前であり、配偶者がしている育児休業の初日と同じか後であること
ただし、育児休業を取得できる期間は1年間（出生時育児休業および女性の場合は出生日と産後休業の期間を含む）です。

■次のいずれにも該当する従業員は、子の1歳6か月に達する日までの間で必要な期間、育児休業を取得することができる（同法第5条第3項）。
◉従業員又はその配偶者が、原則として子の1歳の到達日に育児休業をしていること
◉次のいずれかの事情があること

・　保育所等に入所の申込みをしているが、入所できない場合
・　1歳以降育児に当たる予定であった配偶者が、死亡、傷病等の事情により子を養育することができなくなった場合

■　次のいずれにも該当する従業員は、子が2歳に達する日までの間で必要な期間、育児休業を取得することができる（同法第5条第4項）。

◉　従業員又はその配偶者が、子の1歳6か月の到達日に育児休業をしていること
◉　次のいずれかの事情があること
・　保育所等に入所の申込みをしているが、入所できない場合
・　1歳6か月以降育児に当たる予定であった配偶者が、死亡、傷病等の事情により子を養育することができなくなった場合

■　1歳6か月、2歳までの育児休業を取得するときの取得開始予定日は、それぞれ1歳、1歳6か月到達日の翌日が原則だが、配偶者がすでにこの育児休業をしている場合には、その育児休業終了予定日の翌日以前でよく、本人と配偶者とが育児休業をオーバーラップ又はバトンタッチできる。

育児休業を取得できる回数は、1歳に達する日までの期間に分割して2回（配偶者

が死亡したとき、配偶者が子と同居しなくなったときなど特別の事情がある場合を除く）できます（同法第5条第2項）。休業期間を延長できる場合には、それぞれの延長期間に1回です。

有期雇用従業員が契約更新に伴い継続して育児休業を取得する場合には、労働契約期間の初日を育児休業開始予定日として、再度の申出を行うことになりますが、その申出については回数に数えません」

社長「育児休業の申出を拒むことはできないことは分かっていますが、開始日については、年次有給休暇の時季変更権のように変更することはできないのですか」

隠居「休業の申出は、原則、休業を開始しようとする日の1か月（休業期間を延長できる場合、2週間）前までです。この場合は申出どおりの日から休業は開始します。申出が遅れた場合には、休業開始希望日から、申出の日の翌日から起算して1か月（休業期間を延長できる場合、2週間）の中で、企業が開始日を指定することができます。出産予定日より早く子が出生したときなど、特別の事情がある場合には、申出は休業開始日の1週間前までになります。なお、有期雇用従業員の契約更新時に必要となる申出については、1か月前までではなくても、申出どおりの日から休業が開始されます。

申出の撤回は、育児休業開始日の前日までできることになっています。ただし、撤回しても、特別の事情がない限り、同じ子について1回取得したことになります」

社長「育児休業の開始日又は終了日を変更したいということもあると思いますが」

隠居「開始日の変更については、出産予定日より早く子が出生した場合など、特別の事情がある場合に限り、1回に限って繰上げの変更が認められます。

終了日の変更については、事由を問わず、当初の終了日の1か月（1歳6か月、2歳までの場合、2週間）前までに申し入れることにより、子が1歳に達するまでに1回、1歳から1歳6か月まで、1歳6か月から2歳まで、それぞれ1回繰り下げることができます。

このような育児休業制度ですが、男性従業員の取得率は12・65％（この内、育休期間が5日未満の割合28・33％）であるところから（厚生労働省「令和2年度雇用均等基本調査」）、男性の育児休業の取得を促進するため、新たな制度が創設されています（同法第9条の2）。

これは『出生時育児休業』制度で、子の出生後8週間以内に4週間（28日）まで、原則2週間前までの申出によって取得することができるものです。申出が遅れた場合には、休業開始希望日から、申出の日の翌日から起算して2週間の中で、事業主が休業開始日を指定できます（同法第9条の3第3項）」

社長「8週間というと、女性は産後休業期間ですね」

隠居「そうです。その期間に、配偶者の男性が育児休業を取りやすくする仕組みです。それでこの制度は、『産後パパ育児休業』制度ともいいます。

有期雇用従業員については、子の出生の日から8週間を経過する日の翌日から6か月間に、労働契約（更新される場合には、更新後の契約）の期間が満了することが明らかでないことが必要です。

この休業の取得回数も分割して2回（有期雇用従業員の労働契約更新時に必要となる申出を除く）までで、育児休業の回数とは別です。ただし、育児休業は取得の際にそれぞれ申出ればいいのですが、この休業は、初めにまとめて申出ることが必要です（同法第9条の3第1項但し書き）。まとめて申出がないときには、法律上、事業主は2回目の申出を拒むことができるのですが、拒まなくともよく、その場合、2回目の取得ということになります。

また、育児休業と同様に、開始予定日の繰上げ、終了予定日の繰下げ変更、申出の撤回ができるし、労働者代表との労使協定によって制度の適用から除外できる者も同じです（同法第9条の4）。

それに、これも労使協定の締結が必要ですが、産後パパ育児休業中に従業員の申出・同意（日数、時間等について）によって就業させることが可能になります（同法第9条の5第2項）。ただし、就業可能日数等に制限があります。

・休業期間中の所定労働日、所定労働時間の半分
・休業開始日、休業終了日を就業日とする場合には、当該日の所定労働時間未満

そして、これら育児休業については、従業員が取得しやすい環境を作るために、事業主は、次のいずれかの措置を講じなければなりません（同法第22条第1項）。いずれかとありますが、複数行うことが望まれます。

・育児休業、産後パパ育児休業に関する研修の実施
・育児休業、産後パパ育児休業に関する相談体制の整備等（相談窓口の設置等）
・自企業の労働者の育児休業、産後パパ育児休業取得事例の収集・提供
・自企業の労働者へ育児休業、産後パパ育児休業制度とその取得促進に関する方針の周知

また、本人又は配偶者の妊娠・出産等を申し出た従業員に対し、事業主は育児休業制度等に関する次の事項の周知と休業取得の意向確認を、個別に行わなければなりません（同法第２１条）。

- 育児休業・産後パパ育児休業に関する制度
- 育児休業・産後パパ育児休業の申出先
- 育児休業給付に関すること
- 従業員が育児休業、産後パパ育児休業期間について負担すべき社会保険料の取り扱い

このとき、取得を控えさせるようにすることは認められません。

個別の周知、意向の確認は、次の方法のいずれかで行うことができます。

- 面談（オンライン面談も可）・書面の交付・ＦＡＸ・電子メール等

＊ ＦＡＸ、電子メール等は、従業員が希望した場合のみ

２０２３年４月１日からは、常時雇用する従業員数が１，０００人超の企業に対し、男性の育児休業等の取得率を含む育児休業の取得状況について公表が義務付けられることになってます。

制度はいろいろ改善されるのに、職場の空気や声を気にして育休を取らない男性には、『いくじ無し』と言いたいですよ」

社長「本当にそうですよね。

ところで、『産後パパ育児休業制度』については育児休業期間中に少し仕事ができるようになっていますが、普通の育児休業のときに仕事をしてもらうことはできないのですか」

隠居「育児休業期間中は労働義務を免除しているので、就業できないのが原則です。しかし、企業として頼まざるを得ない仕事があるとき、従業員の同意を得て、**一時的**・**臨時的**に働いてもらうことは可能です。この場合、雇用保険の育児休業給付は就労が支給単位期間（育児休業開始日から一か月ごと）に10日（10日を超える場合、月80時間。休業終了時の期間が28日間より短くなる場合、比例計算による）以下であれば支給されます。

ただし、恒常的、定期的に就労させると、育児休業していることにならないとされるので注意が必要です。

これは、介護休業中でも同じです」

社長　「育児休業から仕事に復帰するときの話でいいですか。休業期間が長いと同じ仕事に戻せないことがありそうですが」

隠居　「育児・介護休業を取得した従業員が復職するときには、原則として原職又は原職相当職に復帰させるよう配慮することが求められます（同法第22条第2項、「育児・介護について事業主が講ずべき措置に関する指針」）。この『原職相当職』とは、一般的に、職制上の地位が休業前より下回っておらず、休業前と職務内容、勤務場所が同じであることをいいます。

従って、その配慮をして復職後の職場を決めることになります。なお、育児休業を取得したことを契機とする不利益な配置の変更は法違反であり、無効になります（同法第10条）」

◇◇◇短時間勤務◇◇◇

隠居　「そして仕事に復帰したとき、まだ子供が小さくて大変ですね。そこで、育児と仕事を両立させるために検討されるのが、短時間勤務ってわけです。その説明をします。

事業主は、3歳未満の子を養育する従業員について、短時間勤務制度を講じなければなりません。

○　短時間勤務制度の対象は、日々雇用される者と1日の所定労働時間が6時間以下である者を除く、すべての従業員です。

『1日の所定労働時間が6時間以下』とは、すべての日の所定労働時間が6時間以下であることをいい、変形労働時間制でも、対象となる期間を平均しての1日の所定労働時間をいうものではありません。

○　加えて、労働者の代表と労使協定を結ぶことにより、次の者を適用除外にすることができます（同法第23条第1項但し書き）。

・　継続して雇用された期間が1年未満の者

・　1週間の所定労働日数が2日以下の者

・　業務の性質又は業務の実施体制に照らして、短時間勤務制度を講ずることが困難と認められる業務に従事する者

該当する場合のあり得る業務として、従業員数が少ない事業所において、当該業務に従事しうる従業員数が著しく少ない業務とか、個人ごとに担当する企業、地域等が厳密に分担されていて、他の従業員では代替が困難な営業業務、流れ作業方式や交替勤務による製造業務であって、短時間勤務の者を勤務体制に組み込

むことが困難な業務などが挙げられます（「育児・介護について事業主が講ずべき措置に関する指針」）。

業務の性質・実施体制に照らして適用除外になる従業員に対しては、代替措置として、次のいずれかを設けることが必要になります（同条第2項）。

・育児休業制度に準ずる措置　・フレックスタイム制　・時差出勤

・保育施設の設置運営その他これに準ずる便宜の供与

短時間勤務制度は、1日の所定労働時間を6時間（所定労働時間7時間45分の事業所等を勘案し、5時間45分も可）とする措置を含まなければなりません（育介則第74条第1項）。子育てをしながら、できるだけ長い時間働きたいという人がいますから」

◇◇◇子の看護休暇◇◇◇

隠居　「短時間勤務にしたにしろ、子供の病気などで急に仕事に出られない日がありますす。そのために子の看護休暇の制度がありますので、その説明に移ります。

小学校就学前の子を養育する従業員は、1年度において5日、該当する子が2人以上いる場合には10日を限度として、子の看護休暇を日又は時間単位で取得できます

（育介法第１６条の２）。

子の看護休暇は、負傷し、又は疾病にかかった子の世話又は疾病の予防を図るために必要な世話を行うために与えられる休暇で、疾病の予防を図るために必要な世話に、子に予防接種又は健康診断を受けさせることが含まれます。

『1年度において』の年度とは、事業主が特に定めをしない場合には、毎年４月１日から翌年３月３１日までになります」

社長　「そうすると、年度の終わりごろに出産から復帰した人にも同じ日数を与えるのですか」

隠居　「そうなんです。月数に応じて按分することはできないことになってます。

○　対象は、日々雇用する従業員を除く、すべての従業員です。

○　労働者の代表と労使協定を結ぶことにより、次のとおり適用から除外できる者がいます（同法第１６条の３第2項）。

・　継続した雇用期間が６か月未満の者

・　１週間の所定労働日数が２日以下の者

・　時間単位で子の看護休暇を取得することが困難な業務に従事する者

この場合、適用除外できるのは時間単位のみで、1日単位の取得については適用除外できません。

1時間単位で休暇を取得させることが困難な業務については、例えば、長時間の移動を要する遠隔地で行う業務であって、時間単位の子の看護休暇を取得した後又は取得する前の勤務時間では処理することが困難な業務や流れ作業や交替勤務による業務であって、時間単位で子の看護休暇を取得する者を勤務体制に組み込むことによって業務を遂行することが困難な業務です（「育児・介護について事業主が講ずべき措置に関する指針」）。

時間単位の取得については、法令上は、始業時刻からの連続または終業時刻まで連続して取得することであって、就業時間の途中で休暇を取得して途中から復帰する、いわゆる『中抜け』については、法の定めは認めなくてもよいことになってますが、行政では認めるように配慮を求めてます。

時間単位で取得する場合には、休暇を取得した時間数の合計が1日の所定労働時間数に相当する時間数となるごとに1日分の休暇を取得したものとして扱います。

この場合、1日の所定労働時間数に1時間に満たない端数がある場合には、端数を時間単位に切り上げる必要があります。例えば、1日の所定労働時間数が7時間30分の場合、時間単位で取得する場合、30分という端数を切り上げ、8時間分の休暇で1日分とします。

所定労働時間数が日によって異なる場合には、1年間における1日平均所定労働時間数を1日の所定労働時間数とします。1年間における総所定労働時間数が決まっていない場合には、所定労働時間数が決まっている期間における1日平均所定労働時間数とします」

社長「日によって所定労働時間が異なる場合には、所定労働時間が短い日、例えば6時間の日に、これを時間単位で取ると、1日にならないで得するのですが、それでいいのですか」

隠居「時間単位で取得する場合の1日の時間数は、所定労働時間数未満に限られます（育介則第34条第1項）。1日の所定労働時間6時間の日に、時間単位で6時間取得することはできません。この場合、1日の取得になるから大丈夫です」

社長「話を少し戻すことになりますが、子の看護ということはどうして確認するのですか」

隠居　「子の看護をすることを証明する書類の提出を求めることができます。ただし、証明書類の提出を求める場合には事後の提出を可能にするなど、従業員に過重な負担を求めることにならないように配慮してください。同様に、子の看護休暇を取得するときは緊急を要することが多いことから、その申し出についても、当日の電話等での口頭の申出を認めることが必要です」

社長　「過度の負担にならないようにとは、どのくらいのことでしょうか」

隠居　「医者や薬局の領収書程度でしょうね。日数が限られてるし、無給にしてるなら、それも無くてもいいのではないですか」

社長　「医者に行かず、薬も買い置きで済ます場合があると思いますから、うちでは未だ先のことですが、証明書が添付できない場合には、申請書に子の状態を書かせるだけで済ませることにしようかと思います。

　そうだ、女性管理職に産前産後休業や育児休業を認める必要がありますか」

隠居　「労働基準法上の管理監督者に該当する者については、労働時間、休憩、休日の適用から除外されていますが、所定労働日の労働を免除する産前・産後休業や育児・介護休業、子の看護・介護休暇は労働時間等に含まれず、適用されます。ただし、自ら時間管理を行うことが可能な立場にあることから、労働時間に関する措置である育児時間や、先に述べた短時間勤務、そして子の看護休暇・介護休暇の時間取得についての適用からは外すことができます。そうは言っても、それでは実際には取得しにくいでしょうし、育児の必要は一般従業員と同様にあるので、これらに準ずる措置を取ることが望まれます」

介護編

◇◇◇介護に対する措置◇◇◇

下手の横好きで囲碁が趣味のご隠居は、唯一の碁敵（がたき）である定吉との一局で『待った！』をしたことから喧嘩別れになったまま、手持ぶさたの日が続いていました。そこへ、定吉が顔を出します。

定吉 （小さな声で、おずおずと）「ご隠居、久しぶりです」

隠居 「おお、やっと来てくれたか。嬉しいねえ。毎日、碁盤を磨いて待ってたんだぞ。この間、わたしが『待った！』したものだから怒って帰っちゃって、ずっと来ないから心配してた。入れ、入れ」

定吉　「こっちも、ネット碁では勝っても面白くない。感情が湧かないんですよ」
隠居　「それは無料ソフトだからだろ。勘定がない」
定吉　「確かに。それにしても、年寄り相手に『待った』の1回ぐらい許してあげればよかったと思っていました。でも、今日は、碁を打ちに来たんじゃあないんです」
隠居　「そう言いなさんな。要件済んだら、ぜひ一局願いたい」
定吉　「それはこちらも望むところですが、今日伺ったのは、介護のことなのです。ご存じのとおり、お袋が介護保険の要支援2を取っていて、週2回リハビリに通っているんですが、あれから一層調子が悪くなって、もう要介護に当たると思うんですけど、介護は嫌だといって聞かないんですよ」
隠居　「でも、要支援は取ったんだから、どうして」
定吉　「それも嫌がったんですが、階段に手すりを付けるのに、取っておくと介護保険から補助金が出るというので、ようやく承知したんです」
隠居　「そうか。大変だな。それで、どんな話をすればいいのかな」
定吉　「今後、介護休業を取らなければならないときが来ると思うんですが、当面、介護休暇が取れるかどうか、その辺りのことを聞きたいのです」

隠居　「では、今後のことがあるので、介護についての制度全体について説明しとこう。
介護が必要な状態にある家族を介護する従業員に対し、次の措置が用意されてる。
①　介護休業（育介法第11条）
②　所定労働時間短縮等の措置（同法第23条第3項）
③　所定外労働の制限（同法第16条の9第1項）
事業の正常な運営を妨げる場合を除く。
1回につき1か月以上1年以内の期間とし、何回でも請求できる。
④　時間外労働の制限（同法第18条）
1か月24時間、1年150時間以下とするもので、事業の正常な運営を妨げる
場合を除く。
1回につき1か月以上1年以内の期間とし、何回でも請求できる。
⑤　深夜労働の制限（同法第20条）
午後10時から午前5時までの間の労働を制限するもので、事業の正常な運営を
妨げる場合を除く。
1回につき1か月以上6か月以内の期間とし、何回でも請求できる。

⑥　介護休暇（同法第16条の5、6）

1年度において5日、要介護状態にある対象家族が2人以上いれば10日、与えられる。

また、企業は、就業の場所を変更する場合、介護の状況に配慮することが義務とされるし（同法第26条）、努力義務としてだが、介護休業又は短時間勤務等の措置に準じて、期間、回数等に配慮した必要な措置を講ずることが求められてる（同法第24条第2項）。

それぞれの措置について適用が除外される従業員がいる。その範囲は、③～⑤については次のとおりで、育児の場合と同じだ。①、②、⑥については後で説明する。

③　所定外労働の制限
- 日々雇用される者
- 労使協定により、継続して雇用された期間が1年未満の者／週所定労働日2日以下の者

④　時間外労働の制限
- 日々雇用される者
- 継続して雇用された期間が1年未満の者
- 週所定労働日2日以下の者

⑤　深夜労働の制限

・日々雇用される者
・継続して雇用された期間1年未満の者
・週所定労働日2日以下の者
・深夜においてその対象家族を常態として介護できる同居の家族がいる者
・所定労働時間の全部が深夜労働の者

なお、事業主は、①～⑥の措置の申出・取得を理由とする解雇その他の不利益な取扱いをしてはいけない（同法第16条等）」

◇◇◇介護休業◇◇◇

隠居　「まず、介護休業からだが、要介護状態にある対象家族の介護や世話をする従業員（日々雇用される者を除く）は、1人につき3回まで、通算して93日を限度として取得できる。

ただし、定吉君のような有期雇用従業員については、申し出時点において、介護休業取得予定日から起算して93日を経過する日から6か月を経過する日までの間に労働契約（更新される場合には、更新後の契約）の期間が満了することが明らかでないことが必要だ。

また、労働者の代表と労使協定を結ぶことにより、次の従業員を適用対象者から除外できる。

・継続して雇用された期間が1年未満の者

・申出の日から93日以内に雇用関係が終了することが明らかな者

・1週間の所定労働日数が2日以下の者」

定吉「世話には、家事や買い物は含まれますか」

隠居「通院等の付添い、その他必要な世話として含まれる。

介護休業等の対象になる『要介護状態にある家族』については、次にように定義されてる（同法第2条第3、4号）。

要介護状態にある家族とは、負傷、疾病又は身体上若しくは精神上の障害により、2週間以上の期間にわたり常時介護を必要とする状態にある次の者をいう。

・配偶者（事実婚を含む）　・父母　・子　・配偶者の父母

・祖父、兄弟姉妹又は孫　・上記以外の家族で会社が認めた者

＊ 子には、育児休業では養子縁組里親に委託されている子などに広げられてい

るが、介護休業では、法律上の親子関係がある子（養子を含む）に限られる。

次に、常時介護を必要とする状態とは、どんな状態かというと……」

定吉「それが一番聞きたいところです」

隠居「介護保険制度の『要介護2』以上であること、又は『常時介護を必要とする状態に関する判断基準』が出されてるので、それによって座位の保持、歩行、水分・食事の摂取、排泄、衣類の着脱、外出すると戻れない等、12項目の状態をチェックしてレベルを判断する。ただし、行政は企業に対し、この判断を厳密に捉えないで、従業員の介護休業の取得が制限されてしまわないように柔軟に運用することを望んでる。

介護の申出時期については、従業員が希望どおりの日から介護休業するためには、介護休業を開始しようとする日の2週間前までに申し出ることが必要だ。これより遅れた場合、事業主は申出のあった日の翌日から起算して2週間を経過する日までの間で開始日を指定できる。

有期雇用従業員は、労働契約期間の末日まで休業した後、継続して休業するには、更新後の労働契約期間の初日を介護休業開始予定日とする申出をしなければならないが、その場合には2週間前までに申出なくても、申出どおり休業できる。

申出の撤回については、休業の開始の前日までできる。しかし、同じ対象家族について2回連続して撤回した場合、事業主は3回目の休業の申出を拒むことができる。

休業期間の変更については、一定の時期までに申出ることにより、事由を問わず、1回の申出ごとの休業につき1回に限り休業を終了する日を繰下げ、期間を延長することができる」

定吉「細かに説明してもらいましたが、要するに要介護2を取るか、その状態にならなければ、介護休業だけでなく、いろいろな措置が取れないということですね。

それでは、一局お願いしましょう」

隠居「こっちも早く碁盤を囲みたいのはやまやまだが、待った！　まだ、話が終わっていない。所定労働時間短縮等の措置と介護休暇についても最低限必要なことだから触れておきたい」

定吉「碁でないから、『待った』を許しましょう。だけど、説明も時間短縮でお願いしますよ」

◇◇◇所定労働時間短縮等の措置／介護休暇◇◇◇

隠居　「事業主は、要介護状態にある対象家族を介護する従業員について、介護休業とは別に、連続する3年間以上の期間における所定労働時間の短縮等の措置を制度として設けなければならない。3年間は、制度利用開始日から起算する。

この措置については、日々雇い入れられる者と、労働者の代表との労使協定によって次の者については、適用を除外できる。

・継続して雇用された期間が1年未満の者

・1週間の所定労働日数が2日以下の者

なお、労働基準法上の管理監督者に該当する者は、労働時間等に関する適用が除外されてるので、短時間勤務の措置の適用から外してもいいが、介護の必要は一般従業員と同様にあるので、これに準ずる措置を取ることが望まれる。

この労働時間短縮等の措置は、2回以上の利用ができるものとし、次のいずれかの方法によらなければならない。

○　短時間勤務の制度

・　1日の所定労働時間を短縮する制度

所定労働時間が8時間の場合は2時間以上、7時間の場合は1時間以上の短縮が

望ましいとされる

・週又は月の所定労働時間を短縮する制度
・週又は月の所定労働日数を短縮する制度（隔日勤務や、特定の曜日のみの勤務等の制度）
・労働者が個々に勤務しない日又は時間を請求することを認める制度

○フレックスタイム制
○始業又は終業の時刻を繰り上げ又は繰り下げる制度（時差出勤の制度）
○介護サービスの費用助成その他これに準ずる制度

最後に、短時間勤務であっても介護のために休暇を取りたいときがある。年次有給休暇とは別にね。そこで介護休暇の制度が用意されてるんだ。介護休暇は、1年度において5日（要介護状態の対象家族が2人以上いる場合、10日）を限度として取得することができる。ただし無給だ。

年度、適用対象者、適用除外者および1時間単位の休暇の取り方については説明すると長くなるので、今日は省略しとく。いずれも子の看護休暇の取り扱いと同じだ。

さあ久し振り、碁にレッツ・ゴーだ」

定吉「今日は、介護についていろいろ教わったから、囲碁ではお返しにAI仕込みで、ご隠居が嫌というほど教えてあげますよ」

隠居「教われるとは大変結構。逆に、こちらのBJ仕込みの攻めに襲われないように気をつけろ」

定吉「BJ？　何です」

隠居「AIのすぐ次はBJだろ。わたしの造語で、『Basic Judgment』、人間本来の判断力だ」

不利益取扱いの禁止編

『孤𪊬社（こがい）』お菊社長は、ご隠居に出産・育児をする従業員に対して取るべき措置について教わったこともあり、用事のために横丁近くまで来たついでに挨拶に立ち寄ります。

お菊社長「ご隠居、居りますか」

隠居「やあ、いらっしゃい」
社長「ちょっとそこまで来ましたので、寄らせていただきました。この間はお世話になりまして」
隠居「相談じゃあないようだけれど、丁度いいや。この前、言い落としたことがありますから、話しておきたいのです。すぐに終わります。いいですかな」
社長「そうですか。用事の途中なので、少しなら……」
隠居「妊娠・出産等や育児休業等の申出又は取得等をしたことを理由にして（それを契機として）、不利益取扱いをすることの禁止についてなんです（均等法第9条第3項、育介法第10条等）。
この前、一部触れてたと思いますが、まとめて話してなかったので。
この不利益取扱いの禁止は派遣労働者に対しても適用され、使用者としての責任を負うものです（派遣法第47条の2、第47条の3）。
これらの不利益取扱いを経験した人の率は、21・4％で、5人に1人が経験しています。特に、派遣労働者については特に高く、企業規模合計で45・3％、1～29人の企業では78・9％にもなります（独立行政法人労働政策研究・研修機構「妊娠等を理由とする不利益取扱い及びセクシャルハラスメントに関する実態調査」平成28年）。

○ 妊娠・出産等を理由とする不利益取扱いの禁止の対象になる事由には、次のものがあります。

・妊娠、出産したこと

・男女雇用機会均等法に定める妊娠中および出産後の母性健康管理に関する措置を求め、又はその措置を受けたこと

・産前休業を請求したこと、産前・産後休業を取得したこと、その他労働基準法の定める妊産婦のための保護措置を請求・申出をし、又はその措置を受けたこと

・妊娠又は出産に起因する症状により労務の提供ができないこと若しくはできなかったこと又は労働能率が低下したこと

『妊娠又は出産に起因する症状』とは、つわり、妊娠悪阻、切迫流産、出産後の回復不全等、妊娠又は出産をしたことに起因して妊産婦に生じる症状をいいます。

○ 育児休業等の申出・取得等を理由とする不利益取扱いの禁止の対象となる事由には、次のものがあります。

・育児・介護休業　・子の看護休暇、介護休暇
・所定外労働、時間外労働、深夜労働の制限　・所定労働時間の短縮措置等

○不利益の取扱いには解雇をはじめいろいろありますが、次に挙げるものは、妊娠・出産等を理由とするものと育児休業等の申出・取得等を理由とするものに共通です。

・解雇すること
・期間を定めて雇用される者について、契約の更新をしないこと
・あらかじめ契約の更新回数の上限が明示されている場合に、当該回数を引き下げること
・退職又は正社員をパートタイム労働者等の非正規社員とするような労働契約内容の変更の強要を行うこと
・降格させること
・不利益な自宅待機を命ずること
・減給をし、又は賞与等において不利益な算定を行うこと
・昇進・昇格の人事考課において不利益な評価を行うこと
・不利益な配置の変更を行うこと

・就労環境を害すること（業務に従事させない、専ら雑務をさせることなど）
・派遣労働者として就業する者について、派遣先が当該派遣労働者に係る労働者派遣の役務の提供を拒むこと

これに、次の不利益取扱いが加わります。

・労働者が希望する期間を超えて、その意に反して所定外労働・時間外労働・深夜業の制限又は所定労働時間の短縮措置等を適用すること

なお、男女雇用機会均等法には、女性従業員の婚姻について、不利益取扱いを禁止する定めがあります。

○ 事業主は、女性労働者が婚姻し、妊娠し、又は出産したことを退職理由として予定する定めをしてはいけません（同法第9条第1項）。

○ 事業主は、女性労働者が婚姻したことを理由として、解雇してはいけません（同法第9条第2項）。

ただし、育児休業等の申出又は取得をしたことを契機として、不利益取扱いが行われた場合にも、例外として、その取扱いが認められるものがあります。

○ 業務上の必要性から不利益取扱いをせざるをえず、業務上の必要性が、当該不利

益取扱いにより受ける影響を上回ると認められる特段の事情が存在するとき

○　従業員が当該取扱いに同意してる場合で、有利な影響が不利な影響の内容や程度を上回り、事業主から適切に説明がなされる等、合理的な意志決定ができる従業員であれば、誰しもが同意するような合理的な理由が客観的に存在するとき」

社長「特段の事情とは、どのような場合かしら」

隠居「業績の悪化や本人の能力不足、態度不良等ですね。ただし、能力不足等は、妊娠又は出産に起因する症状により労務の提供ができないことや労働能率の低下等によるものではないことです」

社長「労働基準法違反には懲役又は罰金が課せられることは知っていますが、この不利益取扱い禁止の規定に違反して不利益取扱いを行った場合には、どういう罰則があるのでしょうか」

隠居「違反に対して罰則はありませんが、行政は事業主に報告を求め、又は助言、指導を行い、是正勧告をします。その勧告に従わなかったときは、事業主名が公表されることになります。ただし、求められた報告をせず、又は虚偽の報告をした者に対しては過料が処せられます。

足止めさせましたが、説明はこれまでです」

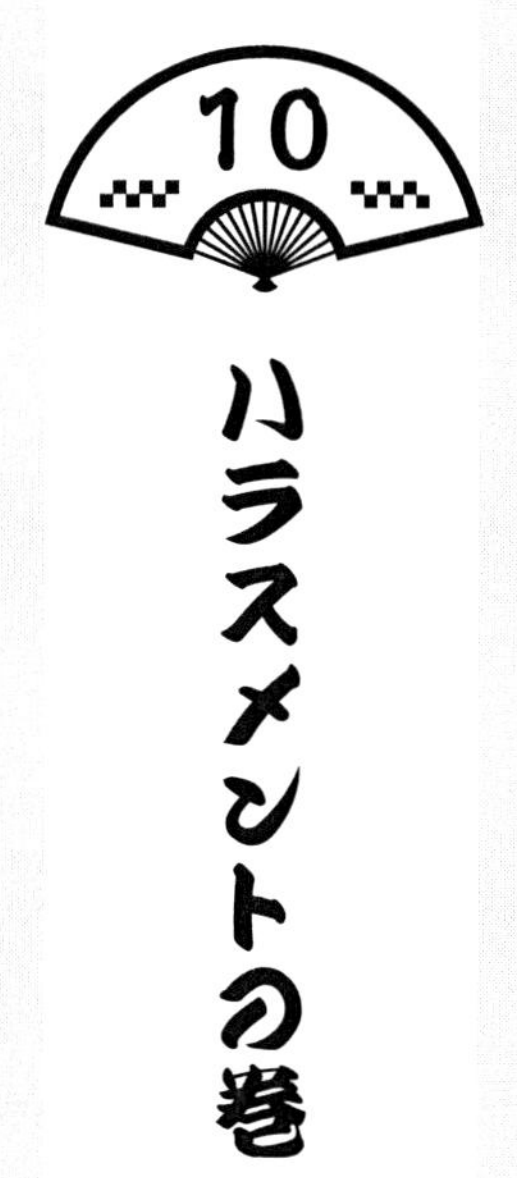
10
ハラスメントの巻

ハラスメント編

◇◇◇概念◇◇◇

ご主人亡き後、その経営を担っている、『穣部設備工事』お杉社長は、工事現場でパワーハラスメントを起こさないようにするため、ご隠居に教えてもらいに来ました。

お杉社長「こんにちは」

隠居「やー、お杉さん、いらっしゃい。どうぞ、どうぞ。亡くなったご主人の後を継いで、よく頑張ってますね」

社長「経理を手伝ってたら、急に主人が亡くなっちゃったでしょう。それで廃業しようと思ったんですけど、皆が『奥さん、社長になって続けてください』と。従業員が皆頑張ってくれてますから」

隠居「何か息抜きでもしてますか」

社長「やっと落ち着いてきたので、最近、麻雀サークルに入って、お金を掛けないゲームを楽しんでいます。ご隠居さんも麻雀やられるのでしょ？」

隠居「わたしは、麻雀の牌（パイ）と、オッ……とっとっと、パイは握ったことがない」

社長　「あら、残念。でも今日は、どんな言動がパワハラになるのか良く知っておかなければいけないと思い、教えてもらいに参りましたってこと」

隠居　「それは結構ですな。女性も事務所はもとより、工事現場でも働くご時世、パワハラに限らず、ハラスメント全般の話をしますよ。この際知っておいた方がいいですから」

社長　「はい。勉強させてください」

隠居　「『ハラスメント』の言葉が出始めたときには、何も外来語を使わずに『いじめ、嫌がらせ』と言えばいいんじゃあないかと言う人がいました。しかし、ハラスメントは、もう少し広くて重い意味を含んでるんです。今、わたしは、お杉さんを前にして『麻雀のパイと……』とダジャレを言いかけて、止めました。お杉さんに嫌がらせをするつもりは毛頭なくても、もし、まともに言ったとすると、その発言によってあなたが不愉快に感じれば、ハラスメントの要素になるのです。つまり、ハラスメントには、嫌がらせのもつ一般的なイメージより広い意味、それに個人の人格を害する重大な問題や虐待など、犯罪となる行為が含まれてます。『セクシャルハラスメント』は、1989年の新語大賞（今の流行語大賞。当時、流行語と新語と2部門あった）となるなど、すぐに定着したんです。

そして、職場でのハラスメントは、被害者個人の問題にとどまらず、職場、企業、そして社会にとっても、大きな損失になります。そこで、法律は、『セクシャルハラスメント』、『マタニティ等のハラスメント』、そして『パワーハラスメント』を禁止する措置を事業主がとることを義務付けています」

◇◇◇影響／法律上の責任◇◇◇

隠居 「職場のハラスメントにより、どのような影響があるか一通り述べますので、お分かりでしたら聞き流して結構です。

○ 被害者は、個人の尊厳、名誉、プライバシーなどの人格を侵害され、それによって労働意欲が低下し、労働能力が発揮できなくなり、場合によって、労働条件に不利益な結果や悪影響を受けたりします。メンタル疾患等、精神・身体の健康を害し、あるいは職場に居づらくなり、退職せざるを得なくなることすらあります。

○ 加害者にとっては、個人の信用を失墜するのは当然のこととして、企業による懲戒処分の対象となって解雇されることがあります。また、民事上の責任を求められ、暴力の行使や強迫を伴うものについては、刑事責任を追及されます。

○企業としては、職場の人間関係、雰囲気が悪化し、組織の志気が落ち、生産性や組織の効率的な運営の低下を生じます。これによって退職者が出れば人材の流出となり、風評が社外に伝われば企業イメージが低下します。法的には、訴訟などによる損害賠償など金銭的負担が生じることがあります」

社長「いろいろ影響は大きいですね」

隠居「それに、ハラスメントには法律上の責任が伴うんです。

○加害者としての個人の責任

・民法の定める不法行為責任に基づく損害賠償責任（同法第709条）を負わされます。

名誉、プライバシー、身体の安全などが保護されるべき法益であることは異論がありません。さらに裁判例では、他の従業員との接触や交際を妨げる行為について、労働者には『職場における自由な人間関係を形成する自由』があることを明らかにしています（関西電力事件　平7・9・5最高裁三小判決　労判680・28）。

・刑事上の責任を負うことがあります。

性的な行動に関しては強姦罪、強制わいせつ罪が、暴力を伴う行動に関しては傷害罪、暴行罪が、言葉などによる場合でも、名誉毀損罪、侮辱罪が成立することがあり得ます。その他、軽犯罪法、迷惑防止条例の違反に当たることが考えられます。

・社内においては、解雇等の懲戒処分の対象になります。

○企業が問われる責任

・使用者自らの不法行為による責任

・使用者としての責任（民法第７１５条）

使用者は従業員が業務上第三者に損害を与えた場合、連帯して損害賠償をする責任を負います。ただし、加害者である従業員の選任、その事業の監督について相当の注意をしたとき、又は相当の注意をしても損害が生じてしまうようなときには、免責されます。

・債務不履行の責任（同法第４１５条）

使用者は、労働契約に伴う信義則上、従業員に対して働きやすい環境を整える義務、『安全配慮義務』（労契法第5条）を負っています。

セクシャルハラスメントについて、『職場環境配慮義務』違反として企業の責任を認めた裁判例があります（三重県厚生農協連合会病院事件　平9・11・5津地裁判決　労判729・54）。

○ハラスメントを受けたことによる精神障害の発病が、業務による強い心理的負荷（ストレス）によるものと認められる場合、労働災害の認定の対象になり、認定された例が多くあります」

◇◇◇防止措置◇◇◇

社長「ハラスメントは、どんな法律で禁じられているのですか」

隠居「法律は、三つのハラスメントそれぞれ違います。逐次説明しますが、いずれも従業員に対して直接禁止してるのでなく、事業主にハラスメントを防止するために従業員からの相談に応じ、必要な体制の整備その他の措置を取りなさいとの定め方をしてます。だから、企業の講じるハラスメントの防止策がとても重要なんです。

従業員に対しては、ハラスメントに対する関心と理解を深め、他の従業員に対する言動に必要な注意を払うとともに、事業主の講ずる措置に協力するようにとの努力義務になってます。

ハラスメントの防止策は、三つのハラスメントほぼ共通なので、最初に防止策の指針が示されたセクシャルハラスメントを中心に、そのアウトラインを説明しましょう（「セクシャルハラスメント防止のための指針」）。説明が長いと感じられるかもしれませんが、一つ一つ大事なことなんです。

①　方針の明確化およびその周知・啓発

○　ハラスメントの内容およびハラスメントがあってはならない旨の方針を明確にし、管理監督者をはじめ従業員に周知・啓発すること

こうした組織としての方針の明確化は、相手の人格を認め、尊重し合いながら仕事を進める意識を組織内に行き渡らせることにつながり、対策を実効性のあるものとする鍵となります。さらに、方針が明確になれば、パワーハラスメントを受けた従業員やその周囲の従業員も、問題の指摘や解消に関して発言がしやすくなり、その結果、取組の効果がより期待できるようになると考えられます。

○　ハラスメントの行為者については、厳正に対処する旨の方針および対処の内容を就業規則その他の職場における服務規律等を定めた文書に規定し、管理監督者を含む従業員に周知・啓発すること

周知・啓発の方法の一つとして、ポスター掲示、ハラスメント研修の実施があります。

②　相談体制の整備

○　常設の相談窓口を定めること

相談に対応するための制度を設け、相談に対応する担当者をあらかじめ定めます。これには、外部の機関に相談への対応を委託することを含みます。

相談窓口を担うなど対策を推進する担当者を養成することは、予防と解決の双方にわたって有効な手段と考えられます。

○　また、三つのハラスメントは複合的に生じることがあることから、相談窓口は、ハラスメントの相談を一元的に行うことができるように体制を整備することが望ましいとされます。

○　相談窓口担当者が、内容や状況に応じて適切に対応できるようにすること

現実に生じている場合だけでなく、発生のおそれのある場合や、ハラスメントに該当するか否か微妙な場合であっても、広く相談に対応し、適切な対応を行うようにすること

・相談窓口の担当者が相談を受けた場合、その内容や状況に応じ、相談窓口の担当者と人事部門とが連携を図ることができる仕組みとすること

・相談窓口の担当者が相談を受けた場合、あらかじめ作成した留意点などを記載したマニュアルに基づき対応すること

○相談者、行為者双方の人格やプライバシーに配慮しながら対応すること

③相談後の迅速かつ適切な対応

○相談の申出があった場合、相談を傾聴し、事実関係を迅速かつ正確に確認すること

○事実確認ができた場合には、速やかに被害者に対する配慮の措置および行為者に対する措置を、それぞれ適正に行うこと

・就業規則その他のハラスメントに関する規定等に基づき、行為者に対して必要な懲戒処分その他の措置を講ずること

・併せて事案の内容や状況に応じ、被害者と行為者とを引き離すための配置転換、行為者の謝罪、被害者の労働条件上の不利益の回復等の措置を行うこと

○再発防止に向けた措置を講ずること

研修を行うなど、ハラスメントに関する方針を周知・啓発させる措置を行うこと

です。

④ その他の措置

○ 相談者・行為者双方のプライバシーを保護するために必要な措置を講じることにして、そのことを従業員に周知すること

○ 相談したこと、事実関係の確認に協力したことを理由にして、その従業員に対して解雇その他の不利益な取り扱いを行ってはならない定めがあり（均等法第11条第2項、11条の3第2項、育介法第25条第2項、労施法第30条の2第2項）、その旨を従業員に周知すること

被害者・加害者双方の主張に事実関係に関する不一致があり、事実の確認が十分にできないと認められる場合にも、会社として社内調査を十分に行った上での判断であれば、案件を放置しておくことなく、会社側の対応が終了したことを説明する必要があります。

その際、相談にきた従業員が再調査を求めたとしても、新たな主張・証拠等が示されない限り再調査の必要まではなく、本人の求めに応じて外部公的機関（労働局、裁判所等）の紹介を行えば、さしあたりの対応として十分であるとされます。

労働局では、紛争解決の援助を行い、また調停制度を設けてます」

社長　「会社の方針の周知徹底と就業規則での規律事項と懲戒処分の定め、それに窓口の対応ですね。すでに行っているつもりですが、しっかり取り組みますわ」

隠居　「問題が顕在化したときの、相談での対応が適切か否かはとても重要です。

ここで、セクシャルハラスメントの裁判例（広島セクハラ（生命保険会社）事件　平19・3・13広島地裁判決　労判943・52）を紹介します。

会社の忘年会の席で、男性上司3人（加害者）が保険外交員・女性7人（被害者）に対し、抱きつく、肩を抱き寄せる、足で体を挟む、押し倒す、抱きついた状況を無理に写真に撮らせるなどといった行為をしたことについて、会社は、翌年の3月29日に被害者から申出を受け、5月9日から調査に着手、その後、加害者に謝罪させ、会社としての謝罪や加害者1人の更迭、3人の懲戒処分を行いました。

この事案についての被害者の請求に対し、判決は、加害者らは不法行為責任に基づく、会社は使用者責任に基づく損害賠償義務を負うとし、慰謝料として総額852万円の支払いを命じました。被害者の女性側にも嬌声をあげて騒ぎ立て、セクハラ行為をあおる結果となったと推認し、2割を減じた額です。

しかし、被害者からの訴えに対する会社の対応が不誠実として、雇用契約上の債務不履行を理由とする損害賠償については認めませんでした。

その理由の概要は、次のとおりです。

『上司らの行為は、暴力行為および嫌がらせ行為として被害者の身体的自由、性的自由および人格権を侵害するものであり、不法行為に当たる。

本件忘年会は、全職員をもって構成される親睦会の主催で、営業日の職員の勤務時間内に行われ、職場の営業活力醸成に資するものと位置付けられ、業務の一部あるいは少なくとも業務に密接に関連する行為として行われたものであるから、会社は使用者責任を負う。

一方、申立てから調査開始まで40日かかっているが、別件のセクハラ事案の調査・対応のために直ちに本件の事情調査することは難しく、調査対象者のいる営業部門の契約締切日、5月上旬の連休などを考慮し、また、事情聴取開始の11日後に加害者に謝罪させ、さらに懲戒処分に付すなどして、会社として反省の意を表したことからすれば、環境保護義務違反があったとはいえない』

会社のセクハラの訴えに対する対応については、認められたという事案です」

社長　「でも、すごい集団セクハラがあるものですね」

セクシャルハラスメント編

◇◇◇定義と言動◇◇◇

隠居　「各論に移り、略称で『セクハラ』といわれる、セクシャルハラスメントについて説明します。

セクシャルハラスメントの定義は、次のとおり男女雇用機会均等法（第11条）に定められてます。

○　職場において行われる

性的な言動に対するその雇用する労働者の対応により当該労働者がその労働条件につき不利益を受け、

又は当該性的な言動により当該労働者の就業環境が害されること

前者を対価型、後者を環境型といいます。

なお、このハラスメントの内容には、同性に対するものが含まれ、また、被害者の性的指向又は性自認にかかわらず、当該者に対する職場におけるセクシャルハラスメントも対象になります（「セクシャルハラスメント防止のための指針」）。
セクハラの禁止がこれだけ長く叫ばれてるので、さすがに対価型ハラスメントは減ってますが、環境型に当たるハラスメントは、まだ根深く残ってます。特に、昔の男中心の職場で、ダジャレのような発言が周りの人から受けた体験が脳に染みついてる年代に多く見られます。お杉社長もご存じでしょうが、お偉いさんでも、リップサービスからセクハラの言葉が漏れ出たり、地位に溺れてか、嫌がる女性に無理やり触れて大きな問題になることが見受けられますよね」

社長「ええ、あります。確か、そういうことで地位を降りることになった人がいました」

隠居「定義にある『職場』とは、事業場内に限られず、取引先の事務所、接待の席、出張先、業務で使用する車中等が含まれます。勤務時間外の宴会であっても、実質上、職務の延長と考えられるものは職場に該当するが、その判断に当たっては、職場との関連性、参加者、参加が強制的か任意かなどを考慮して、個別に行うことになります。
雇用するすべての従業員はもとより、派遣労働者に対するものも対象になるんです」

社長「概念というか、定義は分かりましたが、どんな言動がセクハラに当たるのか、広く一般的に言えるものはありますか」

隠居　「セクハラに当たる言動は性的な内容の発言と性的な行動とがあり、例えば、次のようなものが挙げられてます。

《性的な内容の発言》

○　性的な関心、欲求に基づくもの

・スリーサイズを聞くなど身体的特徴を話題にする。　・卑猥な冗談を交わす。

・体調が悪そうな女性に『もう更年期か』などと言う。

・性的な内容の情報（噂）を流布する。

○　性により差別しようとする意識等に基づくもの

・『男のくせに根性がない』、『女には仕事を任せられない』などと言う。

・『男の子、女の子、坊や』などと人格を認めないような呼び方をする。

《性的な行動》

○　性的な関心、欲求に基づくもの

・わいせつ図画を職場内で回し見する。　・身体を執拗に眺め回す。

・食事やデートにしつこく誘う。　・性的な内容の電話をかけ、又は性的な内容の手紙・Eメールを送る。　・必要なく身体に接触する。　・更衣室をのぞき見する。・性的な関係を強要（強制わいせつ行為等）する。
○性的により差別しようとする意識等に基づくもの
・女性であるというだけで、お茶くみや掃除当番、私用等をやらせる。
・カラオケでのデュエットを強要する。・酒席で、上司の側に座席を指定したり、お酌やチークダンス等を強要したりする。
例は、切りがないぐらいあります」
隠居「それで、セクハラになるか否かの判断基準を示します。
◇◇◇判断基準◇◇◇
○まずは、受け手の判断が重要となります。
性に関する言動に対する受け止め方には個人差があり、特に男女間で差がありま す。判断するには一定の客観性が必要とされますので、被害を受けた従業員が女性であれば、『平均的な女性労働者の感じ方』を基準とし、被害を受けた従業員が男性であれば、『平均的な男性労働者の感じ方』を基準として判断するのが適当だとされてます。

これを平たく言えば、女性が被害を受けたと感じた場合には、そのこと自体が重要な判断となり、一般には、ハラスメントと認定されることになります。

○継続性又は反復性が要件となることがあります。

セクハラの言動はすべて避けなければならないし、あれば注意、指導すべきものですが、でも、その一つのみでは秩序違反、法違反になるレベルでのセクハラとまで言えないことがあるということです。

○しかし、明確に抗議しているにもかかわらず放置された状態の場合、又は心身に重大な影響を受けていることが明らかな場合には、それ以降の行為については、継続性・反復性がなくても、就業環境が害されていると解されます。

意に反する身体的接触によって強い精神的苦痛を蒙る場合には、1回でも就業環境を害することになり得ます。

◇◇◇職場での防止策◇◇◇

最後に、職場の側からの、紛争の防止策について話しておきます。

○基本は、女性・男性の区別なく、相手の人格を尊重することです。

相手は、不快な気持ちをはっきりと表すとは限りません。また、相手が望んでないこと、嫌がっていることが分かった場合には、素直に謝り、同じ言動を繰り返さないことです。

○コミュニケーションをよくし、ハラスメントに関する問題を当事者間の個人的問題として片づけず、お互いに注意しあうことです。

○ハラスメントを受けたと感じた人は、その被害を深刻にしないために、嫌なことは相手に対してはっきりと拒否の意思を伝えることが望まれます。直接言えない場合には、信頼できる人に伝えてもらうか、会社が設置しているハラスメント相談窓口に対応を相談することです。

ハラスメントに関する職場の特徴について、セクハラを受けた人と受けなかった人の%の差で順に掲げると次のようになります（東京海上日動リスクコンサルティング㈱（令和2年度厚生労働省委託事業）「職場のハラスメントに関する実態調査（労働者調査）」。

①ハラスメント防止規定が制定されていない　17・3ポイント

②上司と部下のコミュニケーションが少ない　15・4ポイント

③従業員間に冗談、おどかし、からかいが日常的に見られる　15・0ポイント

法律に従ってハラスメント防止規定を制定すること、職場内のコミュニケーション

がよいことが、ハラスメントの減少に効果があることを示してます」

パワーハラスメント編

◇◇◇定義と行為類型◇◇◇

隠居　「ご関心のパワーハラスメント、略していうと『パワハラ』ですね。その説明に移ります。

過去3年間にハラスメントを受けた経験についての労働者調査では、セクハラの10・2％に対してパワハラは31・4％と3倍あり、3人に1人がパワハラを受けていることになります（前掲「職場のハラスメントに関する実態調査」）。これによる企業の損失は大きく、パワハラの防止は大きな課題です。

パワーハラスメントの定義は、雇用対策法から名称変更された労働施策総合推進法（第30条の2第1項）に次のとおり定められてます。

○　職場において行われる
　優越的な関係を背景とした言動であって、
　業務上必要かつ相当な範囲を超えたものにより、

従業員の就業環境が害されること

パワハラは、一般的に上司から部下に行われることが多いんですが、人間関係や専門知識などの様々な優位性をもって行われることがあるので、職務上の地位に限定せず、広く『職場内の優位性』としてます。

例えば、部下が新任上司に情報を提供しない、専門知識の不足をあざける、過度な主張を展開して上司を攻撃するなど、被害者が上司となる逆パワハラ現象が起きることがあります。

また、専門知識を背景にして相手をバカにするとか、集団の力を利用して誰かを排除し、孤立させるように、同僚が加害者というケースがあります。

正規従業員からパートタイム従業員や派遣労働者へのパワハラもあり、取引関係で強い立場にある元請企業の従業員が、下請企業の従業員に対して継続的に雑用をさせたり、私用に付き合わせたりして人格の尊厳を傷つけるようなパワハラも起こり得ます。

パワーハラスメントの典型的な行為類型については、次のように整理されてます。

ただし、これらの行為類型は列示であり、これに該当しないものは問題ないということではありません（「パワーハラスメント防止のための指針」）。

行為類型の下の数値（％）は、過去3年間にパワハラを受けたことがあると回答した従業員の自由記述回答からの抜粋によるものです（東京海上日動リスクコンサルティング㈱（平成28年度厚生労働省委託事業）「職場のパワーハラスメントに関する実態調査」）。

① 身体的な攻撃（暴行・傷害）…6・1％

② 精神的な攻撃（脅迫・名誉毀損・侮辱・ひどい暴言、執拗な非難、威圧的な態…54・9％

例えば、『死んでくれ』とか『お前なんか、いなくても同じだ』と言って、人としての存在や職場での存在を否定する人が現実にいます。

①と②については、業務の遂行に必要な行為であるとは通常想定できず、原則として業務の適正な範囲を超えるものと考えられます。

③ 人間関係からの切り離し（隔離・仲間外し・無視）…24・8％

④ 過大な要求（業務上明らかに不要なことや遂行不可能なことの強制、仕事の妨害）…29・9％

⑤ 過小な要求（業務上の合理性なく、能力や経験とかけ離れた程度の低い仕事を命

じることや仕事を与えないこと）…19・8％

⑥ 個の侵害（私的なことに過度に立ち入ること）…22・3％

③〜⑥については、業務上の適正な指導との線引きが必ずしも容易でない場合があると考えられます。こうした行為について、何が『業務の適正な範囲を超える』かについては、業種や企業文化の影響を受け、また、具体的な判断については、行為が行われた状況や行為が継続的であるかどうかによっても左右される部分もあると考えられるため、各企業・職場で認識をそろえ、その範囲を明確にする取組を行うことが望まれます。

⑦ その他…6・2％

○ 国籍、信条、性別、門地など合理的理由のない差別に基づく言動、取扱い

○ 法令に反する行為の強制・強要

○ 誹謗中傷、風評、嘲笑をする行為

○ 故意に円滑な職務遂行を妨害すること

- 正当な理由なく決済しない　・必要な器具等を使わせない
- 必要な情報を与えない　・無意味な業務命令を行う　等々

特に精神的な攻撃が多いですね。

ここで一息つきましょう。会社の方は順調ですか」

社長「景気が悪くて、このところの天気と同じで、気持ちが晴れません」

隠居「社長が元気でないと、会社に活気がなくなりますよ。お杉さんは一本気のうえ気丈で才気があるから、何でも一気にしようとするが、たまには気楽に遊んで、英気を養うといいですよ。でも、従業員には気さくに接していて、職場の雰囲気は和気あいあい、皆さん気分よく、やる気を出して働いているのではありませんか」

社長「ずい分、気にかけて、気を使っていただいて有難うございます」

隠居「気がつきましたか」

社長「ええ、でも麻雀が気晴らしになっていますわ」

◇◇◇判断基準◇◇◇

隠居「では、話に戻り、パワハラの判断基準についてです。

パワハラか否かの判断はセクハラより難しいのですが、次のとおりです。

○ 本来の業務の必要かつ相当する範囲を超えていることです。

業務上の適正な範囲で行われている場合には、パワーハラスメントには当たりません。上司は部下に対し、業務上の指導・監督を行う責務があり、叱ることもあり得ます。その場合であっても、その指導・監督の範囲を逸脱する行為をすると、パワハラになります。

○　業務の必要の範囲を超えているか否かは、客観的に判断しなければなりません。この点、受け手の判断が重要となるセクハラとは、少し違います。

○　指導する側は業務上必要な範囲の指導と思っていても、指導される側は、度を超していると感じることがあり、両者の主観が異なることが往々にしてあります。そのために、客観的に判断する際、パワハラと指摘された言動に至る経緯が極めて重要です。調査を行う担当者は、パワハラとされる言動以前の経緯について慎重に相談者、関係する従業員および加害者とされる従業員からヒアリングし、パワハラか否か見極める必要があります。

○　継続的に個人の尊厳を傷つける言動を行うことは、パワハラになります。

・上司として、部下の私的なことに関心を抱き、部下と共感し、支援すること自体に問題はないし、一般的には、継続的に個人の尊厳、人格を傷つける言動がなければパワハラにはなりません。従って、部下が重大なミスをした場合に、勢い余って、他の従業員の面前で大声で強く叱責してしまった、そのことだけでパワハラだとは決めつけ難いところがあります。

しかし、こうした言動を繰り返し、ささいなミスにも再三厳しく叱責するような場合には、パワハラに該当する可能性が高くなります。

・一回の行為でも、暴力行為など法に反する行為や著しく人格を侵害する行為は、パワハラに該当することになります。

パワハラとして違法行為を構成するには、当事者の人間関係、行為の動機・目的、時間、場所、態様等を総合し、社会通念に照らして客観的に判断することになりますが、社会通念を時代環境に合わせて的確に捉えることがとても重要なんです。その点を、裁判例で見てみます（ザ・ウインザー・ホテルズインターナショナル事件 平24・3・9東京地裁判決 労判1050・68、同事件 平成25・2・27東京高裁判決 労判1072・5）。

上司が夏季休暇中の部下に『ぶっ殺すぞ』などという言葉を用いて口汚くののしり、辞職を強いるかのような発言をしたことについて、一審、二審ともに、不法行為であるとして上司に損害賠償を命じている事案です。けれども、アルコールに弱く嘔吐している部下に執拗に酒を強要したことを、一審（地裁）では、上司の立場を逸脱して許容できる範囲を著しく超えるものでないと判断したのに対し、二審（高裁）では、単なる迷惑行為に留まらず、不法行為が成立するとしてます。また、前夜の飲酒のために体調を崩している部下に、自動車の運転を強要したことについて、一審は、運転時間は僅かでありパワハラとは言い難いとしているところ、二審は、例え僅かな時間であっても体調の悪い者に自動車を運転させる行為は極めて危険であり、体調が悪いと断っている部下に対し、上司の立場で運転を強要した行為が不法行為であることは明らかであるとしてます。このため、二審の慰謝料（150万円）は、一審を上回る額になりました」

社長　「セクハラと違う点があることは分かりましたが、判断が難しくなる場合がありそうですね」

◇◇◇防止策の注意点◇◇◇

隠居　「パワハラの防止策は基本的にセクハラと同じですが、パワハラを取扱う場合に、特に注意する点を申し添えます（「パワーハラスメント防止のための指針」）。

再々申し上げているように、上司は自らの権限を発揮して役割を遂行することが求められてるのですから、まずは、パワハラ対策が上司の適正な指導を妨げるものにならないようにすることですが、他にもあります。

○パワハラを行う上司には、自分のストレスを発散させるために行うタイプと、自分の体験などに基づく指導で、自分ではパワハラでないと思っているタイプがあります。

スポーツの世界では長くスパルタ教育が大手を振っていたり、徒弟制度の世界では、弟子は師匠の言うままに従う慣行が残っていたりすることがあり、それが企業内に持ち込まれることがあります。

しかし、昔であれば、厳しい指導として許されていた言動が、時代の変化や労働者の意識の変化と共に、パワハラになり得ることが多くあります。後者の場合には、調査の過程において、行為者にその時代環境の変化を理解させる必要があります。

○暴言などによるパワハラについては、通常、音声記録など残されているケースは稀であり、第三者のいないときには、「言った、言わない」の水掛け論に陥ることがあります。調査をしたとしてもパワハラとの認定は非常に困難であり、中には社内対応では事実関係の見極めがつかない事案が生じることがあります。それは、社内対応上の限界であり、対応を打ち切ることもやむを得ないものです。

最後に付け加えますと、精神的障害による労働災害を認定する基準の出来事の類型の一つとして『パワーハラスメント』が取り上げられていて、上司等からのパワハラについては、その心理的負荷の強度を『強』と判断する具体的事例を掲げてます。

○ 上司等から、治療を要する程度の暴行等の身体的攻繋を受けた場合

○ 上司等から、暴行等の身体的攻撃を執拗に受けた場合

○ 上司等による次のような精神的攻撃が執拗に行われた場合

・ 人格や人間性を否定するような、業務上明らかに必要性がない又は業務の目的を大きく逸脱した精神的攻撃

・ 必要以上に長時間にわたる厳しい叱責、他の労働者の面前における大声での威圧的な叱責など、態様や手段が社会通念に照らして許容される範囲を超える精神的攻撃

○ 心理的負荷としては『中』程度の身体的攻撃、精神的攻撃等を受けた場合であって会社に相談しても適切な対応がなく、改善されなかった場合

同僚等からの暴行又はいじめ・いやがらせを受けた場合には、行為類型『対人関係』として、同様の例が挙げられてます。その一つが、同僚等から、人格や人間性を否定するような言動を執拗に受けた場合です。

これらに該当して傷病になると、業務上の傷病に該当する可能性は極めて高くなります」

社長「特に、長時間労働が常態化しているような職場では、管理職自身のストレスが溜まっていて、部下のちょっとしたことに、無意識にストレスが発散してしまうのかも知れませんね」

隠居「そのとおりだと思います。

わたしがハラスメントの講師をした経験ですと、受講後の感想文に『研修は大変役立ちます』と書いた管理職の人が、その半年後にパワハラ行為をしたことがありました。ハラスメントは頭で理解してても、感情が抑えきれずに行動に出ることが多いと感じます。パワハラ行為に及ぶ原因は、本人の人間性（他人に対して思いやる心）の弱さや私生活上のストレスにもあり、すべて仕事によるものではありませんが、従業員一人ひとりに強いストレスを与えない、そして抱えたストレスを和らげるのは、職場内のよいコミュニケーションです。社長ご指摘のとおり、職場に疲労が溜まっていて、指示命令を手段としてストレスを発散し、それがハラスメントになるのでしょう。長時間労働だと、脳はダラダラして働きが落ち、心はカラカラに乾いてしまい、神経はピリピリと過敏になります。

調査によるパワハラを受けた人と受けなかった人の割合（％）の差でみても、職場のコミュニケーションがいかに大切かということが分かります（前掲「職場のハラスメントに関する実態調査」）。

① 上司と部下のコミュニケーションが少ない／ない　22・2ポイント
② 残業が多い／休暇を取りづらい　17・3ポイント
③ ハラスメント防止規定が制定されていない　16・7ポイント

パワハラについてはこれで宜しいでしょうか」

社長「はい」

隠居「では、三つ目の、マタニティ等のハラスメントについてですね」

マタニティ等ハラスメント編

◇◇◇概念と行動類型◇◇◇

隠居「マタニティ等ハラスメントの防止については、二つの法律から成っています。男女雇用機会均等法（第11条の3第1項）と育児・介護休業法（第25条第1項）です。

この二つのハラスメントをまとめると、マタニティ等ハラスメントの概念は、次のようになります。

○ 職場において行われる
上司・同僚からの言動（妊娠・出産したこと、育児休業等の利用に関する言動）
により、
妊娠・出産した女性従業員や育児・介護休業等を申出・取得した男女従業員等の
就業環境が害されること
妊娠、産後等の状態や育児休業等の利用と、嫌がらせ等となる行為の間に因果関係があるものがハラスメントに該当します。
このハラスメントに介護が含まれますが、略して『マタハラ』といってます」

社長　「妊娠、出産、育児等に関して起きるマタハラですが、実際にどのぐらいの人が受けているのでしょうか」

隠居　「過去5年間に妊娠・出産・育児休業等ハラスメントを一度でも受けた経験のある女性労働者は26・3%で、4人に1人の割です。妊娠の前に、妊娠・出産等に関する否定的な言動を受けた人も17・1%います。また、育児に関わる制度を利用しようとした男性労働者の中で、育児休業等ハラスメントを受けた人は、26・2%いました（前掲「職場のハラスメントに関する実態調査」）。

マタハラにあたる言動は、制度等の利用についての嫌がらせ型と状態への嫌がらせ型の2つの類型に分けることができます（「妊娠、出産等に関するハラスメント防止のための指針」、「育児・介護について事業主が講ずべき措置に関する指針」）。

《制度等の利用についての嫌がらせ型》

対象となる制度等には、次のものがあります。

・　男女雇用機会均等法の定める妊娠中および出産後の母性健康管理に関する措置

・　労働基準法の定める産前・産後休業等の妊産婦のための保護措置

・　育児・介護休業法の定める育児・介護休業、子の看護休暇、介護休暇、所定外

労働・時間外労働・深夜労働の制限、所定労働時間の短縮措置等

○解雇その他の不利益な取り扱いを示唆すること

不利益取扱いをしないまでも、例えば、女性従業員が産前休業の取得を上司に相談したところ、『休みをとるなら辞めてもらうほかない』と言われることは、これに該当します。

○制度等の利用の請求等又は制度等の利用をしづらくすること

例えば、男性従業員が　育児休業の取得について上司に相談したところ、『男が育児休業をとるなんて考えられない』と言われ、取得をあきらめざるを得ない状況になっていることは、これに該当します。

事業主として請求を取り下げさせる、つまり制度等の利用を認めないことは、ハラスメントとは別の、不利益取扱い禁止の法違反になります。

○制度等を利用したことにより嫌がらせをすること

『嫌がらせ』とは、嫌がらせ的な言動や、業務に従事させないこと、又は専ら雑務に従事させることをいいます。

例えば、上司・同僚が『所定外労働の制限をしている人に、大した仕事はさせら

れない』と繰り返し又は継続的に言い、専ら雑務のみさせられる状況となってい
て、就業する上で看過できない程度の支障が生じている状態です。

《状態への嫌がらせ型》

女性従業員が妊娠したこと、出産したこと、つわりで仕事の能率が下がったことな
どの状態や不妊治療に関することについての言動により、就業環境が害されるものを
いいます。

○ 解雇その他の不利益な取り扱いを示唆すること

例えば、上司に妊娠を報告したところ、『それなら、他の人を雇うので早めに辞
めてもらうしかない』と言われることは、これに該当します。

○ 嫌がらせ等をすること

例えば、上司・同僚が『妊婦はいつ休むかわからないから、仕事は任せられない』
と繰り返し又は継続的に言い、あまり仕事をさせないで、就業をする上で看過で
きない程度の支障が生じる状況となっていることです。

言葉によるものだけではなく、仕事に必要な情報を与えない、これまで参加して
いた会議に参加させないこともハラスメントになります」

◇◇◇判断基準／防止策◇◇◇

隠居　「マタハラに該当する言動についての判断の基準については、次のとおりです。

○言動は、従業員への直接的なものである場合に該当します。

客観的にみて、一般的な従業員であれば、能力の発揮や就業の継続に重大な悪影響が生じるなど、その従業員が就業する上で看過できない程度の支障が生じるようなものを指します。

○上司がこのような言動を行った場合は、1回でも該当しますが、同僚がこのような言動を行った場合については、繰り返し又は継続的なものが該当します。ただし、意に反することを伝えているにもかかわらず、さらにこのような言動が行われる場合には、それ以上に繰り返し又は継続的であることを要しません。

上司・同僚から行われる妊娠・出産等に関する言動について、業務分担や安全配慮等の観点から客観的にみて、業務上の必要性に基づくものについては、職場における妊娠、出産等に関するハラスメントには該当しません。

○『制度等の利用』に関する言動の例

・業務体制を見直すため、上司が育児休業を取得する期間を確認すること

・上司が業務の状況を考え、妊婦検診の日を調整できるか否か確認すること

・同僚が自分の休暇との調整をする目的で休業の期間を尋ね、変更を相談すること

ただし、変更の依頼や相談は、強要しない場合に限られます。

○『状態』に関する言動の例

・時間外労働をせざるを得ない業務に従事する妊婦に対し、上司が業務分担の見直しを行い、担当業務の変更や業務量の軽減に当該妊婦の意向を配慮すること

・つわりのために体調が悪そうな妊婦の状態をみて、上司・同僚が休息を配慮すること

妊婦本人にはこれまで通り勤務を続けたいという意欲がある場合であっても、客観的にみて、妊婦の体調が悪い場合には、業務上の必要性に基づく言動になります」

社長「会社の取るべき措置は、セクハラと同じですね」

隠居「そうです。①方針の明確化およびその周知・啓発 ②相談体制の整備 ③相談後の迅速かつ適切な対応 ④その他の措置があります。

そしてその後に、利用できる制度の周知・啓発や業務体制の整備など、ハラスメン

トの原因や背景となる要因を解消する措置をとります。

以上で、説明は全部済みました」

社長「有難うございました」

隠居「お腹がすきました。これから食事に行きますが、ご一緒にどうですか。腹詰めんと、」

社長「急に寒気がしてきました。今日は大事をとって失礼させていただきます」

労働関係の終了の巻

『溝令舎(こうれい)』の長兵衛社長、従業員の退職に関する問題で、どうしたものか迷い、ご隠居に相談することにしました。

長兵衛社長「ちょっとご相談に」

隠居「ほう、何ですかな」

社長「会社を辞めたいという従業員がいて、こっちも辞めてもらおうかと思っていたところなので、『すぐでもいいよ。好きにしな』と言ったのですが、翌日になって、『辞めないことにしたから』と言ってきました。この従業員を辞めさせられないものですか」

隠居「それは難しいと思います」

社長「辞めさせられないか」

隠居「そうですね。その理由の説明をしますが、それには、退職全般についての説明になりますけど」

社長　「お願いします」

隠居　「退職という用語は、広く解雇を含む一切の労働関係の終了に使われることがあります。労働基準法の就業規則の規定すべき事項に『退職に関する事項（解雇の事由を含む）』とあるとおりです。しかし、ここでは、使用者が従業員との労働契約を一方的に解約する『解雇』を除いた労働関係の終了をいうことにします。

　この狭い意味での退職を更に区分すると、任意退職、合意退職、勧奨退職と自動退職とに区分できます。

◇◇◇任意退職◇◇◇

　まず『任意退職』ですが、これは、従業員が自発的な意思によって労働契約を解約することです」

社長　「『自己都合退職』のことでしょ」

隠居　「一般的にはそういうし、『辞職』ともいいます」

　労働者が任意退職する際の退職の申入れ期間について、労働基準法に一般的な規定はありません。次の定めがあるだけです。

・　明示された労働条件が事実と相違する場合の、労働契約の即時解除（同法第１５

条第2項）

・未成年者に不利な労働契約についての、将来に向かっての解除（同法第58条第2項）

・1年を超える有期労働契約についての即時退職（同法第137条）

退職の申入れ期間についての定めは労働契約法にもなく、原則として民法によることになります。

○期間の定めのない雇用契約

当事者はいつでも解約の申入れができ、従業員が退職を申入れると、使用者の承諾がなくても、申入れ後2週間で、労働契約が終了して退職になります（同法第627条第1項）。

使用者には、民法の特別法である労働基準法の解雇に関する規定が適用され、この規定は適用されません。

月給制のように期間によって報酬を定めた場合には、解約の申入れは、次期以後についてすることができます。ただし、その解約の申入れは、当期の前半にしなければなりません（民法第627条第2項）。なお、年俸制のように6か月以上の期間によって報酬を定めた場合には、次期以後にする解約申入れを3か月前に行なわなければならないことになってます（同条第3項）。

民法の規定は任意法規と解するのが一般的で、厚生労働省は、『労働契約や就業規則のうえで民法の規定と異なる定めをしておけば、その定めによることになります』との見解をとってます（厚生労働省監修「改訂新版　新・労働法実務相談」（平成15年）㈱労務行政）。

しかし、労働契約や就業規則のうえで、民法の規定と異なる特約によって合理的な範囲でこの期間を延長することが可能か否か、裁判例は分かれてるんです。

契約当事者が契約自由の原則に基づいて、民法第627条の規定を排除する特約を締結したときには、労働者の解約の自由を不当に制限しない範囲内であれば、その特約の効力を認めるべきものとして、1か月程度の予告期間を設けることは、企業運営上十分な合理的理由を有するから、このような就業規則の規定を一律に無効と解するのは適切な解釈であるとはいえないとする裁判例があれば、（大室木工所事件　昭37・4・23浦和地裁熊谷支部決定）、一方、民法第627条の規定は強行規定であり、労働者からの退職の申入れについては、民法に規定する2週間が経過すれば、会社の規定や使用者の承諾の有無に関係なく、自動的に雇用関係は終了するとの裁判例があります（高野メリヤス事件　昭51・10・29東京地裁判決　労判264・35）。

従って、退職の申出（申入れ）期間を1か月にすることは認められますが、退職届の申出が2週間前ではあるものの、1か月前までではなかった場合、信義則に基づいて退職日の延期を説得することに留め、これを理由にして一律に懲戒処分に付することはできないものと考えられます。

いずれにせよ、退職届の提出期限をあまり長くすると、従業員の退職の自由を極度に制限することになり、職業選択の自由や公序良俗の観点から無効になるものと考えられ、長くするとして解雇予告期間の30日程度とすべきものとされます。

規定例として、『従業員が自己の都合により退職しようとするときは、原則として1か月以上前、少なくとも2週間前までに退職願を提出しなければならない』との文言が示されてます（日経連労働法研究会編「変革期の就業規則」平成12年　日経連出版部）

社長　「業務の引継ぎをしないで辞めてしまう人には、どんな対応ができるのですかな」

隠居　「退職する従業員には労働契約上の信義則として業務引継ぎを行う義務がありますが、様々な事情から説得に応じないで辞める人もいるでしょう。これには、ケースによって懲戒処分が考えられますし、実害があれば、信義則違反として損害賠償の請求をすることができます。

有期労働契約の退職の申出期間に移ります。

○　期間の定めのある雇用契約

やむを得ない事由があるとき以外、原則として途中退職はできない定めになってます（民法第６２８条）。

この点から、有期雇用者の方が契約の縛りが強いといえます」

社長　「やむを得ない事由とは、どんな場合ですか」

隠居　「傷病によって長い期間労務の提供ができないときとか、家族の介護で実家に帰らなければならないときとかが考えられます。賃金の支払いを催促しても支払われないときもそうですね。

やむを得ない事由によって即時に解約するに当たり、その事由が過失によって生じたときには、相手方に対して損害賠償の責任を負うものとされます。ただし、損害賠償の額は、実際に生じた額であって、必要な業務引継ぎをしなかったことにより生じる以外には、あまり該当しないものと考えられます。

民法の定めはこうなんですが、辞めたい者を雇っていてあまりいいことはない。有期労働契約においても、期間の途中で退職することができる定めを設けているのが普通で、社長の会社でもそうしてると思います」

社長「ええ、2週間前までに申出ればよいことにしています」

隠居「有期労働契約の期間が1年を超える場合の、従業員の申出による即時退職については先に述べましたが、一定の事業の完了に必要な期間を定める者および5年契約のできる労働者を除いて、1年を超える期間の契約をした者は、1年を経過した日以降いつでも退職できます。

解約の効力は、従業員が使用者に退職の申出をしたときに生じるが、効力の発生時期については、従業員が自ら始期を付けて退職の申出をすることは可能であるとされます。

任意退職では、退職届が従業員の真意から出されたものであるか否かが問題となることがありますから注意が必要です。ことの行きがかり上、退職ととれる発言を一時的にしたとしても、社会通念上、従業員の真意とはいえない場合、退職の意思表示とは認められないことになります。

また大事なことは、退職の意思表示は口頭だけで有効になりますが、後々の争いを避けるために、退職日を明記した退職届を書面で提出させることです。

従業員からの退職の申入れは、その通告によって成立してるので（民法第５４０条第1項）、退職日が来る前に一方的にこれを撤回することはできず（同条第2項）、特別な事情がない限り認めなくていいのです。もちろん、認めてもいいですけれど。

退職届の提出期限を長くすると無効になるといいましたが、同様に、退職に会社の許可又は承認を得なければならないとする規定は、これを許すと従業員は使用者の許可又は承認がない限り退職できず、従業員の解約の自由を制約することになるので、効力がありません。

企業は、従業員から退職の希望が出されたときや退職の申出があったとき、退職の意思を確認すること、慰留すること、そして、退職の日について企業の都合に協力を求めることはできます。しかし、その退職を制限することはできません。退職に伴い競業避止義務の違反があったとしても、損害賠償の請求と競業行為の差止の請求になります。

なお、退職に共通することですが、退職時に会社への返却物等があることを想定すると、退職時の賃金支払いは、事務所での直接払いによることができる旨定めておく方法が考えられます。直接支払う場合、指定した日に従業員が来なくても、その指定日に支払いがあったことが認められます」

社長「会社に来させて現金で支払うのは、会社にとっても面倒ではないですか」

隠居「もちろん、問題のない退職者に対して、給与振込制を採っていれば給振りでいいのです」

◇◇◇合意退職◇◇◇

隠居「合意退職の場合には、退職の申込みに対して使用者が承諾の意思表示をしてはじめて成立します。問題になるのは、その退職の申込みが、任意退職なのか合意退職なのかという点です。

退職願の文言に、退職したいので『ご承認下さい』などの文言がありますが、このような文言については、裁判例では、これを労働者からの一方的な雇用契約の解約の意思表示ではなく、会社の合意を求める合意解約の申し入れであるとする解釈が多いです(昭和自動車事件 昭53・8・9福岡高裁判決 労判318・61、山崎保育園事件 平元・3・3大阪地裁決定 労判536・41)。

従って、従業員から退職願いが提出されたときには、撤回をめぐるトラブルを避けるために、速やかに本人に承諾を伝えることが必要です。その従業員を引き留めたいときは別ですが。

承諾の通知は口頭でよく、退職の手続を進めるなど外形的に退職を承認していることが明らかな言動があれば、承諾があったと認定されることになります。しかし、後々の争いを避けるために、書面にしておくべきです。

社長のケースでは、従業員は、『退職します』と言い切らずに、『辞めたい』と合意退職を求めてきたと思われ、社長がそれに対して、『すぐでもいいよ。好きにしな』と言われたのは、従業員の意思に任せたものと思われます。退職日の取り決めもなく、双方で退職の合意が得られた段階ではないと考えられます。このまま会社が一方的に退職の手続きを進めると、解雇の問題になるおそれがありますよ」

社長「そうなりますか」

隠居「この承諾については、単に直属の上司が受理しただけでは単独で退職承認をなす権限を持たないとして、承諾があったと認められない場合がありますから（岡山電気軌道事件　平3・11・19岡山地裁判決　労判613・70）、注意が必要です。

会社が退職願いを受理したことによって合意解約が成立すると、会社は、契約上、退職予定日の変更に応じる義務はなく、契約の効力により労働契約が終了するまでの間は、労働関係が存続するものとして取り扱うことになります」

社長「そうですね。従業員の退職を引き留めるのとは反対に、従業員に辞めてもらいたいときの注意点はありますか」

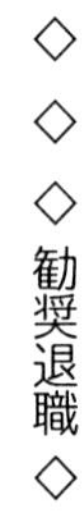

◇◇◇勧奨退職◇◇◇

隠居「解雇を避けるためには、退職を勧奨する方法があります。

企業が人員削減の必要から、又は解雇理由に該当するに等しいような従業員の解雇を避けるために、従業員に退職を勧め、これに応じて従業員が退職することを『勧奨退職』といいます。

退職勧奨の法的性質は、退職の申込みの誘因又は企業からの労働契約の合意解約の申込みであるとされます。いずれにせよ、従業員には諾否の自由があるから、それに応じることで初めて成立するもので、応じなければそれまでのことです。

退職勧奨をするには特段の要件や手続は必要なく、人事管理上の必要に基づいて自由にいつでもできますが、そうとはいえ、方法には制約があります。

裁判例では、退職勧奨はその性質上、使用者において自由にできるもので、勧奨された者が退職しない旨明言したとしても、その後は一切の勧奨行為が許されなくなるとも断じがたいが、退職を求める事情等の説明および優遇措置等の交渉に通常必要な限度に留められるべきであるとしています（下関商業高校事件　昭55・7・10最高裁一小判決　労判345・20）。暴力・暴言により脅したり、長い時間拘束したり、頻繁に行ったり、名誉感情その他人格権を侵害するような言動は認められません。退職の強要は禁物ということです。はっきりと断られたときには、退職勧奨は止めた方がよいです。勧奨がきついと、『そんなに言うなら、解雇してください』と言う従業員が出てきます。売り言葉に買い言葉で、そこで解雇になると問題は、一層こじれます。

対象となる従業員に対し、企業の現況や本人の能力等から見て、将来を考えると新たな道に進むことにメリットがあることを丁寧に伝え、本人のために退職について考える機会を与える姿勢で行うことだと思います。退職による金銭的な不安を解消するために、退職金、雇用保険の失業給付、転職情報などを知らせることも欠かせないことです。

従業員の自由な意思決定が妨げられる状況であった場合には、慰謝料等損害賠償の対象となるばかりか、一旦退職に応じてもらっても、後日、意思表示に錯誤があるとして無効になるか、又は詐欺や強迫があるとして取消されることになりかねません。企業側の一方的な解雇とされることさえあります。

退職勧奨の方法が適切であることを証明するために、勧奨はなるべく二人で行い、双方の発言内容をメモしておくとよいでしょう。

また、退職の勧奨を拒否した者への対処方法には注意が必要です。拒否を理由に不利益な措置をとることは人事権の濫用になり、違法です（労契法第3条第5項）。

その他、原則として、退職勧奨の対象となる年齢の基準の設定において、男女間で格差を設けることは違法な不利益取扱いになります。

退職勧奨の対象者が大勢いる場合には、普通、退職勧奨より先に希望退職者の募集を行います」

社長「退職させることができないなら、長い目で戦力にしていくしかないですか」

隠居「会社が従業員の高い成果を期待するのであれば、教育というか、能力、意欲を向上させる場でもないとね」

社長「うーん。有難うございました」

隠居「がっかりしないで。そうだ。貰ったばかりの一口サイズの高級チョコレートがあります。少し持ち帰っていただけますか。事務所には何人います？」
社長「今日は６人です」
隠居「では、１２個あげますから、みんなでニコニコ食べて、元気出してください」

解雇編

◇◇◇解雇◇◇◇

　意欲が見えない、成果が悪い、行動に問題があるなどの従業員については、どこの企業でも悩みの種で、文芸書の出版とローカル広報誌を手掛ける『正載（せいさい）出版』半兵衛社長にも、このような従業員についての相談ごとが起こりました。

半兵衛社長「ご隠居、お元気ですか。ダジャレは冴えていますか」
隠居「おお、半兵衛社長。いらっしゃい。今日は、どんなご用で」
社長「解雇したいと思っている従業員がいるので、解雇について教わりに来たんです」
隠居「これはまた、どんなことをしたのですか」
社長「パワハラなのです。それに、課長として採用したのに業績も上がっていない。

本人は、パワハラについては否定し、業績については部下のせいにしているんです」

隠居「それだけでは具体的なことは言えないから、まず解雇について一通り説明しますので、それに照らして、社長も考えてみてください。

解雇は、事業主が従業員に対して一方的に労働契約を解約することです。

解雇の有効性を判断する基準については、労働契約法（第16条）により、『解雇は、客観的に合理的な理由を欠き、社会通念上相当であると認められない場合には、その権利を濫用したものとして、無効とする』と定められてます。

また、労働契約法（第17条第1項）は、期間の定めのある労働契約については、やむを得ない事由がないときは、その期間が満了するまでの間において、従業員を解雇できないと定めてます。

この有期雇用の場合の『やむを得ない事由』とは、客観的に合理的な理由を欠き、社会通念上相当であると認められない場合よりも狭いとされます（「労働契約法の施行について」平24基発0810第2号）。そうすると、従来は、整理解雇の裁判例から、正規従業員より先にアルバイトやパートタイム従業員の人員整理が進められましたが、有期労働契約の**期間途中**での解雇については、正規従業員より有期雇用従業員の方が、その有効性が厳しく判断されることに注意する必要があります。

この他、法律上、解雇が禁止されている事項がいろいろなケースでいくつもあります。書き物にしてありますので、後でお読みになってください。

解雇の禁止事項

○業務上の傷病による休業、産前・産後休業の期間とそれぞれその後30日（労基法第19条）ただし、天災事変その他やむを得ない事由によって事業の継続が不可能となったときに事前に労働基準監督署長の認定を受けた場合、又は労災の従業員が療養開始後3年を経過した日において傷病補償年金を受けている場合(又はその日以降、同年金を受けることになった場合）については、解雇の制限がありません。

○国籍、信条、社会的身分を理由とする解雇（同法第3条、昭63基発150号）

○企画業務型裁量労働制および高度プロフェッショナル制度において、その適用に同意しないことを理由とする解雇（同法第38条の4第1項6号、第41条の2第1項9号）

○労働基準監督署に対する申告を理由とする解雇(同法第104条第2項、最賃法第34条第2項、安衛法第97条第2項）

○不当労働行為となる解雇（労組法第7条第1号）

○性別を理由とする解雇（均等法第6条）

○女性従業員の婚姻、妊娠、出産、妊娠中・出産後の健康管理措置の請求・取得、妊娠・出産に起因する症状による労務提供不能・能率の低下、産前産後休業等労働基準法第65～67条に定める措置の請求・取得を理由とする解雇（均等法第9条第2、3項、均等則第2条の2）

○育児・介護休業、子の看護・介護休暇の申出・取得、育児・介護休業法に定める所定外労働・時間外労働・深夜業の制限の請求・取得を理由とする解雇（育介法第10、16条等）

○非正規従業員が待遇について説明を求めたことを理由とする解雇（パート有期法第14条第3項）

○ハラスメントの相談を行ったこと、当該相談への対応に協力した際、事実を述べたことを理由とする解雇（均等法第11条第2項、11条の3第2項、育介法第25条第2項、労働施策総合推進法第30条の2第2項）

○男女雇用機会均等法、育児・介護休業法、労働施策総合推進法および個別労働紛争解決促進法の定める紛争の解決又は調停を求めたことを理由とする解雇（均等法第17条第2項、

18条第2項、育介法第52条の4第2項、52の5第2項、パート・有期法第24条第2項、25条第2項、労施法第30条の5第2項、30条の6第2項、紛争解決法第4条第3項)

また、公益通報者保護法には、事業者内部、行政機関、その他報道機関、消費者団体等の事業者外部へ定められた公益通報を行ったことを理由に、事業主が通報者である従業員を解雇した場合、解雇を無効とする定めがある(同法第3条)。

解雇する事由は、一般的に次のように大別できます。

① 従業員の労務提供の不能、労働能力又は適格性に欠けることによるもの
② 従業員の企業秩序違反の行為によるもの
③ 経営上の必要性によるもの

このうち、②の事由によって懲戒処分として行う解雇が『懲戒解雇』です。懲戒解雇以外の事由による解雇は『普通解雇』といい、その中で、③の会社の業績不振、事業縮小・廃止を事由とするものを、特に『整理解雇』といいます。

解雇の事由は、就業規則に定めるべき事項であり、また契約締結時に書面にて明示すべき事項ですが、明示した事由以外の事由で解雇できるかという問題があります。

これについては、普通解雇は例示を列挙としたものとして認められますが、懲戒解雇についてては、限定列挙といって就業規則にその事由の定めがない場合にはできません。懲戒解雇をするのであれば、就業規則の相対的記載事項である制裁として定めておくことが必要です。

ただし、懲戒事由に直接該当してなくても、所定の事由と違反の類型および程度において同等の行為と認められるものは準用により、懲戒解雇事由に該当するものとして懲戒することも許される旨の裁判例があり（笹谷タクシー事件　昭53・11・30最高裁一小判決、労判321号17頁）、懲戒解雇事由の最後に『その他この規則に違反し、又は前各号に準ずる重大な行為があったとき』（厚生労働省「モデル就業規則」）と準用規定を設けているのが普通です」

社長　「うちの就業規則にもあります」

◇◇◇解雇の手続き（解雇予告と解雇予告手当）◇◇◇

隠居　「解雇の手続きに関して労働基準法は、解雇の予告と解雇予告手当について定めてます。

使用者の一方的な意思表示によって労働契約を解除するとき、30日以上前にその予告をするか、予告をしないで即時に解雇するには、平均賃金の30日分以上の解雇予告手当を支払わなければなりません（同法第20条第1項本文)。

予告期間が30日に足りない場合には、解雇予告手当として、不足する日数分の平均賃金を支払うことになります（同条第2項)。

解雇の予告は、解雇に条件を付けることなく、解雇の日を特定して行わなければなりません。例えば、『来月の受注額が目標の6割に達しなかった場合には、その末日付にて解雇する』との予告は、条件を付けているので解雇予告に当たらないと解されます。

解雇は口頭で行っても有効で、口頭で伝えたときが予告日又は通告日になりますが、口頭で行う場合には、解雇に関して争いが起こったときに証明が困難になることが多いので、書面を交付することが望まれます。

解雇予告は、使用者が一方的に行う労働契約解除の意思表示であって、当該従業員の同意が得られない限り、撤回(取消し)することはできません。(民法540条第2項)。

解雇日の短縮又は延長については、使用者が一方的にできず、当該従業員の同意が必要です。解雇日の短縮については、当然、短縮する日数分の解層予告手当を加算して支払わなければなりません。

解雇の予告をしても、予告期間が満了するまでは労働関係は有効に存続し、その期間中、従業員に労務の提供を求めることができます。しかし、これに対して賃金を支払わなければなりません。当該従業員に仕事をさせることは他に悪影響を及ぼす恐れがあるとして、使用者の都合による休業をさせるときには、休業手当を支払うことになります」

社長「そうすると、即時解雇にすると、解雇予告手当は平均賃金の30日分ですが、30日前に解雇予告をして同時に休業にすれば、その期間中の所定労働日数に対して平均賃金の100分の60の休業手当を支払えば差し支えないことになりますが、それでいいのですか。支払額を減らせますが」

隠居「そのとおりです。予告期間中にも労働関係は存続してるので、先に年次有給休暇が取得されてる日を除き、事業主は休業を命じることができます（昭24基収1224号）。休業手当の支払いは免れませんが。

しかし、労働関係が存続してるということは、その間に退職届が出されると2週間で効力を生じ、解雇の前に退職されるおそれがあります。解雇にするよりその方がよければいいのですが、解雇処分が発効しなくなり、懲戒解雇だと退職金の支給に絡むので、解雇予告除外認定が得られない場合には、解雇予告手当を支払ってでも即時解雇するのが普通です。

解雇予告手当を支払う時期については、即時解雇の場合は通告と同時に、解雇予告の場合は遅くとも解雇日までに、支払うことが必要です。

解雇予告手当を支払わないで行った即時解雇の通知は、即時解雇としては無効ですが、使用者が即時解雇を要件としてなければ、法定の最短期間である30日経過後において解雇する旨の予告として効力を有するとされます（厚生労働省労働基準局編「労働基準法　上」㈱労務行政）。

解雇予告手当は賃金ではありませんが、通貨で直接支払います　。

解雇予告手を支払う旨支払日を指定して通知し、その日に本人が来ないときには、その支払日に支払いがなされたものと認められます（昭63基発150号）。

解雇予告手当を提供したにもかかわらず、本人が受領を拒んだ場合には、法務局に供託することができます」

◇◇◇解雇予告除外認定◇◇◇

「労働基準監督署長の『解雇予告除外認定』を受けることにより、解雇予告手当の支払を要しない場合があります（労基法第20条第1項ただし書き）。

○天災事変その他やむを得ない事由のために事業の継続が不可能となった場合

例えば、2011年3月11日に発生した『東日本大震災』による事業の継続不能がこれに当たります。

○労働者の責めに帰すべき事由に基づいて解雇する場合

認定すべき事例が挙げられてます（昭31基発111号）。

・事業場内における窃盗、横領、傷害等刑法犯に該当する行為があった場合。

事業場外で行われた場合でも、著しく事業場の名誉信用を失墜するもの、取引関係に悪影響を与えるもの又は労使間の信頼を喪失させるものと認められる場合

・賭博等によって職場規律を乱し、他の従業員に悪影響を及ぼす場合。

事業場外で行われた場合でも、著しく事業場の名誉信用を失墜するもの、取引関係に悪影響を与えるもの又は労使間の信頼を喪失させるものと認められる場合

・採用条件の要素となるような経歴を詐称し、又は雇入れの際に使用者の行う調

査に対し、不採用の原因となる経歴を詐称した場合
・他の事業へ転職した場合
・2週間以上正当な理由なく無断欠勤し、出勤の督促に応じない場合
・遅刻、欠勤が多く、数回にわたって注意を受けても改めない場合」

社長「ちょっと待ってください。他の事業への転職も事由になるのですか」

隠居「普通の転職ではなく、解雇になるのですから、企業秩序に著しく反する転職ですね。

それで、解雇予告除外認定を得たいときには、即時解雇する可能性が固まった段階で、できるだけ早く申請することをお勧めします。何故なら、解雇予告除外の認定が下りるまでに申請から何日かを要し、原則として、それまで処分を通告できません。それに認定が下りても、必ず解雇しなければならない義務はありませんので。ただし、社内で内密に調査している事案であると、労働基準監督署が認定のために認定申請の内容を当該本人に質しますので、本人に懲戒処分に付されるおそれがあることを知られることになります。

認定の申請は、解雇対象の従業員が所属する事業場を管轄する労働基準監督署に提

出します。

解雇予告除外認定申請書に添付する書類は、労働基準監督署によって異なると思いますが、会社概要、労働者名簿（住所・連絡先・電話が記載されていること）、顛末書（事案について何も分からない労働基準監督官によく理解してもらうために、本人の地位、業務、行為（時系列にて5W1Hを押さえてまとめ、状況によって写真、図面を添付する。）等、いろいろあります。また、労働基準監督官からその場で補足説明を求められることがありますので、その事案に詳しい従業員が届出るとよいでしょう。

労働基準監督署は認定に当たって、解雇の対象従業員に対して事情聴取を行い、従業員の地位、職責、勤続年数、勤務状況を考慮のうえ、総合的に判断して決定します。このとき、その従業員が異議を唱えると、認定される可能性はほとんどなくなります。

申請が不認定となった場合にも、必ずしも懲戒解雇の処分が間違いだということではありません。懲戒解雇が有効か否かは、最終的には裁判所での判断によることになります。

解雇予告除外認定を受けている間、従業員の身分が問題になりますが、懲戒処分である出勤停止にすると二重処分になり、後から行う懲戒解雇は無効になります。

業務命令として従業員に対して相応の期限を定めて自宅待機（休業）をさせることができますが、その間、原則として休業手当の支払いを必要とします。しかし、懲戒処分の前に自宅待機を命じることについて、不正行為の再発、証拠隠滅のおそれなどの緊急かつ合理的は理由が存する場合又はこれを実質的な出勤停止処分に転化させる懲戒規定上の根拠がある場合には、その期間、賃金の支払いを要しないとする裁判例があります（日通名古屋製鉄作業所事件　平3・7・22名古屋地裁判決　労判608・59）。」

◇◇◇解雇予告の適用除外◇◇◇

解雇予告の適用を除外される者がいます（労基法第21条）。

○日々雇入れられる者

1か月を超えて引き続き使用した場合には除外されません。

○2か月以内の期間を定めて使用される者

所定の期間を超えて引き続き使用した場合には除外されません。

○季節的業務に4か月以内の期間を定めで使用される者

季節的業務については、春夏秋冬の四季等の自然現象に伴う業務に限られ、例えば、夏期の海水浴場の業務、農業における収穫期の手伝い、冬の除雪作業、漁業における魚の漁獲期の業務等です。

所定の期間を超えて引き続き使用した場合には除外されません。

○　試の使用期間中の者

１４日を超えて引き続き使用した場合には除外されません。

１４日は入社の日から起算して暦日で計算します。

以上のとおりです」

隠居

◇◇◇解雇の要件／整理解雇◇◇◇

「本来、懲戒解雇に該当する行為でありながら、懲戒解雇として扱わないとする諭旨解雇又は諭旨退職を就業規則に定めている企業があります。諭旨解雇は懲戒処分の一つで、通常、懲戒解雇に次ぐ重い処分であり、諭旨退職は、退職願の提出を勧告し、自発的に退職の届出が出されれば懲戒解雇にしない処分です。本人が退職届の提出に応じなければ、懲戒解雇に処することになります。

退職金の支給を考慮して行う場合、解雇を避ける場合、懲戒事由に当たるか微妙な場合等に用いられ、その取扱いは、企業によって様々です。

以上、解雇が有効であるための要件を整理すると、次のようになります。

○法律上の解雇の禁止に該当しないこと。
○客観的に合理的な理由があり、社会通念上相当であること
有期労働契約については、解雇するにやむを得ない事由があること
○就業規則等の解雇事由に該当すること
○就業規則等に定める解雇の手続きに従って行うこと
懲戒解雇については、手続きに従って行わないと無効になるおそれがあります。
○30日前に予告をするか、解雇予告手当を支払うこと
○解雇対象の従業員からの退職届提出による解雇通告期限に配慮すること
○解雇除外認定を受けるのであれば、予告又は通告前に申請すること」

社長「今まで、従業員を解雇したことがなかったので、いろいろ教えていただいて良かったです」

隠居「弁護士の話によると、仮処分が出て訴訟に移って解雇無効で敗訴すると、解雇された従業員の身分、地位等によるのでしょうが、企業側の支払い額は1，000万円を超えることが珍しくないそうです」

社長「そんなに高額になるのですか」

隠居「要件の一つである、解雇対象の従業員からの退職届提出による解雇通告期限についていては、気がつかないことがあるので説明を加えます。

企業が従業員の不正を知り、懲戒解雇に付するためにその内容を調査している間に、不正が発覚したことを知った当該従業員から急に任意退職の届出が出されることがあります。懲戒解雇だと転職に影響が及ぶことがあり、また、退職金の支払いがなくなるか減額されることがあるので、任意退職にしようってわけです。従って、懲戒解雇の通告は、その退職が有効となる日までに行わなければなりません。その裁判例を紹介します（東京ゼネラル事件　平11・4・19東京地判　労判768・62）。

原告（元従業員）は、自分の机の引出しに退職届を残して退社し、以降職務を放棄して被告（会社）からの連絡、出社指示等に一切従わなかったことに対し、被告が職務放棄を理由に原告を懲戒解雇として退職金を支払わなかったことで、原告が退職金の請求をした事案です。

裁判所は、原告が退職届を机の中に置いてることを知らせ、同日（8月13日）退職願の受領権限を有する部長が本件退職届の内容を知った時点で原告の退職の意思表示は被告に到達したものと認め、同日の翌日から起算して14日が経過した時点の8月27日で原告の退職の効果が発生し、8月28日に原告に到達した懲戒解雇は、すでに従業員の身分を喪失した後になされたものであるとし、退職金の請求を容認しています。

このような事態だけでなく、従業員の退職後に不正が発覚したときのために、懲戒解雇の場合だけでなく、退職後に在職中の不正が明らかになったときには、退職金の全部又は一部を不支給とする規定を就業規則（退職手当支給規程）に設けておく方法があります」

社長　「確かに、大事なことですね」

隠居　「ここからが御社のパワハラの問題です。

既にどこまで調査が済んでいるのか分かりませんが、加害者とされる者が否定しているのであれば、第三者からの事情聴取を含めて調査を補充します。その調査結果に基づき、先に説明した解雇の要件を満たしていれば、パワハラの程度を含め、過去の懲戒事例との均衡を考慮して判断することになります。パワハラの被害者からの申出がある場合には、迅速な対応が望まれます。

パワハラは認められたが解雇に相当しない場合には、他の処分をすることになります。同時に課長職としての評価となり、業績については、当該従業員の責任に係る点を説明できる具体的な資料を揃えた上、課長職の更迭を検討すればよいのではないでしょうか。有期労働契約であれば、更に、契約更新について、更新の基準に照らして判断することになります。

一般的な傾向として、解雇したいという気持ちが先走り、理由とする具体的事実が把握できてないこと、他の人もそのような行為をしてるのに、解雇対象者だけのことのように取り上げること、好ましくない行為に対して普段注意・指導がなされてないことなどが見受けられます。注意・指導を重ね、記録しておくことは大事なことです」

社長「社内で再度よく調査し、至急検討します」

隠居「社長の会社では、こういうことはないでしょうが、整理解雇を行うには、裁判例の積み重ねから、次の４要件が必要とされてるので触れておきます。

① 人員削減の必要性（企業経営上の十分な必要性）

② 解雇回避の努力（解雇回避のために配置転換・出向、一時帰休、希望退職者の募集、新規採用の中止・削減、役員・管理職の賃金削減、株式配当の減額・中止等

の努力を尽くしたこと）

③ 解雇対象者の人選の合理性（選定基準が客観的、合理的で、その運用が公正であること）

④ 解雇手続の妥当性（対象従業員に十分な説明をし、労使協議等を重ねて行ったこと）解雇が不可避であるときには、できれば退職金の上乗せ、そして転職の支援を行うとよいでしょう。

それに日頃から、従業員に対して事業を取り巻く環境や業績の実態を説明し、従業員に経営の状況を理解してもらってることは、このような時に円滑にことが進められる一つの要素として大切です。

説明が長くなりましたが、これまでです」

◇◇◇採用内定の取消し◇◇◇

社長「整理解雇で思い出しましたが、採用内定した後に会社の業績が急激に悪化して、行わざるを得なくなった採用内定の取り消しはどうなるのですか」

隠居「採用内定の取消しは、会社側の事情ばかりでなく、内定者側の事情によるものがあります。

一般的に、内定は、労働契約（始期付解約権留保付労働契約）が成立したものとみられており、裁判例があります（大日本印刷事件　昭54・7・20最高裁二小判決　労判323・19）。

この裁判では、『採用内定の法的性格について一義的に論断することは困難というべきであり、当該企業の当該年度における採用内定の事実関係に即してこれを検討する必要がある。本案の事実関係のもとにおいては、採用内定取消し事由に基づく解約権を留保した労働契約が成立したと解するのを相当とした原審の判断は正当である』と判示してます。

事実関係は、次のとおりです。

○　会社からの募集に対し、卒業予定者が応募した（労働契約の申込み）。
○　採用内定通知を出した（その申込みに対する承諾）。
○　卒業予定者が誓約書を提出した。
○　採用内定通知の他に、労働契約締結のための特段の意思表示をすることが予定されていなかった。

そして、『就労の有無という違いはあるが、採用内定者の地位は、一定の試用期間を付して雇用関係に入った者の試用期間中の地位と基本的に異なるところはないと見るべきである』としてます。

また、行政通達は、採用の取消について、次のように捉えてます。

採用内定通知が労働契約締結についての意思表示とみられる場合は、労働契約は有効に成立しているといえるので、その取消しについては、労働基準法20条（解雇の予告）が適用されます。他方、それが承諾の意思表示ではなく予約であれば、労働契約は未成立であるから解雇の問題は生じない。採用通知に赴任の日が指定されている場合は、一般には、その通知が発せられた日に労働契約は成立したと認められる要素が強いと思われ、また、雇用契約締結日を明示して採用通知がなされた場合は、一般には、労働契約はその日に成立していると解されます（昭27基監発第15号）。

入社前のことであり、『採用内定取消し』の意思表示との形をとりますが、内定が労働契約の成立と認められる場合には解雇に当たり、手続き面で内定取消しの通知は30日以上前に行うことになります。

また、新規学卒（予定）者の内定取消しを行おうとするときには、定める様式により、予めハローワークおよび学校の校長に通知することが必要です（職安則第35条第2項)。

採用内定取消しの事由は、『採用内定当時知ることができず、また知ることが期待できないような事実であって、これを理由として採用内定を取消すことが解約権留保の趣旨、目的に照らして客観的に合理的と認められ、社会通念上の相当性として是認できるものに限られる』(前掲・大日本印刷事件)とされます。

卒業予定者本人の責による内定取消しの場合には、試用期間中の解雇と同様に、正当事由は、通常の解雇の場合より観念的に少し広く解釈されるものと思われます。

内定者側の事情で正当事由に該当するものとして、一般的に次の場合が挙げられます。

・卒業できなかったこと　・必要不可欠な資格が取得できなかったこと
・健康について就業に不適当な異常が生じたこと
・犯罪行為をして逮捕、起訴等されたこと

一方、企業側の事業縮小の事情で取り消しを行う場合には、通常の解雇と同様に整理解雇の4要件を満たすこと加え、裁判例どおり、採用内定当時、取り消しの事由となる事実が予見できず、また予見できなかったことに過失がなかったことが求められると解されます」

社長　「そうですか。でも、今日のご隠居の話には、いつものダジャレがないので、頭の休み処がなく、いささか疲れました」

隠居　「やっぱりそうですか。解雇の話だから、ダジャレは不謹慎だと思って、ずっと封印してたんです。企業だって、戦力として採用しようと決めた人物の内定を取り消すのだから、『泣いてぃ取り消す』ぐらいは言いたかったんですよ」

社長　「あれ、封印を解いちゃったのですね」

隠居　「これはいけない。内々(ないない)の話にしてください。その代わりに、内々定の取消しについてお話しします。

内々定の通知を出し、入社承諾書を受けてから、経営が急速に悪化して内定式の前に内々定を取り消した事案ですが、判決は、正式な労働契約の締結を目指す上での信義則に反し、不法行為が成立するとして、慰謝料（22万円）の支払いを命じたものです（コーセーアールイー事件　平23・3・10福岡高裁判決　労判1020・82）」

社長　「学生にとって、就職先が決まるということは大きなことですが、そうですか」

◇◇◇行方不明者への対応◇◇◇

『正載出版(せいさい)』半兵衛社長、従業員解雇の問題が一筋縄でいかずに、再びご隠居に相談です。

半兵衛社長「この間相談したパワハラの課長に、新たに第三者の目撃情報を加えて事情聴取したところ、パワハラの事実は認めたのですが、それからここ数日欠勤してしまい、自宅と携帯に電話したが出てこない。メールで出勤の督促をしているのですが、やはり何の連絡もないのです。解雇の予告をしようと思うのですが」

隠居「それは面倒になりましたね。解雇でやっかいなものの一つは、めったにないことですが、従業員が行方不明になることです。解雇の処分をしても、本人が行方不明では、本人に解雇を通告できないからです。内容証明郵便により解雇通知を送付しても、受取人の所在不明となり、解雇の意思表示が本人に到達したとすることはできないのです（民法第97条第1項）。

だからまず、本人の所在を確認することに注力します。連絡の無い欠勤があると、電話、メール等情報通信機器によって本人を呼び出すのが普通ですが、それで連絡が取れないときには、自宅を訪問したり、家族・身元保証人へ連絡したり、アパートだったら管理人と会って事情を聞いて所在の確認に努めます。同居の家族を通して通知できればいいのですが、それもできなければ、『失踪』、『所在不明』等呼び方はいろいろありますが、行方不明として取り扱うことになります。

行方不明になる直前に、寮から荷物をまとめて蒸発したとか、客観的にみて退職する意思表示があったことが認められれば任意退職として取り扱うことは可能です。そのような行動はありませんでしたか」

社長　「退職届があるかも知れないと、机の引き出しやロッカーを見たのですが、ありませんでした」

隠居　「何も無いとすると、解雇処分によって労働関係を終了させなければなりません。有期雇用者で期間満了が近ければそれを待って、労働契約が更新できないので期間満了での退職によっていいのですが。

民法は、行方不明者への有効な意思表示の方法として公示の方法を用意してるので（同法第９８条）、これを使うことになります。

この方法を取るには、まず、行方不明になってる従業員の最後の住所地の簡易裁判所に対し、『意思表示の公示送達』の申立てをします。所在不明であることを証明するための添付書類として、解雇の予告又は通告をしたにもかかわらず、受取人不在として返送された内容証明郵便等が必要になります。

公示は、公示送達に関する民事訴訟法の規定に従い、裁判所の掲示板に掲示し、かつ、その掲示があったことを官報に少なくとも1回掲載して行われます（裁判所は、相当と認めるときは、官報への掲載に代えて、市役所、区役所、町村役場又はこれらに準ずる施設の掲示板に掲示すべきことを命じることができる）。

公示による意思表示は、最後に官報に掲載した日又はその掲示に代わる掲示を始めた日から2週間を経過したときに、相手方に到達したものとみなされます。

今後のことになりますが、行方不明の従業員について、あえてこのような公示送達による解雇という方法をとらずに退職扱いにするため、就業規則に自動退職の定めを設けておくことがあります。

これは、従業員が一定の期間行方不明（無断欠勤を継続し、連絡（企業から当該従業員への通常の意思表示）が不能）になったことを自動退職の事由として規定しておくことです。ただし、自動退職の要件としての無断欠勤の期間が短いときには、自動退職扱いが権利の濫用とされるおそれがあります。一定の期間については、解雇の予告期間の30日との均衡からいって、少なくとも30日以上の定めであれば不合理ではないと考えられます。なお、この自動退職の規定を設けるに伴い、退職金の取扱いをどうするか検討することが必要になることを付言しておきます。

そして、行方不明による自動退職においても、後々のトラブルを失くすために、行方不明であることを客観的に証明する資料を用意しておく必要があります。先ほど触れましたが、次のような資料です。

○ 内容証明郵便（解雇通知又は退職勧奨等）を送り、不在により返却された郵便物を保管しておくこと

○ 住居訪問および同居者・管理人・家主等又は家族・保証人等からの聞き取りにより、行方不明であることを確認できる状況を調べること

○ 会社として、本人に繰り返し連絡しようとした行為を記録しておくこと

お分かりになられましたか」

社長　「弁護士と相談して、対応を考えることにします。それに、本人の私物が残されているのですが、どう処分したらよいでしょうか」

隠居　「本人に所有権がありますから、無断で処分することは、原則として違法になります。

この原則の例外については、裁判例（占有回収等請求事件　昭40・12・7最高裁三小判決）があり、『法律に定める手続によったのでは、権利に対する違法な侵害に対抗

して現状を維持することが不可能又は著しく困難であると認められる緊急やむを得ない特別の事情が存する場合においてのみ、その必要の限度を超えない範囲内で例外的に認められる』と、適用範囲を非常に狭く限定しています。そうかといって、法律の手続きにより処分する方法では手間と時間と費用がかかるようで、実務上は退職者の家族・親族、身元保証人やその他連絡の取れた方に引き取ってもらう方法をとることになります」

◇◇◇退職証明等◇◇◇

隠居「最後に、解雇を含めた退職一般のことですが、退職する際、従業員の請求によって退職の証明書を交付する必要があることを知っておいてください。

その一が『退職証明書』です。

従業員が退職するとき、使用期間など次の項目について証明書を請求してきたときには、遅延なく交付しなければなりません（労基法第22条第1項）。

・使用期間　・業務の種類　・その事業における地位　・賃金

・退職の事由（解雇の場合には、その理由を含む）

退職の事由について従業員と見解の相違がある場合には、使用者自らの見解を記載すれば、それが虚偽でない限り足ります。

その二が『解雇理由証明書』です。

従業員が解雇の予告をされた日から退職の日までの間に解雇の理由について証明書を請求してきたときには、遅滞なく交付しなければなりません（同条第2項）。

退職証明書、解雇理由証明書に従業員の請求しない事項を記入してはなりません（同条第3項）。

もう一つ、退職に伴う賃金支払いの定めがあります。

従業員の死亡又は退職において、従業員（死亡の場合は相続人）から請求があった場合には、本人の権利に属する賃金その他の金品を7日以内に支払い、返還しなければなりません（同法第23条）。争いがある場合には、異議のない部分の支払いや返還をしなければなりません。

なお、退職金も賃金ですが、これについては、あらかじめ就業規則等で定められた支払時期に支払うことで差し支えありません（昭63基発150号）。

説明は、ここで終えましょう」

社長　「話から解雇されることになりましたね」

隠居　「いえいえ、話途中で止めるのではありませんから、解雇ではありません。全部お話しましたので、自動退職ですよ」

自動退職編

◇◇◇死亡・定年◇◇◇

葬儀、仏事を扱う『極楽(ごくらく)セレモニー』吉兵衛社長は、高齢従業員の雇用延長を考えていますが、どのように進めるか、ご隠居の意見を聞くことにしました。

吉兵衛社長「ご隠居、従業員の定年の先をどうするか相談に伺いました」

隠居　「どうぞ、どうぞ」

社長　「今、60歳定年で、その後5年間継続雇用にしていますが、70歳までの雇用が努力義務になりましたよね。それで、定年を延ばすかどうしようかと」

隠居　「その話をするには、定年退職もその一つなので遠回りさせますが、労働契約が自動的に終了する『自動退職』の話から始めさせてください」

社長　「こちらはお伺いする身、お好きにどうぞ」

隠居　「自動退職は『自然退職』ともいって、死亡、定年、契約期間の満了、休職期間満了するも復職しない場合など、当然に労働関係が終了し、退職になることを指します。

まずは、従業員の死亡です。当然に退職となり、この場合、問題になるのが賃金の支払いです。

月例賃金と賞与の未払い分があれば、その遺産相続人が受給権者となります。

死亡退職金については、労働者の死亡による退職という事実の発生により支給されるもの、つまり労働者が死亡した後に発生する債権ですから、これを相続財産ということはできません。従って、労働者が死亡した場合に退職金を支給する旨の規定を制定するときには、生命保険の保険金受取人を定めるように、その受給権者を明確に指定しておくべきです。これを定めてない場合は、その規定の合理的解釈により受給権者を決定することになります。業務上災害による死亡における遺族補償の支払の範囲および順位（労基則第42条～第45条）と同様に定めてるものが多いようです。

次は定年ですが、定年についての定めは、労働基準法にはありません。

定年は設けなくてもいいのですが、定年の定めをする場合には、高年齢者雇用安定法（第8条）により、60歳を下回ることはできません。この規定は強行規定で、60歳未満の定年を定めてもその規定は無効になり、定年の定めは60歳になります。

通常、企業では定年を一律に定めてますが、合理的な理由があり、社会通念上相当と認められる場合には、複数の定年を設けることが可能です。例えば、病院において、事務職および看護士60歳、医師65歳とすることが認められるでしょう。特定の資格の従業員に、処遇上又は業務の必要上、特別に定年を延長する例もあります。ただし、言うまでもなく、男女で定年年齢に差を設けることはできません(均等法第6条第4号)。

定年は、所定の年齢に達したとき、労働契約が自動的に終了する制度です。労働契約に一種の終期があるものとも考えられますが、通常の期間の定めのある労働契約とは異なり、その終期までの間はいつでも債務不履行の責任を問われることなく契約を解除することができるので、期間の定めのない契約関係とされます」

◇◇◇継続雇用制度／その他の自動退職◇◇◇

隠居　「定年の定めと別に、企業は満65歳まで従業員の雇用を継続する義務を負っています。有期雇用者に対しては、この義務はありません。

これは、65歳未満の定年の定めをしている企業は、定年まで雇用している従業員に対し、次の措置のいずれかを講じなければならないとするものです(高年齢者雇用安定法第9条第1項)。

○　65歳までの定年の引上げ
○　定年の廃止
○　65歳までの継続雇用制度（再雇用制度、勤務延長制度等）の導入

これには、厚生年金（比例報酬部分）の受給開始年齢に達した以降の者を対象に、2013（平成25）年4月1日までに制度適用対象者の基準を定めた労使協定がある場合、その基準を引き続き利用できる経過措置が設けられてるので、その場合には、希望者全員を対象とする継続雇用については、2025年3月31日までは64歳、2025年4月1日以降から65歳になります。

なお、継続雇用制度に、特殊関係事業主（子会社・関連会社）によるものを含みます」

社長　「今後、継続雇用をするとき、勤務日数や労働時間を業務量に合わせて短縮することを考えていますが、フルタイムで働きたい従業員との間で条件が合意できず、継続雇用できないときには、違反になるのですか」

隠居　「高年齢者雇用安定法が求めてるのは、企業が継続雇用制度を導入することであって、定年退職者の希望に合致した労働条件での雇用を義務付けるものではありません。事業主の合理的な裁量の範囲の条件を提示してれば、事業主と従業員との間で労働条

件等についての合意が得られずに、結果的に従業員が継続雇用されないとしても、違反になるものではありません」

社長「分かりました。その上で、70歳までの就業機会を確保することが努力義務とされているのですね」

隠居「そういうことです。70歳までの就業機会を確保するために、次の措置のいずれかを講じるように努めることを求めています（同法第10条の2）。

①　70歳までの定年の引き上げ

②　定年の廃止

③　70歳までの継続雇用制度の導入

特殊関係事業主（子会社・関連会社）に加えて、他の事業主によるものを含みます。

④　高年齢者が希望するときには、70歳まで継続的に業務委託契約を締結する制度の導入

⑤　高年齢者が希望するときには、70歳まで事業主が自ら実施する社会貢献事業又は事業主が委託、出資（資金提供）等する団体が行う社会貢献事業に従事する制度の導入

④、⑤については、労働者の代表との労使協定が必要です。

実際に、2030年の高齢者人口の見通しは、65歳以上が人口の31・2%、約3人に1人、75歳以上に限ると19・2%、約5人に1人になる一方、労働力の中心となる20~64歳の人口の割合は、徐々に減っていて53・5%となります（国立社会保障・人口問題研究所「日本の将来推計人口（平成29年推計）」）。高齢者が生産年齢（15歳~64歳）人口側に回らないと、我が国の労働人口の不足と社会保障制度の財政への圧迫が大きくなります。

その他の自動退職には、休職期間が満了して復職できないときに退職とする規定および従業員が行方不明となって一定の期間経過したことにより退職とする規定などがあります。契約を更新しない旨の定めのある有期労働契約においても、実質的にも更新が期待できないと認められるものであれば、契約期間の満了を以って労働関係は終了し、自動退職になります。

さて、御社の件ですが、定年制を廃止するお考えは」

社長「それはないです」

隠居「とすると、定年を延長するか、継続雇用によって雇用を延長するか、その組み合わせによるのでしょうね」

社長「中小企業にとっては、ベテラン社員の力は大きいので、70歳まで雇用を続けたい気持ちがある一方、本人の健康上の問題や業績不振に陥ったときのことを考えると、定年の延長には消極的になりまして」

隠居「65歳までの高年齢者雇用の企業の実態調査（厚生労働省「令和3年・高年齢者の雇用状況」）を見ると、継続雇用制度の導入が71・9％、定年の引上げは24・1％で、後の4・0％が定年制の廃止にしています。そして、定年を65歳としている企業は、全企業の21・1％あり、その割合は、大企業より中小企業の方が高く、従業員301人以上の企業13・7％に対し、21〜30人の企業では24・1％になります。

中小企業は大企業と比べ、一般的に退職金の額が少ないでしょうから、今から高齢者の雇用を70歳又はそれ近くに延長することは、その差額を多少とも補う働きがあると思います。事業主としては、従業員の能力を活用できることになり、1年契約であれば、プラスの方が大きいでしょう。70歳までの高年齢者就業確保措置を実施済の企業は、中小企業では26・2％、大企業では17・8％になっています（同調査）。

わたしの関係した会社でも、すでに定年65歳、1年契約の継続雇用を70歳までとしているところがあります」
社長「そうですか。うちもその線で検討してみます」
隠居「その際注意すべきことは、人件費の問題です。定年延長による人件費増の負担の軽減および従業員の年齢層間の賃金バランスを考慮するならば、合理的で社会通念上相当とされる範囲での賃金制度の変更、それに賃金制度と関連する退職金制度の変更を含めて検討する必要があります」

雇止め編

◇◇◇雇止め◇◇◇

スーパー『なが屋』のパートタイム従業員になって1年近く経った与太郎ですが、困りごとが起きました。もう、ご隠居を頼るしかありません。

与太郎「ご隠居、相談があります」
隠居「そうか。ところで与太郎君はいくつだったかな」
与太「20(にじゅう)です」
隠居「それだったら、ハタチと言うんだ」

与太　「僕がハタチなら、ご隠居の年は、もうすぐあの世へ旅立ちです」
隠居　「うまいこと言うな。与太郎君は、本当に馬鹿か利口か分からない」
与太　「僕は、馬鹿じゃない。カバです」
隠居　「自分で河馬と言うな。見た目通りだ」
与太　「カバはバカの反対の利口のカバです。僕が動物の河馬だというなら、ご隠居は河豚(ふぐ)です。言葉に毒がある」
隠居　「何だと」
与太　「そら、ふぐ膨れる。でも、毒さえ抜けば、高級品として皆に好かれる」
隠居　「座布団一枚！　これを敷け。で、話は何だ」
与太　「店の主任が、『今のままだと契約の更新をしてもらえないぞ』と言うんです。僕が『困る』といったら、『俺も、お前が今のままだと困る』と言い返すんです。どっちが本当の『困る』か聞きに来ました」
隠居　「主任には、労働契約を解約する権限はないだろうし、与太郎君に、もっときちんと仕事をしてもらいたい趣旨からの発言に聞こえる。与太郎君の仕事ぶりや二人の関係を知らないから、今すぐには答えようがない。契約の更新についての話をしてやるから聞きなさい。少し難しいところがあるが、役に立つ」

与太「はい」

隠居「使用者が、期間の定めのある契約の期間満了の際に、契約更新を希望する従業員に対し、その更新を拒んで労働関係を終了させることを『雇止め』というんだ。

契約を更新しないと契約期間の満了により雇用が終了することになるが、最高裁判所の裁判例の積み重ねにより、一定の場合には実質において解雇と同じことになり、解雇に関する法律の理論を類推して無効にされる。

この裁判例を受けて、労働契約法では、有期労働契約の終了の際のルールを定めたんだ（同法第19条）。

使用者が従業員からの契約更新の申込みを拒むことが、客観的に合理的な理由を欠き、社会通念上相当であると認められないときには、使用者は、従前の有期労働契約の内容である労働条件と同一の労働条件でその申込みを承諾したものとみなすとの定めだ。

そして次の場合、客観的に合理的な理由を欠き、社会通念上相当であると認められないとしてる。

○　有期労働契約が過去に反復して更新されたことがあり、雇止めにより、その有期労働契約を終了させることが社会通念上解雇と同視できると認められること
従事する業務が正規従業員とほぼ同じで、かつ長期間雇用を継続しており、実質的に正規従業員と同様な状態にあるときが、これに該当する。
○　有期労働契約の契約期間の満了時に、その有期労働契約が更新されるものと従業員が期待することについて、合理的な理由があると認められること
雇用期間は短くても、採用時や過去の契約更新時に長期の雇用を約束され、従業員が雇用継続の期待を持つことが客観的に合理的であると判断されるときが、これに該当する。

契約更新の手続きが適正に行われていなかったり、簡略であったりすると、使用者は、この場合に該当するとされるおそれがある。

この要件として、当然のことながら従業員から契約更新の申込みがあることが前提となる。契約期間満了後でも遅滞なく申込みをすればよい。そして、この申込みは、使用者が雇止めの意思表示をしたとき、『困ります』と返答するなど、従業員による何らかの意思表示で構わないとされる。

雇止めが無効になると、原職復帰とその間の休業手当の支払いがあり、従業員が原職復帰を選ばない場合には、企業には、解雇予告手当に相当する額の支払い、経済的・精神的損害に対する賠償額の支払い等が生じることになる。

契約更新の際のトラブルを避けるために、従業員に明示すべき労働条件の中の一つの事項として、契約時の更新の有無、および更新をする可能性があるのであれば更新の基準を書面にて明示することになってる(労基則第5条)。使用者は、契約の更新の際、この基準に基づき更新の有無を判断することになる。

契約期間の途中において、使用者が契約更新の基準に該当しないと判断して、次回の更新は行わないことを告げることは、雇い止めの予告になる。

これについて、『有期労働契約の締結、更新、雇止めの基準』では、あらかじめその契約を更新しないことを明示されている場合を除いて、次の従業員に対し、少なくとも30日前に予告することを求めてる。

○　3回以上契約を更新している者

○　雇入れの日から起算して1年を超えて継続して雇用している者

予告をすれば、その雇止めが認められることではないが、解雇の問題になっても

30日前に予告をしているので、解雇予告手当を支払う必要がなくなる。

そこで、与太郎君の件だが、労働条件通知書に、例えば、契約期間の満了時の業務量により判断するとか、勤務成績、態度により判断するとか、契約更新の基準が載っているはずだから、自分がその基準の一つに該当する心当たりがあるか否か調べることだ。そして問題は、その基準に該当するとしても、その程度、状況から、客観的に合理的な理由があり、社会通念上相当であると認められなければ、その雇止めは、裁判等で争えば無効になる可能性があるということだ。

雇止めの心配はあるにしても、今は主任の指示に従い、自分の仕事をきちんとこなすことが大事だ」

与太「きちんとやってるつもりです」

隠居「つもり、つもりでつもりが積もれば、山のような問題になることがある。今まで、何か主任に注意されたことはないか」

与太「お客様からの苦情に応じなかったので、その時だけあります。一人のお客さんが、別のお客さんの冷凍食品の選び方があっちこっちひっくり返して探していて汚いから、注意して欲しいということなので、お客様の商品の選び方に注意はできませんと答えたら、後になって、主任から呼ばれて叱られたことがあります。そうだ。思い出した。社長からも、今までに2、3度かな……、4、5度かな、注意というか言われたことがあります」

隠居「ぞろぞろ増えるな。もっとあるんじゃないのか」

与太「そんなにありません。契約更新だって3回してるけれど、その時は何も言われてません」

◇◇◇勤務態度不良による雇止め/雇止めの証明◇◇◇

ご隠居は、与太郎の勤務の状態がどんなものかと、スーパー『なが屋』源兵衛社長に電話します。

(電話にて)

源兵衛社長「はい。社長の源兵衛門です」

隠居「与太郎君のことですが、どうです。仕事ぶりは。今度の契約更新で雇止めされるんじゃあないかと心配顔で言ってきたんですよ」

社長「そうですか。主任からはいろいろ報告を受けていますが。お客様のクレームの対応ができないとか、すぐにやるべきことをやらないとかです。だけれど、雇止めまでは考えていませんでしたが……」

隠居「そうでしたか。わたしからとやかくいうことはできませんが、与太郎君に限らず、従業員の勤務態度が悪いので『雇い止め』を行うのであれば、日頃から注意しておくとよいことがあるので、話しておきたいのですが。電話でいいですか」

社長「はい、ここのところ、お伺いする時間がなかなか取れそうもないので、お願いします」

隠居「注意点はいくつかあります。

○ 契約更新の可否を判断する基準の、どの事項に該当するのか確認すること
○ 該当する行為を、抽象的でなく、具体的事実として説明できること
そのためには、従業員の不適切な行為を記録しておくこと。何時、何処、誰、対象、状況、方法、理由などについてです。
○ 不適切な行為について注意し、さらに再発防止のために必要な指導、教育をしていること
特に、入社後経験の少ない従業員については、事前に指導をしていないと、能力が不足している、あるいは勤務態度が悪いとしての雇止めは認められないことが

多くあります。

○すでに多くの回数の契約更新をしてきた場合、何も言わないできたことを突然、まとめて取り上げてないこと

契約更新は、機械的に行わずに、勤務成績を向上させる対話の機会として捉えてください。もし、勤務態度に満足してないならば、そこでそのことを丁寧に説明することが欠かせません。

○他の従業員に同様な行為をしている者がいないこと

当該従業員の勤務態度が悪いとなると、あれもこれもと悪いことを羅列する傾向があります。当該従業員の言い訳に、必ず『他の人もやっている』と言います。従って、悪い点は悪い点として、他の従業員は同じような行為をしていないかどうか、程度や頻度を含めて確認しておくことが必要になります。

○日頃から当該従業員に対して悪い感情を抱いて対応していないこと

人間関係が悪いと、容易に収まるものが収まらなくなります。

これだけのことをしておけば、何回もの注意・指導をされながら、なお改善されないことであるので、会社の主張が認められやすく、勤務態度を基準に雇止めをする途

も可能かと思います。

また、一旦、経過観察的な期間を設けて欠点を回復させる機会を与え、それでもだめだったらということが考えられ、その際、本人の同意が得られれば、労働条件を変更することも一策となります。このような場合に備えて、就業規則、労働契約等に、契約更新の際に労働条件を変更することがある旨の定めを設けておくことが考えられます。

最後に申し添えておきたいのですが、使用者は、有期労働契約を更新しないことにする理由および更新しなかった場合の理由について、従業員が証明書を請求したときには、遅滞なくこれを交付しなければなりません（「有期労働契約の締結、更新、雇止めの基準」）。その理由は、『期間満了』では駄目で、その基になる理由とすることが必要です。

以上になりますが、電話でお分かりいただけましたかな」

社長　「大丈夫です。録音しています。パートで働いてもらっていても、我々中小企業にとって戦力であることに変わりありません。主任と相談して与太郎君の指導、教育をしっかりやっていきます」

隠居　「宜しくお願いします」

◇　◇　◇

与太郎が満面に笑みを浮かべて、ご隠居を訪れます。

与太　「ご隠居、社長からいろいろ言われましたが、契約を更新してもらえました」

隠居　「それは良かった。傍を楽にすることができるように働くんだぞ」

与太　「はい」

隠居　「それでは、若い与太郎君が心配した雇止めでなく済んだ折に、老いたわたしは安心して仕事がらみのことは相談止めにしよう。お互いに、めでたし、めでたしだ」

◇　◇　◇

与太郎のうれしい報告を受けて、ご隠居は、スーパー『なが屋』源兵衛社長に電話します。

隠居　「与太郎君が契約更新できたと言って、喜んで来ましたよ」

社長　「契約更新は、今までは簡単にしてきたのですが、今回は時間をかけてじっくり話合いました。与太郎君もきっとパフォーマンスを上げてくれるだろうと思います」

隠居　「与太郎君は、少し甘えるところがあるから、これからも指導、教育してやってください。わたしは、この折に、僅かながら受けていた労務相談をきれいに終わりにしたいと思っています」

社長「相談に乗るのをやめる？　もう少し続けていただけませんか。ご隠居の話なのに、まだ、落ち（下げ）がありませんよ」

隠居「相談から降ろしてもらわないと、おちおちと隠居してられません。ご要望は有難いのですが、願い下げにしていただきます。どうぞ、今までの助言を労務運営に反映させて、会社を繁栄させてください」

（参考資料等）

◎　この本で用いている法令等の略称

○　憲法…日本国憲法　○　労基法…労働基準法　○　労基則…労働基準法施行規則

○　最賃法…最低賃金法　○　最賃則…最低賃金法施行規則　○　労契法…労働契約法

○　パートタイム・有期雇用労働法（又はパート有期法）…短時間労働者及び有期雇用労働者の雇用管理の改善等に関する法律

○　パート有期則…短時間労働者及び有期雇用労働者の雇用管理の改善等に関する法律施行規則

○　有期雇用特別措置法…専門的知識等を有する有期雇用労働者等に関する特別措置法

○　労働者派遣法（又は派遣法）…労働者派遣事業の適正な運営の確保及び派遣労働者の保護等に関する法律

○　男女雇用機会均等法（又は均等法）…雇用の分野における男女の均等な機会及び待遇の確保等に関する法律

○　均等則…雇用の分野における男女の均等な機会及び待遇の確保等に関する法律施行規則

○　育児・介護休業法（又は育介法）…育児休業、介護休業等育児又は家族介護を行う労働者の福祉に関する法律

○　育介則…育児休業、介護休業等育児又は家族介護を行う労働者の福祉に関する法律施行規則

○　労働施策総合推進法（又は労施法）…労働施策の総合的な推進並びに労働者の雇用の安定及び職業生活の充実等に関する法律

○　労施則…労働施策の総合的な推進並びに労働者の雇用の安定及び職業生活の充実等に関する法律施行規則

○　個別労働紛争解決促進法（又は紛争解決法）…個別労働関係紛争の解決の促進に関する法律

○　労組法…労働組合法　○　安衛法…労働安全衛生法　○　安衛則…労働安全衛生規則

○　職安法…職業安定法　○　職安則…職業安定法施行規則

○感染症法…感染症の予防及び感染症の患者に対する医療に関する法律

○高年齢者雇用安定法…高年齢者等の雇用の安定等に関する法律　○障害者雇用促進法…障害者の雇用の促進等に関する法律

○身元保証法…身元保証に関する法律　○入管法…出入国管理及び難民認定法

○通貨法…通貨の単位及び貨幣の発行等に関する法律　○祝日法…国民の祝日に関する法律

○割増率に係る政令…労働基準法第37条第1項の時間外及び休日の割増賃金に係る率の最低限度を定める政令

○特定有期雇用労働者に係る省令…特定有期雇用労働者に係る労働基準法施行規則第5条の特例を定める省令（平成27年厚生労働省令第36号）

○性別を理由とする差別の禁止等に関する指針…労働者に対する性別を理由とする差別の禁止等に関する規定に定める事項に関し、事業主が適切に対処するための指針（平成18年厚生労働省告示第614号）

○求職者等の個人情報の取扱い指針…職業紹介事業者、求人者、労働者の募集を行う者、募集受託者、募集情報等提供事業を行う者、労働者供給事業者、労働者供給を受けようとする者等が均等待遇、労働条件等の明示、求職者等の個人情報の取扱い、職業紹介事業者の責務、募集内容の的確な表示、労働者の募集を行う者等の責務、労働者供給事業者の責務等に関して適切に対処するための指針（平成11年労働省告示第141号）

○雇用管理に関する個人情報の取扱い指針…雇用管理に関する個人情報の適正な取扱いを確保するために事業者が講ずべき措置に関する指針（平成16年厚生労働省告示第259号）

○有期労働契約の締結、更新、雇止めの基準…有期労働契約の締結、更新及び雇止めに関する基準（平成15年厚生労働省告示第357号）

○労働時間適正把握ガイドライン…労働時間の適正な把握のために使用者が講ずべき措置に関するガイドライン（厚生労働省平成29・1・20基発0120第3号）

○非正規従業員に対する不合理な待遇の禁止に関する指針（ガイドライン）…短時間・有期雇用労働者及び派遣労働者に対する不合理な待遇の禁止等に関する指針（平成30年厚生労働省告示第430号）

○育児・介護について事業主が講ずべき措置に関する指針…子の養育又は家族の介護を行い、又は行うこととなる労働者の職業生活と家庭生活との両立が図られるようにするために事業主が講ずべき措置等に関する指針（平成21年厚生労働省告示第509号）

○セクシャルハラスメント防止のための指針…事業主が職場における性的な言動に起因する問題に関して雇用管理上講ずべき措置についての指針（平成18年厚生労働省告示第615号）

○妊娠、出産等に関するハラスメント防止のための指針…事業主が職場における妊娠、出産等に関する言動に起因する問題に関して雇用管理上講ずべき措置についての指針（平成28年厚生労働省告示第312号）

○パワーハラスメント防止のための指針…事業主が職場における優越的な関係を背景とした言動に起因する問題に関して雇用管理上講ずべき措置等についての指針（令和2年厚生労働省告示第5号）

＊　通達は、日付（月日）を省略

◎この本で用いている裁判所の略称

最高裁大…最高裁判所大法廷　　最高裁一小…最高裁判所第一小法廷　　最高裁二小…最高裁判所第二小法廷

最高裁三小…最高裁判所第三小法廷　　高裁…高等裁判所　　地裁…地方裁判所

◎　主な参考資料

○「労働基準法解釈総覧　改訂14版　厚生労働省労働基準局編／㈱労働調査会
○「労働法全書」一般財団法人労務行政研究所編／㈱労務行政
○「労働基準法（改訂新版）上・下　労働法コンメンタール３」厚生労働省労働基準局編／㈱労務行政
○「労働基準法のあらまし」東京労働局
○「労働契約法のあらまし」厚生労働省
○「男女雇用機会均等法のあらまし」厚生労働省・都道府県労働局雇用環境・均等部（室）
○「育児・介護休業法のあらまし」厚生労働省・都道府県労働局雇用環境・均等部（室）
○「パートタイム・有期雇用労働法のあらまし」厚生労働省
○厚生労働省発行各種パンフレット
○「労務事情」㈱産労総合研究所
○「賃金事情」㈱産労総合研究所
○「労政時報」一般財団法人労務行政研究所編／㈱労務行政
○「労働新聞」㈱労働新聞社
○「労働基準広報」㈱労働調査会
○「労働条件管理アドバイザー指導マニュアル」公益社団法人全国労働基準関係団体連合会

○「新・労働法務相談（新版）」一般財団法人労務行政研究所編／㈱労務行政

○「職場のトラブル解決の手引き（改訂版）」野川忍監修／独立行政法人労働政策研究・研修機構編／独立行政法人労働政策研究・研修機構

○「中小企業における募集・採用から退職まで」公益社団法人全国労働基準関係団体連合会

○「法律用語事典（第3版）」法令用語研究会編／㈱有斐閣

○「労働判例」㈱産労総合研究所

○「労働基準判例検索　全情報」公益社団法人全国労働基準関係団体連合会

○「労働事件裁判例集」最高裁判所

○「データベース（労働政策研究支援情報）」独立行政法人労働政策研究・研修機構

○「雇用関係紛争判例集」独立行政法人労働政策研究・研修機構

○「落語事典（増補）」東大落語会編／㈲青蛙房

【著者紹介】
木村 良正（きむら　よしまさ）
東北大学法学部卒。在学中に東北大学落語研究部を創設。昭和37年株式会社ニコンに入社し、営業、人事労務、総務、子会社管理等に従事。平成11年に退職し、東京労働局総合労働相談員を10年間務める。社会保険労務士として令和2年度まで活動。現在は、企画調査業「企画オフィス５５」代表。

落語横丁　ご隠居さんの労務の知恵袋

2023年5月10日　第1版第1刷発行

著　　者　木村良正
発 行 者　平　盛之
発 行 所　㈱産労総合研究所 出版部 経営書院
〒100-0014
東京都千代田区永田町1-11-1 三宅坂ビル
TEL　03-5860-9799
URL　https://www.e-sanro.net/

印刷・製本　株式会社デジタルパブリッシングサービス

定価はカバーに表示してあります。
ISBN978-4-86326-348-2 C2034